中國傳統 經典與解釋

Classici et commentarii

U0369770

中國傳統 經典與解釋

入其國，其教可知也……其
爲人也：溫柔敦厚而不愚，則深
於《詩》者也；疏通知遠而不
誣，則深於《書》者也；廣博易
良而不奢，則深於《樂》者也；
絜靜精微而不賊，則深於《易》
者也；恭儉莊敬而不煩，則深於
《禮》者也；屬辭比事而不亂，
則深於《春秋》者也。

——《禮記·經解》

中國傳統 經典與解釋

Classici et commentarii

廖平集

劉小楓 潘林 ● 主編

四益館雜著

廖平◉著　王夏剛◉校注

華東師範大學出版社

華東師範大學出版社六點分社　策劃

出版説明

　　廖平（1852–1932），四川井研縣人。初名登廷，字旭陔，後改名平，字季平。初號四益，繼改四譯，晚號六譯。早年受知張之洞，補縣學生，後中舉人、進士。歷任龍安府教授、松潘廳教授、射洪縣訓導、綏定府教授，並先後主講井研來鳳、成都尊經、嘉定九峰、資州藝風、安岳鳳山等書院。1898年參與創辦《蜀學報》，擔任總纂，宣傳維新思想。1911年任《鐵路月刊》主筆，鼓吹“破約保路”。四川軍政府成立，任樞密院院長。後任四川國學學校校長，兼任華西大學、成都高等師範學校教授。1932年去世，獲國葬待遇。

　　廖平早年受張之洞和王闓運等人影響，於乾嘉考據、宋學義理等無所不窺，後專心探求聖人微言大義，由此開始其漫長的經解事業。廖平一生學凡六變，著述逾百種，以經學爲主，兼及史學、小學、醫學、堪輿等，有《四益館經學叢書》、《六譯館叢書》等傳世。

　　廖平是晚清以來今文經學和蜀學的代表人物，他在中國經學史和近代思想史上的重要地位毋庸置疑。但由於學界長期關注曾參與重大政治事變的大儒，加之廖平經學一向以“精微幽眇”著稱，其學術思想一直沒有得到足夠的重視。近年來，學界關於廖平及其學術思想的研究取得了一定的成果，也整理出版了廖平的系列著述，這方面以2015年上海古籍出版社出版、舒大剛和楊世文主編的點校本《廖平全集》爲代表。然而古籍僅點校爲止，則故書仍然是"故書"，不便於當今廣大讀者研習。我們的企望是，通過箋注使故書煥然而爲當今向學青年的活水資源。

本"集"整理廖平著述，除收入廖平生前所編《六譯館叢書》中的幾乎所有文獻外(不含輯錄的個別前人文獻)，同時盡可能地收錄《叢書》之外的廖平文獻，定名爲"廖平集"，分册陸續出版。

鑒於《六譯館叢書》編目較爲雜亂，《廖平集》依經學體例和篇幅大小重組。多部著述合編爲一册者，或者歸類命名，或者以篇幅最大者具名，涵括相關短篇。具體整理方式是：繁體横排，施加現代標點，針對難解語詞、人物職官、典章制度、重要事件等作簡明注釋。

古典文明研究工作坊

中國典籍編注部丁組

二〇一七年二月　初稿

二〇一九年十一月　修訂

目　　録

校注前言

　　《四益館雜著》是廖平經學四變前後的一部重要文集。《續修四庫全書提要(稿本)》認爲該書"多考証經史百家之文,故不入文鈔,而曰雜著",但此書雖爲雜著集,卻具有重要價值,"凡氏之思想學術,均於是可見。無論言經言子,皆具卓識,另爲新解,發前人所未發,洵非經生所能望其肩背也。"[1]

　　該書又稱《四譯館雜著》、《六譯館雜著》,共收録廖平論著30種。從所收作品撰寫時間來看,最早撰成於1898年,最晚當撰成於二十世紀一十年代,多刊於《四川國學雜誌》、《國學薈編》等雜誌。據廖幼平《六譯先生已刻未刻各書目録表》(載《圖書集刊》創刊號,四川省立圖書館編輯,1942年3月出版),《四益館雜著》撰成於民國七年(1918)。民國十年(1921)四川存古書局刊行,收入《六譯館叢書》。

　　《四益館雜著》論述範圍較廣,既包括對經典的詮釋、考證,也包括對孔經哲學的理論發揮。

　　首先,經典詮釋與考證方面,主要有以下内容:

　　對《牧誓》與《泰誓》的關係進行辨析。廖平指出,古今言《大誓》者,共有四家,並採輯衆説,詳爲辯論,列舉十四條理由,證明《牧誓》即《泰誓》,或《大誓》,而流行本《大誓》,當爲解釋《牧誓》的傳。他认爲經文與傳記混雜,尤其是傳記羼入經文,導致經傳不分,給後世的理解造成困難。

---

[1] 中國科學院圖書館整理:《續修四庫全書提要(稿本)》,齊魯書社1996年版,第32冊,第125頁。

對現存《詩序》進行考訂。廖平認爲，說《詩》首在明《序》，《詩經》和《易》、《書》、《春秋》一樣，筆削全由聖人，"句字皆有取義"，不必在《詩》外立序造成眾說紛紜，而應從《詩》的内容、《詩》的構成，來索解《詩》的含義。他指出序者《詩》之骨，有序則《詩》可解釋，無序則眾說紛紜。《詩經》是孔經天學著作之一，《楚辭》是其師說，《中庸》是其傳記。《詩》並非述往之書，而是預測未來的哲學著作。

他對《山海經》進行了大膽設想，認爲其爲解釋《詩經》的傳。他按照自己人學、天學的觀念，對《高唐賦》進行了重新詮釋，認爲其中所說皆有寄託。他還按照自己所理解的先秦學術思想的脈絡，對《荀子·非十二子》所涉及的學術流派進行了梳理，指出孔學範圍淵博弘大，既包括儒家，也包括名家、墨家、法家，並專門撰文指出墨家、道家均爲孔學別派，同出於六經。此外，還對《中庸·君子之道章》、《大學·平天下章》進行了解說，並對《隸釋》的碑目進行了整理。

其次，經學思想方面，既包括對孔經哲學的宏觀把握和認識，也對孔經哲學與時局的關係進行探討。

在《尊孔篇》中，他指出自己雖然學經四變，著書百種，但尊孔宗旨前後如一。尊孔必先知孔，音訓、語錄之孔並非真孔，難以抵擋世界的衝突。孔子是受命制作，空言俟後，他創作了六書，並以之撰寫六經。六經非史，而是有所寄託且飽含微言大義。孔經不僅可以治理中國，而且可以治理世界，甚至宇宙。六經中《春秋》治中國，《尚書》治全球，六經如同日月經天，江河行地，可與地球相始終。他認爲當時的社會現實是學者不尊孔，孔教瀕臨滅亡，"夫亡國必先亡教，今之尊孔者，十人不得二三，所尊之孔，又音訓、語錄之孔，豈足以當世界之衝突乎！"因此必須大聲疾呼，維護孔子聖人的地位，獨尊孔子，使愛國保種之念油然而生。

在第一次全國孔教大會的演講中，廖平又重申了孔子作六經是爲萬世立法的觀念，並提出以經爲史引發的弊端十條。在《改文從質説》中，他指出西方各國爲質家，其政治法令合於《王制》、《周禮》，禮教風俗則與中國相反相成，中國正處於文弊之時，需要藉助西方之質以補救。中國取其形下之器，西方取我形上之道。時務之學的傳播，應從兩方面考慮：學習西方之事，由官吏主持；教導西方之事，則由師儒主持。在《忠敬文三代循環爲三等政體論》中，他認爲《禮》中的忠、敬、文，即西人的專制、民權、共和三等政體，我國革命民權，早在三千年前，已據世界上游，當前正處於二次共和時代，不能謂之爲民權，也不能謂之爲君權。

在《孔子天學上達説》、《哲學思想論》、《災異論》、《天人論》等文獻中，廖平構建了孔子的天學觀，認爲孔子的天學理論，主要體現在《詩經》和《易經》中，《春秋》、《禮》、《尚書》所言爲人學，《詩經》、《樂》、《易》所言則爲天學。《春秋》爲人學之始，《易》爲天學之終。《大學》則爲天學兼人學，《中庸》則專爲天學。《論語》以學、思分兩派，人事爲學，天事爲思。

針對當時的“不準讀經”政策，他指出經學旨義宏大精深，不適用於幼童。但傳記之中一些内容及《朱子小學》，明白淺易，不傷腦力，可以將之和《容經》一起，加以整理，以便幼童。要對經學内容加以區分，不可概以“不準讀經”來涵蓋。總之，廢經之名不可立，尊經之旨不可移。

第三，闡述了自身的思想變遷。在《治學大綱》中，他闡述了自己的經學思想。欲明經學，必先知聖與制作六經之本旨。他在撰寫《知聖編》、《制作考》等書後，又掇其精華，分門別類，加以推闡，提出學者必先知聖，而後可以治學，必先知經，而後可以治中西各學；並結合自己的治學途轍，分淵源門、世界門、政事門、言語門、文學門、子學門加以分析。

在《答江叔海論〈今古學考〉》中，他針對江瀚對其《今古學考》的批評，闡述了其思想淵源。信中稱今、古之分，原爲東漢學派，本出於《五經異義》，他只是重申其説，著爲專書，以明顯區別周公和孔子。今、古之分，除去文字異同，取舍異趣外，尚有地域、制度的差別，還有孔子早年、晚年學説之異。廖平還對西漢的師法、家法進行了闡釋，指出八儒分立，宗孔則同。今古之爭，分界在對孔子、周公的不同認識。孔爲新經，周則爲舊史。

通過《四益館雜著》，一編在手，可以大致了解廖平經學四變前後的學術變遷輪廓。相對於研習專經的鴻篇巨製而言，本書所收，除《尊孔篇》外，多爲提綱挈領、要言不煩，但發凡起例的零篇碎簡。從内容上看，既有綜論尊孔宗旨的《尊孔篇》，又有宣傳尊孔尊經的演講辭，還有闡發其學術思想的辯難之作，以及揭示讀經方法、倡導讀經的建言，亦有考證經典，對《尚書》篇章存佚，《詩經》大小序的價值，《易經》繫辭作者的考索，并通過對《山海經》、《大學》、《中庸》、《高唐賦》、《荀子·非十二子》等篇章的別樣解釋，涉猎多方。

通過這些文獻，我們可以看出廖平勤於求索，勇於開創經學新理的努力。雖然在其後期，廖平的一些觀點未免奇譎怪誕，漸趨宏大不經，但其在"尊西人如帝天，視西籍如神聖"的潮流中，堅持尊孔主張，開闢經學蹊徑的勇氣，仍然值得我們欽佩。廖平抱持傳統經學於不墜的苦心，以及其獨特的經學發明，均值得我們細細品味。基於上述考慮，筆者不揣淺陋，校注《四益館雜著》，爲了解廖平經學思想略盡綿薄。

此次整理，以民國十年(1921)四川存古書局刊本爲底本，同時也參考了舒大剛、楊世文主編的《廖平全集》。

本書的校注體例分述如下：

一、全書採用繁體橫排，施以現代標點，於難解字詞、人名地名、典章制度、引文出處等，作必要的注釋。

二、正文用小四號字宋體字，正文原注和校注者新增注釋爲小五號宋體字。新增注釋文字較短者採用隨文夾注，外加圓括號；

文字較長者及校勘記，採用腳注形式。

三、每部著作或每篇文章前撰寫簡明題解，介紹文本的寫作時間、刊載情況、主旨大意等。題解爲五號仿宋字。

四、凡出注條目，一般以首出者爲作注對象，後出者不作注，以免繁複。

五、凡底本中的譌、脱、衍、倒文字，一般出校説明；但如果僅是筆劃小誤，如日曰、戊戌、己巳等之類混淆，則徑改不出校。

六、凡原文中爲避聖諱、清諱所改字，徑予回改，不出校記。

七、凡古今字、異體字、通假字，一般保持原樣。爲規範起見，將舊字形悉改爲新字形。

八、凡原有頂格、退格等行文方式，改爲現代通行方式。

九、原有分段者，一般保持原樣。原無分段的長篇文字，按文意酌情分段。

十、對於書中引文，盡量查明原始出處，並將主要引用書目及其版本情況附書末。

（本書係重慶大學中央高校基本科研業務費資助項目階段性成果，項目批准號：106112015CDJSK47XK21。）

尊孔篇

[題解]據《廖季平年譜》，該文撰於宣統元年(1909)，當爲反映廖平經學四變之後的思想。廖平計劃分微言門、寓言門、禦侮門、祛誤門四門分題論述，但"祛誤門"未見。微言門八題分別爲受命制作、空言俟後、人天、譒雅、貶孔流派九條、正名造字、周公讓表意見、愈古愈野證。寓言門未分題。禦侮門八題分別爲《列》《莊》所譏、儒術一體、西教反對、東方研究、中士書報、懷疑中立、經史之分、尊孔大旨。《尊孔篇》意在申明尊孔宗旨，維護孔子的聖人地位，宣揚孔子爲天下萬世立法的思想，倡導孔教於全球。

此乃私家撰著，不必引爲學堂課本。蓋宗旨雖極正淳，而入理至爲深邃，恐程度不合(指知識、道德、能力、技巧與所期望的相違背)，反生疑怪。爲中外提倡微言、發明哲理，閱者以哲學視之可也。

序

學經四變，書著百種，而尊孔宗旨前後如一，散見各篇中。或以尋覽爲難，乃綜核大綱，立四門：一曰微言，二曰寓言，三曰禦侮，四曰祛(qū，除去，消除)誤，[①]分二十四

---

① "祛誤門"在《尊孔篇》内未見，但在《孔經哲學發微》所附《孔經哲學發微續編目錄》中有擬目："祛誤門(其説統爲貶孔派)：以一名定孔子(教育、　(轉下頁)

題，著其梗概，並附《略説》數紙於後焉。

今之學人，守舊者不必知聖，維新者閒主無聖，不知學人之於聖，亦如沙門（佛教僧侶，亦作"桑門"）之於佛，其階級（等級，階段）相懸，不可以道里計（不能用里程來計算，形容相差甚大）。學人之尊孔，必如沙門之尊佛，斯近之矣。夫亡國必先亡教，今之尊孔者，十人不得二三；所尊之孔，又音訓、語録之孔，豈足以當世界之衝突乎！

今之學者，未能發明生民（指人類）未有之真相，而沈德符①、魏源②尚欲推周公爲先聖，移孔子於西面（參《萬曆野獲編·補遺卷二·禮部》"文廟不祀周公"條③、《古微堂集·外集》"學校應增祀先聖周公議"條）。故尊孔之作，所以表揚列代推崇之至意，以挽回向外之人心。

（接上頁注①）宗教、政治、哲學、儒、聖）；周公先聖，孔子先師；以經爲史；伏羲、文、周皆立言作經；孔守先法古（孔以前有六經），集大成；欲行道當時；庸言庸行；格致誠意正心爲四條目；退化專言降；陰陽五行；尊君專制；古有《六經》文字；《六經》同治中國；以禪爲聖，靜坐良知；《易》爲四聖之書；不知地球；諸子創教（孔以前有子書）；以仙道爲孔；周公當爲先聖；《書》有百篇；《河圖》、《洛書》；先天後天之誤説；周公作《周禮》；《六經》皆我註腳；抱道在躬；孔子與人相同；人皆可爲堯舜；賤伯以道爲異端；韓闢佛；孔子以前金石文字即六書體。"（廖平：《孔經哲學發微》，上海中華書局1913年版）按，（　）爲校注者所加，其内爲廖平自注小字。

① 沈德符（1578-1642），字景倩，又字虎臣，明浙江秀水（在今浙江嘉興）人。撰《萬曆野獲編》、《清權堂集》等。他搜集兩宋以來的史料，仿照歐陽修《歸田録》體例，撰成《萬曆野獲編》，是資料十分豐富的筆記，爲研究明代歷史的重要參考書。他主張推周公而退孔子的觀點，受到廖平的批評。

② 魏源（1794-1857），字默深，清湖南邵陽人。著有《詩古微》、《書古微》、《古微堂集》、《元史新編》、《老子本義》、《聖武記》、《海國圖志》等，是晚清與龔自珍齊名的著名今文經學家，他在《學校應增祀先聖周公議》中認爲周公集周代學術之大成，應祀於聖廟。廖平在《經學初變記》中批評魏源"雖略知分別今古，惟仍僅據文字主張門面，而不知今古根源之所在"。

③ 沈德符在"文廟不祀周公"條中稱："文廟自唐以前，俱祀周公爲先聖，南面坐，以孔子配爲先師，東向坐。至開元二十七年，孔子始得並坐南面，其後又以孔子爲先聖，顏淵爲先師，今制獨崇孔子，固最至當，但顏子猶得降居四配，以周公上聖，僅祀於文華殿之東室，則五帝三王之後，雖與孔子東南相向，然不得復享大祭，是亦當討論。"

微言門

微言秘密傳心，不足爲外人道，此派自西漢以後絕響。故學者專推己量人，務求平實，使如其言，則但云攷據、義理足矣，微言一派可不立。

受命制作生知、前知，説詳《論語微言述》。

進化公式，中外所同，吾國當春秋時，既有外人今日之程度，漸革草昧(天地初開時的混沌狀態。《易·屯卦》："天造草昧。"王弼注："造物之始，始於冥昧，故曰草昧也。")，始可引進文明。天乃篤生(謂生而不平凡，猶得天獨厚。篤，厚也)孔子，作經垂教，以爲萬世師表。《孟子》云"生民未有"、"賢於堯舜"①，《論語》云"天將以爲木鐸②"(語出《論語·八佾》："儀封人請見，曰：'君子之至於斯也，吾未嘗不得見也。'從者見之。出曰：'二三子何患於喪乎？天下之無道也久矣，天將以夫子爲木鐸。'")，又云"天生德於予"(語出《論語·述而》："子曰：'天生德於予，桓魋tuí其如予何？'")，又云"如天之不可階而升"③。蓋前無古，後無今，世界一人。故緯書詳受命制作之事，後儒以爲妖妄。蓋以己相量，

---

① 語出《孟子·公孫丑上》："'伯夷、伊尹於孔子，若是班乎？'曰：'否。自有生民以來，未有孔子也。'……宰我曰：'以予觀於夫子，賢於堯舜遠矣。'子貢曰：'見其禮而知其政，聞其樂而知其德，由百世之後，等百世之王，莫之能違也。自生民以來，未有夫子也。'有若曰：'豈惟民哉？麒麟之於走獸，鳳凰之於飛鳥，泰山之於丘垤，河海之於行潦，類也。聖人之於民，亦類也。出於其類，拔乎其萃，自生民以來，未有盛於孔子也。'"
② 木鐸，以木爲舌的大鈴，古代宣佈政教法令時，巡行振鳴以引起衆人注意。《周禮·天官·小宰》："徇以木鐸。"鄭玄注："古者將有新令，必奮木鐸以警衆，使明聽也……文事奮木鐸，武事奮金鐸。"此處指宣傳政教、學説的人。
③ 語出《論語·子張》："陳子禽謂子貢曰：'子爲恭也，仲尼豈賢於子乎？'子貢曰：'君子一言以爲知，一言以爲不知，言不可不慎也。夫子之不可及也，猶天之不可階而升也。夫子之得邦家者，所謂立之斯立，道之斯行，綏之斯來，動之斯和。其生也榮，其死也哀。如之何其可及也？'"

己既未嘗受命，則孔子亦不敢受命，而不知賢於堯舜，固非後賢可比。

空言俟後詳《待行錄》（此書未刊）。

以經爲古史，則芻狗^①陳迹，不足自存。《論語》云"往者不可諫(規勸)，來者猶可追"（語出《論語·微子》），《中庸》云"百世以俟聖人而不惑"，又云"待其人而後行"。蓋孔子以前尚屬草昧，愈古愈不足以示後人，故屏bǐng絕(擯棄)弗道；所垂經典，皆開化(開導，感化)後來，六藝、《容經》，爲人民普通。《春秋》立王伯之模，《尚書》垂大同之法，《禮》著大綱，《樂》存空説。至於《周易》，則真人(存養本性的得道者。《莊子·大宗師》："古之真人，不逆寡，不雄成，不謨士。……古之真人，其寢不夢，其覺無憂，其食不甘，其息深深。")、至人(道德修養達到最高境界的人。《莊子·逍遙遊》："至人無己，神人無功，聖人無名。")六合以外，神游形阤(zhì, 升)。進化則由人而天，退化乃由大降小。初則先天而天不違，終以後天而奉天時。(語本《易·乾·文言》："先天而天弗違，後天而奉天時。")學者如必欲求古史，則海外四州即吾國少稺(同"稚")之舊式。

人天詳《天人學攷》（此書撰於一九〇六年，未刊）。人天各有皇、帝、王、伯之分。

天人之説，制義詳矣，而後儒顛倒知行，孔經遂無天道。囿於方隅，不能通天道、質鬼神。凡《列》(即《列子》)、《莊》(即《莊子》)、《淮南》(即《淮南子》)指爲異端，《楚詞》(通"辭")》、

---

① 芻狗，古代祭祀時用草扎成的狗，供祭祀用，祭後即棄。此喻微賤無用的事物。《老子》："天地不仁，以萬物爲芻狗；聖人不仁，以百姓爲芻狗。"《莊子·天運》："夫芻狗之未陳也，盛以篋衍，巾以文繡，尸祝齊戒以將之；及其已陳也，行者踐其首脊，蘇者取而爨之而已。"

《山海》(即《山海經》)以爲怪妄，孔經遂專爲三家村(指人煙稀少的偏僻村落)課本矣。大抵六藝爲普通人學，皆治世之學，《王制》、《周禮》由三千里以推三萬里，世界人事畢矣。《詩》、《樂》與《易》，上下鳶yuān魚(參《中庸》："《詩》云：'鳶飛戾天，魚躍於淵。'言其上下察也。君子之道，造端乎夫婦。及其至也，察乎天地。")，六合(《莊子·齊物論》："六合之外，聖人存而不論；六合之内，聖人論而不議。"成玄英疏："六合者，謂天地四方也。")以外。《莊子》"六合之外，聖人存而不論"(語出《莊子·齊物論》)，即謂《詩》、《易》託之比興，不似《春秋》之深切著明(深刻而顯明)，故不論。《楚詞》、《山經》爲其師説，雖言飛仙神化，即所謂"質諸鬼神而無疑"(語出《中庸》)，而後人乃以《文選》(即《昭明文選》，南朝梁昭明太子蕭統主編的著名詩文總集)比《詩》，牙牌(象牙或角質的卜筮用具)比《易》，亦淺之乎視孔子矣。

　　譒(通"播"，傳布)雅詳《譒譯(猶翻譯，廖平曾將之釋爲"如西人以拉丁文譯古書"，或"譒譯即改制")釋例》(此文未見)。

　　孔子以前皆字母。所謂"結繩"①。中國未用古文之前，必先經字母語言階級。《莊子·天下篇》："舊法世傳之史，尚多有之，古史皆切音(漢語的一種傳統注音方法，以二字相切合，取上一字的聲母，與下一字的韻母和聲調，拼合成一個字的音)字。《詩》、《書》、《禮》、《樂》，孔氏新經古文。鄒魯(鄒，孟子故鄉；魯，孔子故鄉。鄒魯喻爲文化昌盛之地)之士能言之"，(《天下篇》原文云："其明而在數度者，舊法世傳之史尚多有之。其在於《詩》、《書》、《禮》、《樂》者，鄒魯之士、搢紳先生多能明之。")弟子乃能讀經。《五帝贊》(《史記·五帝本紀贊》)

---

① 結繩，文字產生前的一種記事方法，用繩打結，以不同形狀和數量的繩結標記不同事件。《易·繫辭下》："上古結繩而治，後世聖人易之以書契。"《集解》引九家《易》："古者無文字，其有約誓之事，事大大其繩，事小小其繩，結之多少，隨物衆寡，各執以相考，亦足以相治也。"

云"百家言《齊悼惠王世家》"諸民能齊言者皆與齊王",按以語言分國,即字母。黄帝,其文不雅馴(馴即訓,謂百家之言皆非典雅之訓)",《李斯傳》(《史記•李斯傳》)"諸侯並作語",即方言,各國字母語言。是也。而《國語》及宰我所問(詳《大戴禮記•五帝德》),則爲孔氏古文。彼此相反而不離古文者,爲是。此孔子譒經託之雅言(標準語。《論語•述而》:"子所雅言,詩書執禮,皆雅言也。"《集解》引孔安國、鄭玄訓爲正言,宋朱熹《四書集注》訓爲常言),據其成曰"作",原其始(考察其本源)曰"譒"。蓋如今之譯本書言"直譯"(指偏重于照顧原文字句的翻譯)、言"通譯"矣。《班志》:《尚書》讀近《爾雅》,通古今語而可知者。(語出《漢書•藝文志》,原文爲:"《書》者,古之號令,號令於衆,其言不立具,則聽受施行者弗曉。古文讀應《爾雅》,故解古今語而可知也。")豎譯之法(不同時代間語言的翻譯),與橫譯(同時代不同語言間的翻譯)之方言,本無不同。

　　《藝文志》"左氏以口説流行,懼弟子各安其意,失其真,乃作《國語》(雜記西周、春秋時周、魯、齊、晉、鄭、楚、吳、越八國人物、事蹟、言論的國別史。亦稱《春秋外傳》)"云云(語出《漢書•藝文志》:"有所褒諱貶損,不可書見,口授弟子,弟子退而異。丘明恐弟子各安其意,以失其真,故論本事而作傳,明夫子不以空言説經也。")。就微言説經,爲新經,孔子出自胸中,游(子游)、夏(子夏)不能贊一語。然以經爲孔氏私言,古之帝王近于子虛烏有,難於徵信,故必託之寓言,以爲古人之陳迹、帝王所通行,然後其言足以取信于當時,爲古今之通義。

　　劉子政[①]《戰國策•序録》言:"孔子有德無位,六經之説,惟七十弟子信從,當時天子、諸侯、卿大夫皆鄙屑

---

① 劉子政,即劉向(約前77–前6),本名更生,字子政,西漢沛(今江蘇沛縣)人,漢高祖同父弟楚元王劉交的四世孫。曾校閲中秘羣書,撰成《別録》,後其子劉歆以之爲基礎撰成《七略》,爲我國最早的目録學著作。另著有《新序》、《説苑》、《列女傳》、《五經通義》(已佚)等。

不復道"(語出《戰國策·序録》："孔子雖論《詩》、《書》，定禮樂，王道粲然分明，以匹夫無勢，化之者七十二人而已，皆天下之俊也，時君莫尚之，是以王道遂用不興。")云云。蓋魏文(魏文侯，戰國時魏國的建立者，名斯，前445–前396在位，他曾師友子夏、段干木、田子方諸賢人，任用李悝爲相，吳起爲將，使魏成爲當時強國)、齊悼(齊悼公，前488–前485在位)、秦皇、漢武始推行，乃以經傳空言見諸行事。(語本《史記·太史公自序》："子曰：'我欲載之空言，不如見之於行事之深切著明也。'")如戰國、先秦、漢初學人之著作，及名公巨卿(指有名望的權貴)之奏疏。使用微言派，則匹夫私言，無足徵信，故必用寓言派，以經傳(指儒家的經典和解釋經典的傳)爲古來通行之典禮，以爲帝王用之而長久，秦違之而速亡，此孔門新設寓言派，取信當時，雖博士亦主其説。東漢以後，古文大顯，專用此派，至今二千餘年，深入人心，牢不可破。

學海堂(清嘉慶末兩廣總督阮元所建書院，以經古學教育學子，取《拾遺記》"何休學海"之語命名)所刻《經解》[①]與《通志堂經解》(清納蘭性德刊，實爲徐乾學輯，共收録唐宋元明著作一百四十種，一千八百六十卷)，雖不言孔子，亦可。

道、咸以前言經，所用儒説，囿于中國一隅。今則萬邦來同，當與中外共之。舊説以經專屬當時，今則當以推之萬世，非有哲理思想不可，以爲古史，外人攻之，中國亦指爲無用，故儒術寡效。宋人説經，至制義[②]盛而利弊見；考

---

① 《学海堂經解》即《皇清經解》，阮元主編，輯清代經師注疏，共收録清代著作一百八十八種，一千四百十二卷。廖平認爲該經解所收論著爲考據訓詁之書，未能發揮孔子的微言大義。他在《知聖篇》中評價《皇清經解》説："阮刻學海堂經解，多嘉道以前之書，篇目雖重，精華甚少，一字之説，盈篇累牘；一句之義，衆説紛紜，蓋上半無經學，皆不急之考訂；下半亦非經學，皆《經籍纂詁》之子孫。"

② 制義，古代應試所作文章，其文體爲科舉考試制度所規定，明清時代一般指八股文，又稱制藝、時文、四書文等。題目主要出自《論語》、《孟子》、《大學》、《中庸》四書，文體體仿宋代經義，每篇由破題、承題、起講、入手、起股、中股、後股、束股八部分組成，對格式、體裁、用語、字數有嚴格規定，要用古人思想行文，並且只能根據幾家制定的注疏發揮，不許作者自由發揮，發表自己的見解。

據說經，至兩《經解》出而利弊見。

言經必先微言。微言者，即素王（有帝王之德而未居其位的人）制作，不可頌言（明言），私相授受。《論語》爲微言，故多非常可駭之論。如古史之說，則何微言之足云？

凡立教欲後世通行，則必合後來程度。故孔子經劈分人、天，于二學中又分小、大，以次而進。方今尚屬《春秋》世界，必地球一統，而後《尚書》之學乃顯。推之至于天學，鬼神天真（天然之真理，非人之造作者），則其境界非數十萬年以後不能。中國有字古書，凡託名神農、黃帝、管、晏者，皆出孔後，爲七十子之流傳。

貶孔流派九條

東漢古文家以古史讀經，立周公爲先聖、孔子爲先師，至以周孔並稱。以下皆爲貶孔派。

唐宋以後，以孔子爲傳述（轉述），如《易》先有伏羲、文王、周公，孔子特其晚師。

六經本全，古文家創爲秦火（指秦始皇焚書事）殘缺之說，僞經（假造經典，今文學家認爲古文經均爲劉歆僞造）、擬經（模擬經書。漢揚雄仿《易》作《太玄》，仿《論語》作《法言》，後人謂之"擬經"）、補經、刪經，人皆可以載筆（攜帶文具記錄王事。《禮·曲禮上》："史載筆，士載言。"），至以孔、墨並稱。

梁武（指南朝梁武帝蕭衍）敕孔子不能超凡入聖（見唐釋道宣《廣弘明集》卷四《叙梁武帝捨事道法》載武帝敕："老子、周公、孔子等，雖是如來弟子，而化迹既邪，止是世間之善，不能革凡成聖。"）。

斥諸子爲異端，專以儒術爲孔教，至以孔、孟並稱。

不知聖，莫能名，竟加以"宗教家"、"教育家"、"政治家"、"理想家"、"專制家"、"道德家"等名辭。合諸名辭，適足以見"民無能名之"（《論語·泰伯》）全相。

不求知聖，專於學聖，遂以庸言庸行、村學、鄉愿爲孔子，人人有自聖之心。

孔聖之功，在後世，不在當時；在天下，不在魯國。妄以爲欲行道當時，急于求仕。

不知經爲何物，至謂古文雅正，爲三代(指夏商周三代)後之《尚書》。

正名造字

六經爲中國所獨有，六書①亦爲中國所獨有。今以六書即雅言，全出孔子，欲作六經，特創此文字。倉頡(也作"蒼頡"，傳說中始創漢字者，廖平認爲其所創爲字母文字)結繩爲字母。凡今六書文字之書，皆由孔始，非古所有。使果古史，則爲字母書。始皇、李斯所謂"百家語"、"百家言"者(見《史記·李斯傳》："臣請諸有文學《詩》、《書》、百家語者，蠲除去之。"《秦始皇本紀》："非博士官所職，天下敢有藏《詩》、《書》、百家語者，悉詣守、尉雜燒之。")，皆經秦火與漢武罷斥不傳矣。漢武罷斥百家，亦非子書，乃字母書。諸子皆出孔經，爲四科(即德行、言語、政事、文學，見《論語·先進》)支流。《漢書·河間獻王傳》以《老子》、《周禮》皆爲七十弟子所傳之書。(語出《漢書·河間獻王傳》："獻王所得書，皆古文先秦舊書，《周官》、《尚書》、《禮》、《禮記》、《孟子》、《老子》之屬，皆經傳說記，七十子之徒所論。")舊以"百家語"爲子書，從古無秦始焚子書之說，則"百家語"非子書可知。

《韓非·顯學篇》言儒墨所稱堯舜，彼此相反，而皆

---

① 六書，漢代學者分析古文字而歸納出來的六種條例。六書之名，初見於《周禮·地官·保氏》。其說法主要有班固、鄭衆、許慎三家。許慎《說文解字·敘》認爲指"象形、指事、會意、形聲、轉注、假借"，此說後世較爲通行。班固《漢書·藝文志》認爲指"象形、象事、象意、象聲、轉注、假借"，廖平《六書舊義》謂"此說最古，得真實義"。

自以爲真，堯舜不復生，不能別其是非。^①由儒墨推之九流（先秦時期的九個學術流派，即儒家、道家、陰陽家、法家、名家、墨家、縱橫家、雜家、農家。後世作爲各學術流派的泛稱），兵勢、占驗、技術各有學説，即各有皇、帝、王、伯、君五等之不同。就其學説中分五等資格，爲：上上皇、上帝、中王、下伯、下下君，危亡者不入此格。所謂"言人人殊"（語出《史記·曹相國世家》："天下初定，悼惠王富於春秋，參盡召長老諸生，問所以安集百姓，如齊故諸儒以百數，言人人殊，參未知所定。"），不止儒墨二家。嘗集爲專書，以明各學中各有堯、舜、禹、湯、文、武、周公，此以學而分者也。古史中帝王，文明則極文明，蠻野則極蠻野，以此。

　　皇、帝、王、伯，則又有以經分謠譯符號之例。《詩》、《易》爲天學，如《詩》契（xiè，相傳中商的始祖，子姓，傳爲帝嚳次妃簡狄吞玄鳥卵而生）、稷（傳説中周的始祖，姬姓，名棄，傳爲帝嚳元妃姜原踐巨人跡而生）無父而生（詳《詩·商頌·玄鳥》、《大雅·生民》），《楚詞·天問》、《山海經》星辰，同有堯、舜、禹、湯、文、武，下至五伯（五個霸主，説法不一，主要有：指昆吾、大彭、豕韋、齊桓公、晉文公；指齊桓公、晉文公、宋襄公、楚莊公、秦穆公；指齊桓公、晉文公、楚莊王、吳王闔閭、越王句踐；指齊桓公、宋襄公、晉文公、秦穆公、吳王夫差）。即以人事言，《春秋》三千里爲九州，秦漢以後，由夏化夷，資格已足，《春秋》家所謂之堯、舜、禹、湯、文、武、周公，指爲中國古人、古史尚可也；若《尚書》、《周禮》三萬里一統，至今中外始通，謂古通後絶，今又復通，不可也。又如土圭（古代用以測日影、正四時和測量土地的器具。《周禮·地官·大司徒》："以土圭之法，測土深，正日景，以求地中。"《考工記·玉

---

① 《韓非子·顯學》原文爲："故孔、墨之後，儒分爲八，墨離爲三，取舍相反不同，而皆自謂真孔、墨；孔、墨不可復生，將誰使定後世之學乎？孔子、墨子俱道堯、舜，而取舍不同，皆自謂真堯、舜；堯、舜不復生，將誰使定儒、墨之誠乎？"

人》："土圭尺有五寸，以致日，以土地。"）一尺五寸之法，鄭君①注見《孝經緯》，于兩冰洋立表萬五千里，至今地球兩冰洋尚無人迹，謂古通，後乃冰結不解，可也。則《尚書》乃百世俟後之作，其中之堯、舜、禹、湯、文、武、周公，與《春秋》必非一人、一時、一地可知。此小大譒譯之説也。須就此例，專撰一書。以穆王（西周國王。姬姓，名滿，昭王之子。後世傳説他曾周遊天下，《穆天子傳》即寫他西遊故事）言，八駿（相傳爲周穆王的八匹名馬）日行三萬里，神游化人（會幻術之人。《列子·周穆王》："西極之國，有化人來，入水火，貫金石……千變萬化，不可窮極。"）之宮（見《穆天子傳》、《列子·周穆王》，又李商隱《瑤池》詩云："八駿日行三萬里，穆王何事不重來？"），此天學之穆天子也，六合之内不能容。《左傳》穆王欲天下皆有車轍馬迹（《左傳》昭公十二年："昔穆王欲肆其心，周行天下，將皆必有車轍馬跡焉。"肆，放縱。《開元占經》引《竹書紀年》："穆王東征天下二億二千五百里，西征億有九萬里，南征億有七百三里，北征二億七里。"），此《尚書》全球之穆王，《春秋》三千里不能容。故同此名詞符號，而實有人天、大小之别。

　　孔子者，六經之主人；六經者，孔子之家產。西漢以上，此説大明，至今猶可覆案（反復審察，也作"覆按"），劉歆②初亦如此。至古文家，乃援周公以敵孔，主古史以破經，率二千餘年之儒，黑暗迷罔（猶"迷網"，謂事物惑人如羅網）、不識主人，歷代尊崇孔廟，此有鬼神誘之，實則東漢以下，無知

① 鄭君，即鄭玄（127-200），字康成，東漢北海高密（今山東高密西）人，著名經學家。他遍注羣經，混合今古文家法，結束了兩漢的今古文爭辯。對此，後人毀譽不一，稱譽者稱其網羅衆家，刪裁繁誣，其著作是解釋經書的津梁。批評者則認爲他兼治衆家，爲求通參用今古文，"以爲兩全，徒成兩敗"。皮錫瑞在《經學歷史》中稱"鄭君雜糅今古，使顓門學盡亡，然顓門學既亡，又賴鄭注得略考見"。
② 劉歆（？-23），字子駿，後改名秀，字穎叔。繼父劉向領校秘書。王莽建立新朝後，被尊爲國師。後謀殺王莽，事泄自殺。劉歆通天文律曆，著有《三統曆譜》等。明人張溥輯有《劉子駿集》。廖平《古學考》認爲，劉歆所創古文經學，實爲迎合莽意而顛倒五經。

聖尊孔之學派也。

經學自西漢以後，號爲難通，如漢、宋法，雖百年不能通。且如其説，則經之資格，直同典考綱目，芻狗糟粕，人所優爲(謂容易做到)。如後人説《詩》、《易》，直以爲古詩選、牙牌數，則孔子何以號至聖(道德最高尚的人。《禮・中庸》："唯天下至聖，爲能聰明睿智，足以有臨也。"《史記・孔子世家贊》："自天子王侯，中國言六藝者折中於夫子，可謂至聖矣。")，用天子禮樂，與天無極(無邊際)，爲生民未有之絶誼(同"義")乎？今將此宗旨，削盡浮蔓(多餘及枝蔓部分)，王道(謂先王所行之正道。《書・洪範》："無偏無黨，王道蕩蕩，無黨無偏，王道平平，無反無側，王道正直。")坦蕩，三年通一經，實所優爲。且通經便爲人才，亦如秦漢，則又何苦別尋迷途，以自困苦乎？別有《博士考》(此文未見)，專詳漢法。

小説有《天上聖母會》，云皇帝、聖賢、師儒均推一人之母，居首席。今仿其意，以尊孔子。《易》有伏羲、神農、黄帝，《書》始堯舜。主皇則遺帝、王、伯，主帝亦遺皇、王、伯，其術既殊，其時又異，既必折定一尊，則又不能同主數十人，明矣。彼荀子專主周、孔者，則以非天子而行天子事，周與孔同。故古文家以經爲古史，專主周公，以爲先聖，以皇、帝、王、伯皆不可用也。今擬《周公讓表》，主意六道，以見不惟古帝王，即儒之周公，亦不可奪孔席。

周公讓表意見

《論語》"三畏"(語出《論語・季氏》："孔子曰：'君子有三畏：畏天命，畏大人，畏聖人之言。小人不知天命而不畏也，狎大人，侮聖人之言。'")："大人"與"聖言"，比《左氏》"立功"與"立言"，(語出《左傳》襄公二十四年："豹聞之：'大上有立德，其次有立功，其次有立言，雖久不廢，此之謂三不朽。若夫保姓受氏，以守宗祊，世不絶祀，無國無之。禄之大者，不可謂不朽。'")比孔子空言立教，爲自古之變局。

行者只合當爲古史陳迹，糟粕芻狗，過時即廢。

又其時皆爲夷狄資格，真史事不足以垂法訓世，故絶而不傳，空言文明，以導先路(引導先行，指事物或學術的創始人和倡導者)。

西漢以上，無"周公作經"之説；東漢以下，以周代孔。《爾雅》亦以爲周公作六書，古文始於孔作。譖周公事爲新經，史有其人，經則譯本。

春秋時，諸侯風俗、政事猶蠻野，則春秋以前可知。

愈古愈野證

虞(舜)官五十，夏百，殷二百，周三百(語本《禮記·明堂位》："有虞氏官五十，夏后氏官百，殷二百，周三百。")。夏喪三月(參《淮南子·齊俗訓》許慎注："三月之服，夏后氏之禮。"《宋書·禮志》引《尸子》云："禹治水，爲喪法曰：使死於陵者葬於陵，死於澤者葬於澤，桐棺三寸，制喪三月。")，殷五月，周九月。虞瓦棺(古代陶製的葬具)，夏堲ji周(燒土爲磚，圍在棺的周圍)，殷塗次(塗，塗抹，粉刷。次，辦喪事的地方)，周牆翣(shà。牆，爲柩车上覆棺的一種裝飾帷幔。《釋名·釋喪制》：興棺之車"其蓋曰柳……其旁曰牆，似屋牆也"。翣，古代棺飾，垂于棺的兩旁。《説文·羽部》云："翣，棺飾也。天子八，諸侯六，大夫四，士二。下垂。"上述關於葬制的文字見《禮記·檀弓》："有虞氏瓦棺，夏后氏堲周，殷人棺椁，周人牆置翣。")。夏五十官，殷七十，周百(參《孟子·滕文公上》，"夏后氏五十而貢，殷人七十而助，周人百畝而徹，其實皆什一也。")。《禮記》："虞、夏不勝其質，殷、周不勝其文。"(《禮記·表記》原文作："虞、夏之文不勝其質，殷、周之質不勝其文。")夏二廟終三，殷四終五，周六終七。[①]不能循環，爲

[①] 　語出緯書，但説法略異。見孔穎達《禮記正義》引文："按《禮緯稽命徵》云："唐虞五廟，親廟四，始祖廟一。夏四廟，至子孫五。殷五廟，至子孫六。"《鈎命決》云："唐堯五廟，親廟四，與始祖五。禹四廟，至子孫五。殷五廟，至子孫六。周六廟，至子孫七。"

進化例；能循環者，爲三統①例。

　　凡《春秋》所譏，皆舊來風俗，故譏之而已，不加貶絶
(貶抑至極點)也。

　　不親迎(古代婚禮"六禮"之一，夫婿親至女家迎新娘入室，行交拜合
巹之禮。《公羊》謂天子至庶人皆親迎，左氏謂天子至尊無敵，無親迎之禮)。
不三年喪②。世卿(父死子繼。《公羊傳》隱公三年："尹氏者何？天子之大
夫也。其稱尹氏何？貶。曷爲貶？譏世卿，世卿非禮也。")。父老(指致仕)子
從政(《公羊傳》桓公四年："仍叔之子者何？天子之大夫也。其稱仍叔之子
何？譏。何譏爾？譏父老子代從政也)。僭天子。娶同姓母黨。《檀弓》
(《禮記》篇名。《禮記·檀弓上》孔穎達疏引鄭玄《目録》云："名曰檀弓者，以
其記人善於禮，故著姓名以顯之，姓檀名弓，今山陽有檀氏。")詳孔制作，
《坊記》(《禮記》篇目。《釋文》："鄭玄云：名坊記者，以其記六藝之義，所
以坊人之失也。"坊，通"防"。)詳孔以前舊俗。大抵與今外國同。孔子
生知前知，先天弗違，乃能爲萬世師表，由人而天，由王、伯
而帝、皇，鬼神全在所包，亦無所不可。爲立言，爲後世，不
爲當時；爲天下，不爲魯國。"孔子之門何其雜？"(語出《荀
子·法行》："南郭惠子問於子貢曰：'夫子之門，何其雜也？'子貢曰：'君子正
身以俟，欲來者不距，欲去者不止。且夫良醫之門多病人，檃栝之側多枉木，是
以雜也。'")萬世師表，則非一法可通行。

　　經之"周公"，非姬公(謂西周初年的周公，姓姬名旦)，其人尚

①　三統，又稱三正，西漢董仲舒等今文經師提出的一種歷史循環論。指夏、商、周
　　三代的正朔統緒。夏正建寅尚黑爲人統，商正建丑尚白爲地統，周正建子尚赤爲
　　天統。繼周之後的朝代又用夏正，如此循環不已。廖平對三統説進行了改造和發
　　揮，認爲三統本於三《頌》，并有大小之分：小三統之夏、殷、周三王，分別爲黑統
　　(北)、白統(中)、赤統(南)，係小康循環之法；大三統之夏、殷、周，爲天、地、人
　　三皇，分別爲青統(東)、素統(西)、黄統(中)，係大同循環之法。
②　三年喪，古代喪制中最重的一種。臣爲君，子爲父、妻爲夫等要服喪三年。古制爲
　　二十五個月，後來從鄭玄説，定爲二十七個月。後經儒家提倡，帝王推行，三年之
　　喪成爲中國古代社會的基本喪制。可參《儀禮·喪服》，顧炎武《日知録》五"三
　　年之喪"。

未生。孔子夢周公，凡夢皆占未來，不占以往。春秋中國，尚止方二千里，其程度尚屬蠻野，戎狄之俗，並無倫常（倫理道德，即人與人相處的常道和規範，儒家倡導父子有親，君臣有義，夫婦有別，長幼有序，朋友有信），宗族、尊卑、禮制不足傳，亦如今海外。即使誠如《春秋》所言，亦芻狗糟粕，不足傳世，凡俟後之書，其程度必非當時所能及。

以六經論，有人、天、皇、伯之別。《文子》天地之間二十五人：①神人、真人、道人、至人、聖人，位在弟（同"第"）五等，《五行大義》（隋蕭吉撰，英國學者李約瑟謂該書是一部"關於五行的最重要的中古時代的書籍"）釋之甚詳（見該書《論諸人篇》）。《列》、《莊》書中言天人、神人、真人、至人至數十見，且有稱孔子爲至人者。至人以上爲《詩》、《易》說，由聖以下五等爲《尚書》說，帝王以下德人、聖人、智人、善人、辨人五等爲《春秋》說。原始要終（推原其始，探求其終。語出《易·繫辭下》："《易》之爲書也，原始要終以爲質也。"），所謂"千百億化身"，尊孔而全在所包。且凡古之皇、帝、王、伯，今所傳誦者，皆屬孔言，尊孔即以尊經，尊經即以尊各等聖神。若周公國有帝王，家有父兄，何能獨主辟bì雍②？

---

① 見《文子·微明》："昔者，中黃子曰：'天有五方，地有五行，聲有五音，物有五味，色有五章，人有五位。'故天地之間有二十五人也：上五有神人、真人、道人、至人、聖人，次五有德人、賢人、智人、善人、辯人，中五有公人、忠人、信人、義人、禮人，次五有士人、工人、虞人、農人、商人，下五有衆人、奴人、愚人、肉人、小人。上五之與下五，猶人之與牛馬也。聖人者，以目視，以耳聽，以口言，以足行；真人者，不視而明，不聽而聰，不行而從，不言而公。故聖人所以動天下者，真人未嘗過焉；賢人所以矯世俗者，聖人未嘗觀焉。所謂道者，無前無後，無左無右，萬物玄同，無是無非。"

② 辟雍，周代天子爲貴族子弟所設的大學。取四周有水，形如璧環爲名。《禮記·王制》云："小學在公宮南之左，大學在郊。天子曰辟雍，諸侯曰頖宮。"《白虎通·辟雍》："天子立辟雍何？所以行禮樂、宣德化也。辟者，璧也，象璧圓，以法天也。雍者，雍之以水，象教化流行也。"

經統天人、帝王，全有各種科級。即全若周公，于經不過伯之一小門，其職既卑，其時又晚，何能自立？且無論周公，即使主堯舜，主文武，然有帝無王、伯，有王、伯無皇、帝，均屬一偏。若全主之，一堂數十人，事雜言呢（máng，言語雜亂），無所折中。載籍言古史事，文野不一，諸子亦各以學説分皇、帝、王、伯，彼此不同，各尊所聞，各行所知。然酋長之姬公，固不堪當，伯道之周公，尤不敢當。

周公稱"公"，不舉謚，與魯公同爲經傳有一無二之名詞。"周"爲皇大號，"公"爲二伯；"周"即泰皇，"周公"即泰伯。周公者，猶言"泰皇之伯"，其人未生，其時未至，故不能稱謚，與已往古史同。

尊孔篇提要附論

今以言"作"爲微言派，《公》（《春秋公羊傳》）、《穀》（《春秋穀梁傳》）最詳，《檀弓》、《坊記》尤著孔子作經之説。凡典禮義例與《左傳》相同，而《左傳》託之"名卿大夫"者，皆以爲出自孔子與公羊（指公羊高，春秋公羊學創始人，戰國時齊人）、穀梁（指穀梁赤，春秋穀梁學創始人，戰國時魯人）、沈子（《春秋》早期傳人之一，《公羊》、《穀梁》中數見沈子議論）傳經之先師。寓言全在孔子前，微言全出孔子後，二説冰炭水火，即三傳互異，乃可考見其家法。

先進野人，後進君子，（語本《論語·先進》："子曰：'先進於禮樂，野人也；後進於禮樂，君子也。如用之，則吾從先進。'"）即海外先野後文之師説。如《尚書》四表（四方極遠之地，泛指天下。《書·堯典》："光被四表，格于上下。"）三萬里版圖，《禹貢》九州（冀州、豫州、雍州、揚州、兗州、徐州、梁州、青州、荊州），已極文明。至《春秋》

二千餘年，乃版圖僅三千里，且荆、徐、梁、揚，三《傳》皆以爲夷狄，所稱中國者，不過五州。泰伯（周朝祖先古公亶父的長子。因讓賢出走荆蠻，建立吳國）斷髮文身（古代吳越一帶風俗，剪斷頭髮，身上刺畫魚龍花紋，以避水中蛟龍之害。《左傳》哀公七年："大伯端委以治周禮，仲雍嗣之，斷髮文身，嬴以爲飾。"）以避水族之害。以進化言之，地方既已文明，斷無復返蠻野之理；夫婦、父子既已進化，不能更變夷俗。

經説由帝而降王，由王而降伯，先文明而後蠻野，前廣大而後狹小，與進化之理相左。西人據此以攻經，謂耶教（即基督教）由一國以推全球，孔教經説乃由三萬里退縮以至三千，兩兩相形（相互比較），劣敗優勝，則孔教必不能自存於天壤。

《論語》云"猶天之不可階而升"，《孟子》言"生民未有"、"賢於堯舜遠矣"。孔子爲聖作，前無古人可知。孔廟題曰"大成至聖"，由賢人中推其尤（優異）爲"聖"，由聖人中推其尤爲"至聖"。若如賢述（"述而不作"之"述"）之説，取古代帝王之政事、文誥、史策而鈔存之，則太史公所優，如《昭明文選》①，吳蘭陔②、路潤生③選制藝，雖稱善本，然不能謂選者遠勝於作者。

歷代學校，以尊孔爲主，而不及帝王周公。今之説者，

---

① 《昭明文選》，南朝梁武帝長子蕭統曾召集文士劉孝威、庾肩吾等多人編撰《文選》三十卷（今本分六十卷），輯錄秦漢以來詩文，世稱《昭明文選》，是我國現存最早的詩文總集。此書選錄先秦至梁的一百多個作者七百余篇各體詩文，由於選錄了很多辭藻華美的文章，後代文人學習前代作品時都要經過閱讀《文選》的階段，因而該書對唐代及以後的文學產生了深遠的影響。
② 吳蘭陔（1716–1793），名懋政，字維風，號蘭陔，清浙江海鹽人。清代八股名家，所輯《讀墨一隅》、《八銘塾鈔》頗爲流行。
③ 路潤生（1785–1851），名德，字潤生（一作閏生），號鷺洲，清陝西盩厔（今陝西周至）人。嘉慶十四年（1809）進士，清代八股名家，著有《樨華館全集》等，所評選的《仁在堂時藝》頗爲流行。

以爲尊孔則必貶古之帝王，不知物莫能兩大（二者並大。《左傳》莊公二二年："物莫能兩大。陳衰，此其昌乎！"），與其尊帝王而貶孔子，何如尊孔子而貶帝王。宰我、子貢皆以爲生民未有，人若必謂孔子爲"述"，與宰我、子貢不合。

制義家從古史説，以爲周監二代，（見《論語·八佾》："子曰：'周監於二代，郁郁乎文哉，吾從周。'"）至爲明備，若是則西、東周皆折入於秦。是秦之襲周，亦如清之襲明，所有殿閣、宗廟、郊壇，一切典禮，皆當襲周之舊制矣。乃徧考《國策》（即《戰國策》）、《史記》，秦所襲取於周者，實無一物，但云參用六國以成秦制。是古①周於明堂（古代帝王宣明政教之所。凡朝會、祭祀、慶賞、選士等大典，皆在此舉行）、辟雍、郊社（祭祀天地）、壇坫（diàn，會盟的壇臺）、天神、地祇，諸典制百無一有。《史記》於《禮》、《樂》、《封禪》、《食貨》各志（謂《禮書》、《樂書》、《封禪書》和《平準書》諸篇），言帝王三代者，甚爲詳明，一入春秋，則云禮壞樂崩無可考核。使六經非全出孔子，周制文備，孔子且屢言之，何至秦一無所得？蓋三代以前之文明，皆出經説空言，實無其事；至於入秦，則爲史事。故秦所行典禮，皆出山東儒生方士之條陳。孔子經傳空言，秦乃從而見之行事。東言西行，爲一定之例。孔以前爲經説，孔以後爲史事。史者，衍（推演）經説爲之。學者苟能將《國策》、《史記》細心研究，方知經、史之分，言、行之別。使周果有文明，則固非孔作。若周初無典制，則雖欲不歸孔子而不得矣。

今以"立言"二字説之，"言"爲空言，非舊史；"立"爲自造，非鈔胥（抄襲）。故經書皆爲後來伯、王、帝、皇之範圍，與地球相終始。如有王者起，必來取法，爲萬世師表，

---

① 據文意，"古"當作"故"。

開後來太平，通經致用，歲歲皆新，所以爲聖經，與古史芻狗糟粕天懸地別（意同"天壤之別"，即差別甚大）。

緯書言孔作事最詳，《孔子世家》（《史記》篇名）、劉歆《移書》（《移讓太常博士書》，載《漢書·楚元王傳》）全以經出聖作；獨尊孔，則皇、帝、王、伯全在所包，約而能博，方有歸宿。

寓言門

《莊子》之寓言十之九，（見《莊子·寓言》："寓言十九，重言十七，巵言日出，和以天倪。"郭象注："寄之他人，則十言而九見信。"）不自言而託之古人，如畏累虛（即畏壘山。虛，通"墟"）、庚桑（即庚桑楚，人名）是也。（見《莊子·庚桑楚》："老聃之役有庚桑楚者，偏得老聃之道，以北居畏壘之山。"）古帝王非無其人，而文明程度則後來居上，據微言則爲新經，猶寓言則爲舊史。

今以言"述"爲寓言派。《左傳》不以空言解經，以經爲復古，爲古帝王所已行之陳迹，孔子加以筆削，故曰"非聖人，孰能修之"，（語出《左傳》成公十四年："君子曰：'《春秋》之稱，微而顯，志而晦，婉而成章，盡而不汙，懲惡而勸善，非聖人，誰能脩之？'"）非遂如後人以爲《文選》、《詩選》之比。

《左氏》、《公》、《穀》所言後師之經義禮制，《左氏》以爲皆在孔子前，爲名公巨卿之陳說。

後儒必以孔爲述者，大約不解《左》、《國》（即《左傳》、《國語》）寓言之旨。今誠如其意以推之，就《左》、《國》言經，《詩》、《書》、《禮》、《樂》、《易》、《春秋》固爲舊書，即《論語》、《孝經》，其說亦出孔前；以傳記言之，如《易》"文言"（《易》十翼的一種，專釋乾、坤二卦的義理，相傳爲孔子作）、"彖辭"（《易》卦辭，如"乾"下"元亨利貞"即彖辭）、"象曰"（疑即《象傳》，《周易》十翼之一，爲解釋爻象之辭，亦稱《易大傳》，總釋一卦之象者曰大象，論一爻之象者曰小象，舊說爲周公所作，或說出於孔子），《尚書》師說六府九歌①、舉十六族②、去四凶③，《禮記》、《大戴》、《尚書大傳》（舊題漢伏勝撰，鄭玄注，是伏勝的門徒張生、歐陽生輯錄勝的遺說而成。其書不盡在解經，與經義在離合之間，與《韓詩外傳》、《春秋繁露》同一體例）、《韓詩外傳》（漢韓嬰撰，此書援引歷史故事以解釋詩義，與經義不相比附，所述多與周秦諸子相出入）後來師說，亦多出孔前，則孔不得爲作，亦幾幾乎不得爲述矣。何以《左傳》屢引聖言、贊孔修？不用寓言之説，如何可通？

由分經之説言，每經各有一周公，時地不同，程度亦異，名同實不同，初非已往之姬公之定稱，則周公如何可冒主大祀（最隆重的祭祀，爲祭祀天地、上帝、太廟、社稷之禮。《周禮·春官·肆師》："立大祀，用玉帛牲牷。"鄭衆注："大祀，天地。"光緒末，改先師孔子爲大祀）？周公多，帝王亦多，互相爭鬪，則反成訟端。

---

① 六府九歌，典出《尚書·大禹謨》："禹曰：'於！帝念哉！德惟善政，政在養民。水、火、金、木、土、穀，惟修；正德、利用、厚生，惟和。九功惟敍，九敍惟歌。戒之用休，董之用威，勸之以九歌，俾勿壞。'"《左傳》文公七年："《夏書》曰：'戒之用休，董之用威，勸之以《九歌》，勿使壞。'九功之德皆可歌也，謂之九歌。六府、三事，謂之九功。水、火、金、木、土、穀，謂之六府。正德、利用、厚生，謂之三事。"
② 十六族，見《左傳》文公十八年："昔高陽氏有才子八人，蒼舒、隤敱、檮戭、大臨、尨降、庭堅、仲容、叔達，齊、聖、廣、淵、明、允、篤、誠，天下之民謂之八愷。高辛氏有才子八人，伯奮、仲堪、叔獻、季仲、伯虎、仲熊、叔豹、季貍，忠、肅、共、懿、宣、慈、惠、和，天下之民謂之八元。此十六族也，世濟其美，不隕其名。以至於堯，堯不能舉。舜臣堯，舉八愷，使主后土，以揆百事，莫不時序，地平天成。舉八元，使布五教于四方，父義、母慈、兄友、弟共、子孝，內平外成。"廖平謂《左傳》"十六族"説出《尚書》，如《舜典》"爰斯"即八愷中的"蒼舒"，"朱、虎、熊、羆"即八元中的"伯虎、仲熊、叔豹、季貍"。
③ 四凶，指共工、歡兜、三苗、鯀四個不服從舜控制的部族首領。見《舜典》："流共工於幽州，放歡兜於崇山，竄三苗於三危，殛鯀於羽山，四罪而天下咸服。"《左傳》文公十八年所指與此不同，指渾敦、窮奇、檮杌、饕餮。

歷代尊孔，皆屬天誘，不必作者能知其意。如今推大祀，人鬼絕誼，周公則僅傳心殿①一祀。用後儒説，則孔當與周並廁立(置身，位列。廁，間雜)功臣廟，與蕭、曹(蕭何、曹參，均爲漢初功臣)比肩。

西人文字、言語相合，爲“諸侯並作語”；中土文字與語言判而爲二，乃能“天下同文”。

語言即文字，如閩、廣鄉譚(指方言土語。譚，同“談”)，隨地變殊，不能相通。

文字離語言，則不取鄉譚，專以象形相接。如中國政府必用各行省方言，則不能治，故公共文字，通用語言，利於鄉；離語言而用圖畫，則利於國與天下。使萬世以下，人人必學數十百種語言，豈非一不了之局？此同文之事不能不行，象形之字不能不作。

禦侮門此《尊孔篇》提綱四門之一。

欲尊孔，則必詳外侮。知己知彼，而後可以立國。亦如戰事，覆轍(翻車的輪跡，喻失敗的教訓)圮(pǐ，毀壞，坍塌)城必須改造，使營壘一新。説者每訝爲多事，不知効命疆場，存亡所繫，偵探(偵察)不得不精，瑕隙(指在尊孔問題上所存在的使人可乘的間隙，嫌隙)不當自諱。

《列》、《莊》所譏
《列》、《莊》推六經爲神聖制作，故孔事詳于老聃，

---

① 傳心殿，清代皇帝御經筵前行祭告禮之處，位於紫禁城東南側，建於康熙二十四年(1685)。殿正中設皇師伏羲、神農、軒轅，帝師堯、舜位，王師禹、湯、文、武位，皆南向。殿東周公位，殿西孔子位。

閒於孔子有微詞(委婉而隱含諷論的言辭，隱晦的批評)者，《史記》云莊子著書"訾訾(zǐ，責罵詆毀)仲尼之徒"(《史記·老子韓非列傳》原文云："以詆訿孔子之徒，以明老子之術。")，則非真詈(lì，責罵)孔子矣。蓋《列》、《莊》所議，以古史派爲最詳。《列子·仲尼篇》孔子自云爲天下不爲魯國，爲後世不爲當時，(《仲尼篇》原文爲："曩吾修《詩》、《書》，正禮樂，將以治天下，遺來世；非但修一身，治魯國而己。")則立言俟後之旨明矣。後世儒學如馬(馬融〔79–166〕，字季長，東漢扶風茂陵〔在今陝西興平東北〕人，著名經學家，著有《三傳異同說》，並注《孝經》、《論語》、《易》、《書》、《詩》、《三禮》等)、鄭(鄭玄)諸人，莫不以經爲古史，所以大聲疾呼，以明孔真，以袪晚誤。必免人攻，而後可以自立，此古史之説所以不敢從也。

儒術一體

孔爲至聖，《論語》所謂"無所成名"。[1]近來學者或目爲教育家、政治家、宗教家、理想家，種種品題(評論人物，定其高下)，皆由不知"無名"之義。孔道如天，無所極盡，而儒特九流之一家，以人學言其中皇、帝、王、伯。論之孟、荀，專主仁義之王學，故上不及皇、帝，下則詆議五霸(諸侯中勢力强大稱霸一時的人，説法不一)，與孔經小大不同。乃東漢以下，專以儒代孔，除王法(帝王所定的法律。《史記·儒林傳》："故因《史記》作《春秋》，以當王法，其辭微而指博。")以外，皆指爲異端。是六經但存《春秋》，餘皆可廢。道德爲德行科，詞賦爲文學科，縱橫爲言語科；世所傳者，大抵考據、語錄之政事

---

① 語出《論語·子罕》："達巷黨人曰：'大哉孔子！博學而無所成名。'子聞之，謂門弟子曰：'吾何執？執御乎？執射乎？吾執御矣。'"朱熹《集注》曰："博學無所成名，蓋美其學之博而惜其不成一藝之名也。"

學，而餘三科皆屏絕不用。故非尊孔，不足見儒術之小，非小儒，不足以表至聖之大。須知孟、荀於佛門中不過羅漢(也作阿羅漢，在大乘佛教中低於佛和菩薩，在小乘佛教中是修行所及的最高果位)地位。今由《春秋》以推《尚書》，由人事以推天道，時地不同，每經自成一局。故凡中文之古書，皆出孔後，梵語左書，亦不能出其範圍。

西教反對

宗教攻孔之說多矣，即如《經學不厭精》(德國傳教士花之安〔Ernst Faber, 1839–1899〕撰)、《古教彙參》(英國傳教士韋廉臣〔Alexander Williamson, 1829–1890〕撰，廣學會1899年印行，共三卷)、《自西徂東》(德國新教傳教士花之安撰)之類，意在改孔從耶。蓋其節取(節錄)孔經者，半屬言行小節(細節，非主體)、鄉黨自好者之所能。若言至聖真相，則彼所譯者，非八比[1]講章(爲學習科舉文或經筵進講而編寫的《四書》、《五經》的講義)，即庸濫語錄，中士且不知聖，何況海外？惟其所攻駁，每據彼國新理，時中肯要(指事物的關鍵或要害)。凡學術自立不足，攻人則有餘。今欲尊孔，正可借彼談言，爲我諍友(能直言規勸的朋友)。語云"善守者，不知其所以攻"，(《孫子·虛實篇》)原文云："善守者，敵不知其所攻。")所備既多，則固不能拘守舊法，亦如今日之兵戰也。

東方研究

外國有哲學，專用理想，時有冥悟(暗中領悟，省悟)。蓋

---

① 八比，明清科舉考試的文體之一，也稱制藝、時文、八股、四書文，其體源於宋元的經義，明成化以後漸成定式，清光緒末年廢除。八比以《四書》的內容作題目，文章的發端爲破題、承題，後爲起講，起講後分起股、中股、後股和末股四個段落發表議論，每個段落都有兩段相比偶的文字，故稱八比或八股文。

思想自由，不似八比之限于功令，梏蔽(限制蒙蔽)聰明。且彼國漢學專家，畢生精研經傳，不似吾國務廣而荒(廢棄，棄置)。故其所指摘，大抵皆晚近儒者之誤説，既有駁正，不能以非中人，遂悍然(蠻橫貌)不顧。又凡其所攻，固不能皆是，而精船巨礮(同"炮")，則不可不思辟解之法，暴虎馮píng河(無兵器空手搏虎曰暴虎，無舟檝而渡河曰馮河。比喻魯莽冒險，不顧利害。典出《詩•小雅•小旻》："不敢暴虎，不敢馮河。")固非善戰。

中士書報

中人自宋元後，以學究鄉愿(典出《論語•陽貨》："鄉原，德之賊也。"《孟子•盡心下》："閹然媚於世也者，是鄉原也。"按，"原"通"愿"，閹然，曲意逢迎貌。鄉原，指没有原則的取悦他人者)爲孔子，而不求知聖。八比盛而其學昌，八比盛極而其學轉敗。梅伯言[1]云"八比説理之精，無間可入"，真爲名言。惟其孤行千餘年，家絃xián户誦(家家弦歌，户户吟誦。謂流傳極廣。絃，彈奏弦樂)，至今而得失成敗可覩矣。輩知八比之無用，則不得不別開谿徑(門徑)。近來新書報章，尤喜疑經譏聖，教亡而國何以自立？故凡此類博搜潛究(深入探討)，非者固置之不議不論，苟其中(符合)理，則必研究改圖(改變計劃)，不使自形其短。蓋學堂雖標尊孔宗旨，非廣大精深、毫無罅隙(縫隙，即缺失)，何能强人崇信，使經教占世界各教最高之地步，孔子爲中外有一無二之至聖乎？

懷疑中立

西漢以上，六經雖甚繁賾(zé，複雜深奧)，專門名家，條

---

[1] 梅伯言，即梅曾亮(1786–1856)，字伯言，一字柏梘，江蘇上元(今屬南京)人。清代著名古文家，桐城派主要傳承者，著有《柏梘山房文集》等。在《書〈莊子〉後》中，他稱"言之純，義之精，未有如今之制義者矣"。

理極爲明晰。自東漢以下，黜師説而研音訓，經專遂成爲迷罔，無論新進(新入仕途或剛登科第的人，此指剛入門者)後生，雖老宿名家，亦直如中風囈語。他且不論，即如《王制》、《周禮》，注疏典考，久成莫解之結，無人不疑，無人能解。初尚懷疑，久之自信，以爲定論。經不能通，何以致用？故庠序不能造美才，且沿訛承誤，更以矛盾爭鬪爲經學中天然之性質。故老師大儒，皆以經説原不必明白，恍惚離奇，探討不盡，乃見高深。今志在徧通羣經，不使再同迷藥。經營既廣，改革又多，誠有難于索解之處，然姑妄言之，姑妄聽之，久之自能徹悟。若必一見能解，則此書原與一説曉童子《進學解》(此文爲韓愈任國子博士時的作品，仿照東方朔《客難》、揚雄《解嘲》，假託先生向生徒訓話勉勵，生徒提出質問，先生再來解釋，韓愈藉此來闡述自己對於衛道、治學、做人、作文的見解)性質不同。

經史之分

傳世之書，分經、史二派。春秋以前之史皆字母書，經則爲孔氏古文，以二種文字分經、史。《史記》每兼採二説，混合爲一。東漢以後，字母之書絕跡，凡今所傳古文之書，皆爲經派，同出孔後。春秋時未有典禮，經乃立之標本，以爲後聖法。

今日名臣宿儒，震于泰西維新之説，革舊改良，日新不已。前數年稱新者，今日已舊。今日稱新，不能保日後之不改。若六經在二三千年前，古不可治今，小不可治大。東西學人固多以經在可廢之例，即《勸學篇》(清張之洞著，全書二十四篇，内篇九篇，外篇十五篇，内篇務本，以正人心，外篇務通，以開風氣，其主旨爲"舊學爲體，新學爲用")與東南士大夫，亦倡言中人好古，不如西人求新，尼山(尼山在山東曲阜縣東南，相傳叔梁紇與顏氏女於尼山野合而生孔子，後因以此作爲孔子的別稱)之席，必爲基督所奪。

蓋諸家誤從古文説，祖周公，讀經傳爲古史，謂中國古盛于今，黃帝以前大同，堯舜以後疆宇日蹙(cù, 收縮)，政治典禮每況愈下，故視經傳如禹鼎(傳説夏禹以九牧之金鑄鼎，上鑄萬物，使民知何物爲善，何物爲惡)、湯盤(商湯的浴盆，上刻有銘文"苟日新，日日新，又日新")，徒爲骨董家(即古董家，從事古玩、古董收藏及鑒賞者)玩物，摩挲把弄，不過資行文之點染材料。信如是説，則經之宜亡也久矣，何以至今存也？《列》、《莊》芻狗陳迹，切矣！

三王不襲禮，五帝不沿樂。凡政典，經百年、數十年已爲廢物，況遠在四五千年上之檔冊誥令乎？必知經爲孔作，空言俟後，而後小統指中國，大統包全球。如《周禮》土圭三萬里，車轂(gǔ, 車輪中心插軸的部分。朱熹云："轂者，車輪之中，外持輻、内受軸者也。")三十輻，大行人(官名。主管天子諸侯間的重大交際禮儀)九畿爲九州，方二萬七千里，九九八十一州，《春秋》九州六國，爲八十一分之一，與《詩》"海外有截"(鄭箋："截，整齊也。……四海之外率服，截爾整齊。")、"九有(九州)有截"(二句均見《詩·商頌·長發》)，固爲古所未有。即以《春秋》言，至今進化二千餘年，尚未能盡其美備(完美齊備)。《孟子》云獸蹄鳥迹相交之中國，(見《孟子·滕文公上》："獸蹄鳥迹之道交於中國。")使聖君賢相爲之，試問典章文物，三年期月(jī yuè, 一個月)，遂能如典謨之完全乎？

以退化言，則春秋遜于虞、夏；以進化言，則後進加乎先進。春秋去禹二千年，疆宇當日闢，教化宜日新，乃三《傳》于禹九州，半指爲夷狄，斷髮文身，篳路藍縷①，

---

① 篳路藍縷，形容創業艱辛。典出《左傳》宣公十二年："訓之以若敖、蚡冒篳路藍縷以啓山林。"杜預注："若敖、蚡冒，皆楚之先君。篳路，柴車。藍縷，敝衣。言此二君勤儉以啓土。"即楚先君乘柴車，著破衣開闢山林事。

三《傳》同此，南方四州爲夷狄。以典禮論，諸侯雄長，妄稱尊號，射王中肩(鄭莊公射中周桓王肩，事見《左傳》桓公五年："蔡、衛、陳皆奔，王卒亂，鄭師合以攻之，王卒大敗。祝聃射王中肩，王亦能軍。")，執君，君臣相質(相互留人質)，以臣召君，不得不稱爲亂世(混亂不安定的時代)。

以倫理而論，上烝(zhēng，指男子與庶母間的婚姻。《左傳》莊公二十八年："晉獻公娶於賈，無子。烝於齊姜，生秦穆夫人及太子申生。")下報(指小輩通於比其輩分高的人。後視爲亂倫。《左傳》宣公三年："文公報鄭子之妃，曰陳嬀，生子華、子臧。"杜預注："鄭子，文公叔父子儀也。")，不行三年喪，居喪不去官，同姓昏(同"婚"。《左傳》僖公二十三年："男女同姓，其生不蕃。")，凡人皆稱天子，世卿(世代承襲爲卿大夫)，並嫡(有兩個及以上妻子)，弑殺奔亡，史不絕書，春秋時事如此，則以前之蠻野草昧更可知。故凡《春秋》所譏，皆爲當時通行之公法通例，直與今泰西相同。故必知春秋中國文明程度，適同今日西人。

孔子作新經，撥亂世，由九州以推海內，由海內以推大荒(極荒遠之地，海外。《山海經·大荒西經》："大荒之中，有山名曰大荒之山，日月所入……是謂大荒之野。")。大抵經義由《春秋》起點，爲六經基礎，由是而《書》、《禮》，而《詩》、《樂》，而《易》，"自堂徂(cú，至)基(通"畿"，門檻)，自羊徂牛"(比喻循序漸進。語出《詩·周頌·絲衣》)。時至今日，小統之中國可稱及半，大統之海外，尚當再用《春秋》撥亂世之法，以繩海外諸侯，隱隱如《公羊》"大一統"。

西人求新不已，所謂過渡時代之事，不過如淩空寶塔初級之一磚一石，非加數百千年、數萬億名君賢相，鴻儒碩士，不能完此寶塔之功能。故六經者，非述古，乃知來；非專中國，乃推海外。以《王制》、《周禮》爲中外立一至美至善之標準，後來之君相師儒，層累曲折，日新不已，以求赴其目的，其任重，其道遠。

今西人尚在亂世，雲泥(雲在天，泥在地，喻地位懸隔，道路有異)霄壤(天與地，喻相去極遠)，一時不能望其門牆(喻師門。《論語·子張》："夫子之牆數仞，不得其門而入，不見宗廟之美，百官之富，得其門者或寡矣。")，以後視今，則所稱新理、新事者，皆屬塵羹土飯[1]、芻狗糟粕，不轉瞬已成廢物。經則日月經天，江河行地，萬古不失，與地球相終始。

世界必大同，尊親必合一，世之談士，彙能言之，而折中儒術，少所發明，不知以經爲古史，則勢在所必廢，苟芟鋤(削除)莽、歆(王莽、劉歆)邪説，以經爲空言俟後，從來並未實行，則經爲新經，藉以標示世界大同之規畫，則經方如日月初升，何遂言廢乎？

尊孔大旨

前賢所爭學術，今古(今文經學，古文經學)、朱陸(朱熹、陸九淵)，近則在于傳作先後。尊孔與貶孔二派。自東漢以後，誤讀"述而不作"，羣以帝王周公爲"作"，孔子爲"述"，孤行(單獨流傳)二千餘年，淪膚浹髓(浸透肌肉，深入骨髓。比喻影響之深。語本《淮南子·原道訓》："不浸於肌膚，不浹於骨髓，不留於心志，不滯於五藏。"浸，潤。浹，通)，萬口一聲，無或致疑(懷疑)。今乃起而矯之，所以專主尊孔，曰孔"作"非"述"，聞者莫不詫怪，以爲病狂，今爲申其説于左。

---

[1] 塵羹土飯，又作塵飯塗羹。以塵爲羹，以土爲飯。比喻以假當真或無用的事物。典出《韓非子·外儲説左上》："夫嬰兒相與戲也，以塵爲飯，以塗爲羹，以木爲胾；然至日晚必歸餉者，塵飯塗羹可以戲而不可食也。"

一曰守中制

中國自漢唐以來，辟雍專主尊孔，不言帝王、周公也。近因外學風潮，乃推至聖爲大祀，與天地並，黄屋左纛(dào。典出《史記·項羽本紀》："紀信乘黄屋車，傅左纛。"張守節《正義》引李斐云："天子車以黄繒爲蓋裏。"裴駰《集解》引李斐曰："纛，毛羽幢也。在乘輿車衡左方上注之。")，用天子禮樂，帝王、周公不與焉。耶教獨尊上帝，禁絶百神。中國既專在尊孔，以後賢配享(以賢哲附祭於孔廟)可也。若帝王、周公，位則君臣，時有先後，苟一相臨，則孔子必辟(通"避")南面之尊，退居臣民之位。周公先聖，孔子先師，必周公南面、孔子西面而後可。沈氏《野獲篇》、魏默深(即魏源)用晚近顛倒之説，欲改主周公，退孔子。故從歷朝舊制，不敢不保守國粹，以蹈非聖不敬之罪，一也。

二曰從微言

經爲古史之説，則孔子不過如史公、朱子，六經不過如《史記》、《通鑑》(即《資治通鑑》)。孔子推本堯舜，至于則天(謂以天爲法)無名，至矣，乃宰我、子貢則曰"生民未有"，"賢于堯舜者遠"。既獨尊孔子，則不能謂堯、舜、禹、湯、文、武、周公人人皆孔子也，明矣。蓋物莫能兩大，欲尊孔子，則必貶帝王、周公；若遍尊帝王、周公，則孔子止得爲賢述，無兩全之道。《孟子》乃童蒙所讀之書，其説發于宰我、子貢。使二賢爲無知則可，若以爲孔門真傳，吾固不能舍受業弟子之微言，而師魏晉以下之晚説。兩利相形，則取其重；兩害相形，則取其輕：此固一定之勢也。

三曰尊經

"述而不作"之説，《列》、《莊》芻狗糟粕攻之于前，西人文野顛倒攻之于後。閒嘗考紀文達①之説曰"《周禮》確爲周公手書，傳之既久，人非周公，續有改屬。當時不能通行，因之廢墜(衰亡，滅絶)"云云，故以經爲古史，則疵病百出。信如紀文達之説，則不待外人攻擊，過時廢物，何足以自存于天地之閒？夫以孔子爲立言，漢宋諸儒無異辭，以其爲微言之僅存者。今謹就二字推闡六經：既曰"言"，則非已往史蹟；既曰"立"，則非鈔録舊稿。經爲孔傳，專俟後聖，必非古有，而後萬世可師；空文垂教，而後天下足法。六經生死機函(關鍵)，專在"作"、"述"顛倒，所以排衆議而不顧，三也。

四曰救世

近之學人，崇拜歐化，不一而足，攻經無聖之作，時有發表，動云中國無一人可師、無一書可讀。中國文廟既主尊孔，鄙意非發明尊孔宗旨，則愛國之效不易收，盡刪古史舊説之罅xià漏(疏漏)，而後能別營壁壘。

孔子生知前知，足爲天下萬世師表。六經中《春秋》治中國，《尚書》治全球，血氣尊親(尊尊與親親)，同入圍範(猶範圍)，新推尊孔子爲天人神化，迥非言思擬議所可及。若以平庸求之，則個人禮德、鄉黨自好者類能之，即如倫理學史畫界分疆，以教化始于孔子，故必盡攻聖廢經之敵情，而後可以立國。獨尊孔子，則文明不能不屬吾國，愛國保種之念自油然而生矣。

有此四大原因，而世顧出死力以相爭者，以尊孔則于

---

① 紀文達，即紀昀(1724—1805)，字曉嵐，一字春帆，號石雲，謚文達，清直隸獻縣(今屬河北)人。官至禮部尚書、協辦大學士。曾任《四庫全書》館總纂，纂定《四庫全書總目提要》。有《紀文達公遺集》、《閱微草堂筆記》等。

帝王有妨，其說出于孔門浮言（空泛不實的言論），不足深計。
或又以爲欲滅去堯、舜、禹、湯、文、武、周公諸名詞，更大
誤矣。

　　堯舜名詞有三：古史之堯舜，已往者也；法經之堯舜，
未來者也；學說之堯舜，隨更其所學而變異者也。典謨之
堯舜，聖神功化，經由聖作，堯舜即孔學之所結構，堯舜
即孔子不能賢，更何論遠近？此經中堯舜，即孔子之所說
也。

　　古之堯舜，時當草昧，大約比于今之非、奧。即如《孟
子》所云，"當堯舜（"堯舜"，《孟子》原文作"堯"）之時，天下猶
未平，洪水橫流，獸蹄鳥跡之道交于中國"（語出《孟子·滕
文公上》）云云，其與典謨野文之分，人皆能辨之，此已往真
堯舜也。今試以《孟子》所說較典謨，豈無優劣于其閒？所
謂"孔子賢于堯舜"者，謂《尚書》之堯舜，賢于真正古之
酋長耳。《公羊》云"樂乎堯舜之知君子"；（語出《公羊傳》哀
公十四年。何休注云："末不亦樂后有聖漢受命而王，德如堯舜之孔子爲制
作。"）君子，孔子，堯舜在孔子後。《孟子》云"服堯之服，言堯之
言，是堯而已"；（《孟子·告子下》原文云："子服堯之服，誦堯之言，
行堯之行，是堯而已矣。"）董子（董仲舒）云法夏而王、法殷而王、
法周而王，（語本董仲舒《春秋繁露·三代改制質文》："天將授禹，主地
法夏而王，祖錫姓爲姒氏。天將授湯，主天法質而王，祖錫姓爲子氏。天將授
文王，主地法文而王，祖錫姓姬氏。"）此則未來取法《尚書》之皇帝
也。

　　昔曾文正（曾國藩，1811-1872）有感于史筆附會，謂"漢
高祖不識果有其人否"。今人動以文正之言相譏。夫據孟
子而言，前古非無真堯舜也。《漢·藝文志》古書多亡，
出依託，書爲今書，人則古人，苟無其人，何爲託之？即如
《左》、《史》（《左傳》、《史記》），必謂其言皆傳史，毫無修

飾，固爲癡人（愚笨之人）。若文正本爲戲言，鄙人固不以爲實無其人。若因文正戲言而疑之，則疑者之過也。

據《周禮》、《春秋》，以《尚書》爲聖作，剔透玲瓏，固無妨礙，實則雖《僞孔》（東晉豫章内史梅賾所獻僞《尚書孔氏傳》）、《蔡傳》（南宋蔡沈〔1167—1230〕所撰《書集傳》）亦謂《書經》刪潤去取，不能離孔子而獨立，則兩説相較，實亦大同小異。至于報章謂有孔前六經、孔子六經，墨子亦有六經，經比課本，人人可爲，時時新出，而世顧不之怪，此鄙人所以願爲教死，鈇斧不避（謂不怕殺頭）也歟！

尊孔篇附論（《尊孔篇附論》各條均已見上文《尊孔篇提要附論》〔以下簡稱《提要附論》〕，唯有少許文字差異，隨文注明）

今以言"作"爲微言派，《公》、《穀》最詳，《檀弓》、《坊記》尤著。孔子作經之説，凡典禮義例，與《左傳》相同，而《左傳》託之名卿大夫者，皆以爲出自孔子與公羊、穀梁、沈子傳經之先師。寓言全在孔子前，微言全出孔子後，二説冰炭水火，即三《傳》互異，乃可考見其家法。

先進野人，後進君子，即海外先野後文之師説。如《尚書》四表三萬里版圖，《禹貢》九州，已極文明。至春秋二千餘年，乃版圖僅三千里，且荆、徐、梁、揚，三傳皆以爲夷狄，所稱中國者不過五州。泰伯斷髮文身，以避水族之害。以進化言之，地方既已文明，斷無復返蠻野之理；夫婦父子既已進化，不能更變夷俗。

經説由帝而降王，由王而降伯，先文明而後蠻野，前廣大而後狹小，與進化之理相左。西人據此以攻經，謂耶教由一國以推全球，孔教經説乃由三萬里退縮以至三千，兩兩相形，劣敗優勝，則孔教必不能自存于天壤。

《論語》云"猶天之不可階而升"，《孟子》言"生民未有”、“賢於堯舜遠矣”。孔子爲聖作，前無古人可知。孔廟題曰“大成至聖”，由賢人中推其尤爲“聖”，由聖人中推其尤爲“至聖”。若如賢述之説，取古代帝王之政事、文誥、史策而鈔存之，則太史公所優，如《昭明文選》，吳蘭陔、路潤生選制藝，雖稱善本，然不能謂選者遠勝于作者。

　　歷代學校，以尊孔爲主，而不及帝王周公。今之説者，以爲尊孔則必貶古之帝王。不知物莫能兩大，與其尊帝王而貶孔子，何如尊孔子而貶帝王。宰我、子貢皆以爲生民未有，人若必謂孔子爲“述”，與宰我、子貢不合。

　　制義家從古史説，以爲周監二代，至爲明備，若是則西、東周皆折入于秦。是秦之襲周，亦如清之襲明，所有殿閣、宗廟、郊壇，一切典禮，皆當襲周之舊制矣。乃遍（“遍”，《提要附論》作“徧”，義同)考《國策》、《史記》，秦所襲取于周者，實無一物，但云參用六國，以成秦制。是故（“故”，《提要附論》作“古”）周于明堂、辟雍、郊社、壇坫、天神、地祇諸典制，百無一有。《史記》于《禮》、《樂》、《封禪》、《食貨》各志，言帝王三代者甚爲詳明，一入春秋，則云禮壞樂崩，無可考校（“校”，《提要附論》作“核”）。使六經非全出孔子，周制文備，孔子且屢言之，何至秦一無所得？蓋三代以前之文明，皆出經説空言，實無其事；至于入秦，則爲史事。故秦所行典禮，皆出山東儒生方士之條陳。孔子經傳空言，秦乃從而見之行事。東言西行，爲一定之例。孔以前爲經説，孔以後爲史事。史者，衍經説爲之。學者苟能將《國策》、《史記》細心研究，方知經史之分、言行之別。使周果有文明，則固非孔作。若周初無典制，則雖欲不歸孔子而不得矣。

　　今以“立言”二字説之，“言”爲空言，非舊史；“立”

爲自造，非鈔胥。故經書皆爲後來伯、王、帝、皇之範圍，與地球相終始。如有王者起，必來取法，爲萬世師表，開後來太平，通經致用，歲歲皆新，所以爲聖經，與古史芻狗糟粕天懸地別。

緯書言孔作事最詳。《孔子世家》、劉歆《移書》全以經出聖作。獨尊孔，則皇、帝、王、伯全在所包，博而能約（"博而能約"，《提要附論》作"約而能博"），方有歸宿。(以下九條與"寓言門"同)

《莊子》之寓言十之九，不自言而託之古人，如畏累虛、庚桑是也。古帝王非無其人，而文明程度則後來居上，據微言則爲新經，主（"主"，《提要附論》作"猶"）寓言則爲舊史。

今以言"述"爲寓言派。《左傳》不以空言解經，以經爲復古，爲古帝王所已行之陳迹，孔子加以筆削，故曰"非聖人，孰能修之"，非遂如後人以爲《文選》、《詩選》之比。

《左氏》、《公》、《穀》所言後師之經義禮制，《左氏》皆（"皆"，《寓言門》無此字）以爲皆在孔子前，爲名公巨卿之陳說。（《寓言門》此下另分一段）後儒必以孔爲述者，大約不解《左》、《國》寓言之旨。今誠如其意以推之，就《左》、《國》言經，《詩》、《書》、《禮》、《樂》、《易》、《春秋》固爲舊書，即《論語》、《孝經》，其說亦出孔前；以傳記言之，如《易》"文言"、"彖辭"、"象曰"，《尚書》師說六府九歌、舉十六族、去四凶，《禮記》、《大戴》、《尚書大傳》、《韓詩外傳》後來師說，亦多出孔前，則孔不得爲作，亦幾幾乎不得爲述矣。何以（《寓言門》下有"《左傳》"一詞）屢引聖言、贊孔修？不用寓言之說，如何可通？

由分經之說言，每經各有一周公，時地不同，程度亦異，名同實不同，初非已往之姬公之定稱，如何(《寓言門》前有"則周公"三字)可冒主大祀？周公多，帝王亦多，互相爭鬨，則反成訟端。

歷代尊孔，皆屬天誘，不必作者能知其意。如今推大祀，人鬼絶誼，周公則僅傳心殿；用後儒説，與孔並側，立功臣廟，則與蕭、曹比肩。("周公"以下三句，《寓言門》作"周公則僅傳心殿一祀；用後儒説，則孔當與周並厠立功臣廟，與蕭、曹比肩"。)

西(《寓言門》下有"人"字)文字、言語爲"諸侯並作語"；中(《寓言門》下有"土"字)文字與語言判而爲二，乃能"天下同文"。

語言即文字，如閩、廣鄉譚，隨地變殊，不能相通。

文字離語言，則不取鄉譚，專以象形相接。(《寓言門》此段與下段合爲一段)

如中國政府必用各行省方言，則不能治，故公其("其"，《寓言門》作"共")文字，通用語言，利於鄉；離語言而用圖畫，則利於國與天下。使萬世以下人人必學數十百種語言，豈非一不了之局？此同文之事不能不行，形象("形象"，《寓言門》作"象形")之字不能不作。

闕里①大會大成②節講義在聖廟奎文閣

[題解]該文爲廖平1913年9月在山東曲阜第一次全國孔教大會上的演説詞,曾刊於《孔教會雜誌》第一卷第九號及《國學薈編》1914年第2期。廖平在演講中指出貫澈六經,須證明新義,申明孔子作六經,是爲萬世立法,孔子居立言之位,其道兼包天人,統括小大,原始要終,與天地相終始,《周禮》、《尚書》均爲孔教統一全球之書,若將二書當史書讀,則是將孔子降格爲史學家、翻譯者而已。文明抑或野蠻,不純粹受制于物質進步,物質文明者,倫常反多蠻野,倫常文明者,物質亦不盡文明,不得專以物質爲進化標準。文後并附"以經爲史"弊端十條。

今日乃我孔教第一次全國大會,③老師夙儒(老成博學的讀書人)咸來會萃,平不佞(nìng,謙辭,猶言不才),忝推講席,試問一部十三經(《易》、《詩》、《書》、《周禮》、《儀禮》、《禮記》、《左傳》、《公羊傳》、《穀梁傳》、《孝經》、《論語》、《爾雅》、《孟子》),從何講起!四顧茫茫,幾難開口,微言大義,如何闡揚?第如此盛會難得,平欲無言,勢固不可。中國數千年來,講孔學者多矣,各有所得,

---

① 闕里,地名,相傳爲孔子授徒之所,至後漢始稱孔子故里爲闕里。
② 大成,古樂一變爲一成,九變而樂終,至九成完畢,稱爲大成。引申稱集中前人的主張學説等形成完整的體系爲集大成。《孟子·萬章下》:"孔子之謂集大成。集大成也者,金聲而玉振之也。"孔子曾被封爲至聖文宣王,元朝加"大成"二字,後習稱孔子爲大成至聖先師。
③ 孔教會,辛亥革命後提倡尊孔讀經的社團。1912年10月7日,由康有爲的學生陳焕章等在上海發起成立,次年2月發行《孔教會雜誌》,9月,在曲阜召開第一次全國孔教大會,并舉行了大規模的祀孔典禮。

各省名家①辨真別僞,絕非頃刻口耳間事。簡言之,東海、西海、南海、北海,有聖人出焉,此心同,此理同也。孔子爲生民未有、萬世師表之大聖,非一代帝王治世數十年、數百年而止者,果何以能放諸四海,俟諸百世而不惑乎!故平謂貫澈六經,須證明新義。諸君初聞,當覺駭怪,殊不知八股講章風行後,孔子之道不明,已相習成風,孔子立言,功豈止不在禹下,孔子爲將來萬世計,若專述過去陳迹,直塵羹土飯②,安在其合于萬世之用乎!

常據新經義③,知天生孔子,作六經,立萬世法,孔子以前既無孔子,孔子以後亦不再生孔子,前無古人,後無來者,此其所以能統一全球也。故孔子居立言之位,其道兼包天人,統括小大,原始要終,與天地相終始,若于春秋時代,即使爲王,則其功囿于一時一地已耳。

試考之《周禮》,言版圖三萬里,于兩極立表,以測地中,據此則必冰洋不冰,熱帶不熱,始爲太平,可知《周禮》爲三皇④五帝治世之經也。《尚書》大義,亦與此略同,皆以孔教統一全球者。若誤認二書爲史書讀,則是涇渭不分,直將孔子降與遷、固(司馬遷、班固)儕chái列(並列),一譯手而已,何足以配大祀哉?更以西哲進化之理攻之,孔教益無以自存矣。西人所譯中土經傳,大抵皆科舉之書,以孔子爲村學究,鄉

---

① "各省名家",《孔教會雜誌》作"各自名家"。
② "塵羹土飯",《孔教會雜誌》作"塵飯土羹"。
③ "新經義",《孔教會雜誌》無"義"字。
④ 三皇,傳說中的遠古帝王。有七種説法:(1)天皇、地皇、泰皇(《史記‧秦始皇本紀》);(2)天皇、地皇、人皇(《史記‧補三皇本紀》引《河圖》、《三五曆記》);(3)伏羲、女媧、神農(《風俗通義‧皇霸篇》引《春秋緯‧運門樞》);(4)伏羲、神農、祝融(《白虎通》);(5)伏羲、神農、共工(《通鑒外紀》);(6)伏羲、神農、黃帝(《帝王世紀》);(7)燧人、伏羲、神農(《風俗通義‧皇霸篇》引《禮緯‧含文嘉》)。

黨自好之士皆能之，至謂人人皆可爲孔子，是豈知孔子之真象，若使知之，其敬仰當較耶蘇爲尤盛。

平常以新經義考之，知孔子之意，乃是以皇降帝，帝降王，王降霸，立退化之倒影，告往知來，使人隅反（《論語·述而》"舉一隅不以三隅反"的節文，指由一件事類推而知其他許多事情）。蓋治世之制，實係由霸進王，由王進帝，由帝進皇也。孔子以前爲蠻野之世，其男女無別（中國古代强調男女有別。《禮記·昏義》："敬慎重正而後親之，禮之大體，而所以成男女之別，而立夫婦之義也。男女有別，而後夫婦有義。"），父子平等，載諸《春秋》者不一而足。孔子特撥而正之，漸而進之也，至論文野進退，主在倫常，不純在物質。物質文明者，倫常反多蠻野，倫常文明者，物質亦不盡文明，不得專以物質爲進化標準。若進化退化之公例，譬如登山，由麓陟（登）巔，仍由巔降麓，一來一往，一上一下，互爲乘除（抵銷。意謂一乘一除，仍爲原數）。西人主進化，亦有退化之時，孔經言退化，實示進化之意，寄語西人，毋徒矜物質文化以自豪，而凡我孔教諸子，更當昌明聖教，放諸四海，以企同文同軌，致太平大一統之盛焉，是在吾黨（指孔教會同人）。

附舊説以經爲史之敝十條

一、凡屬史事成迹，芻狗糟粕，《莊》、《列》攻之，不遺餘力。孔經新，非舊，經非史。三年喪、公田（古代井田凡九區，中區稱公田。《詩·小雅·甫田》："雨我公田，遂及我私。"）乃孔作，非舊有，《孟子》詳之。

二、經説若主退化，是乖世界公理。今自孔以降又二千餘年，其退更復何如？宜外人以爲半開明也，須知經言退化，實行經意，則爲進化也。

三、經先文後野，先大同（儒家提出的一種理想社會，與"小康"相對）而後小康（儒家理想中政教清明，人民富裕安樂的社會），其說顛倒。故知此爲互文起義（謂上下文義互相闡發，互相補足），言退化則進化可知，欲列四等，不得不借古人爲符號。

舊史皆字母，新經全用孔氏古文，《莊子》、《史記》甚詳其說。

四、同一周史事，《春秋》、《王制》疆域三千里，《尚書》、《周禮》三萬里，小大相反，皆自以爲真。孔經初出，惟弟子能讀能解，至魏文（魏文侯，戰國時魏國君主，名"斯"，《史記》作"都"）、齊威（齊威王，戰國時齊國國君，曾在國都臨淄稷門外稷下廣置學宮，招攬學者，任其講學議論）、燕昭（燕昭王，戰國時燕國君主，曾改革政治，延攬人才），乃推之見于事實，秦皇（秦始皇）、漢武（漢武帝）所有制度，皆山東人條呈，據以見之行事，爲東言西行一大例。若經非孔子託言，小標本三千里，大標本三萬里，則三書皆不可通。

五、《提要》云：《周禮》確爲周公所已行，周公没，後人非周公，又加改竄，久之，當時亦不能行云云。《周禮》言五帝，然秦得兩周故地，其典章無一存留，即黑帝，尚待漢高補足[1]，何以周時已有之？如此，則真芻狗糟粕，何以使百世下服習（熟悉）之，以爲聖經。

六、凡政法，必合時宜，堯、舜舊法，遠在四千年前，萬不可推行于後世。俗說堯、舜制度，不論時、地，皆可推行，乃八股家不明法政學之言，不足爲訓。

以《尚書》、《周禮》爲新經，全球之治譜，聖經存此大綱，以俟後之堯、舜。開世界之太平，爲百世之法守，故足

---

[1] 《史記·封禪書》記載漢高祖增祀黑帝之事："二年，東擊項籍而入關，問：'故秦時上帝祠何帝也？'對曰：'四帝，有白、青、黃、赤帝之祠。'高祖曰：'吾聞天有五帝，而有四，何也？'莫知其說。於是高祖曰：'吾知之矣，乃待我而具五也。'乃立黑帝祠，命曰北畤。"

以爲經，使人服習，若係舊史芻狗，何可存留？古人已詳言之。

七、《周禮》土圭三萬里，姬周（周人祖先后稷姓姬，因此稱周爲姬周）無此版圖，於兩冰洋立表求地中（見《周禮‧地官‧大司徒》："日至之景，尺有五寸，謂之地中。天地之所合也，四時之所交也，風雨之所會也，陰陽之所和也。"孫詒讓《周禮正義》："地中者，爲四方九服之中也。"），至今尚不能行，如何可爲史跡？

孔子生知前知（生知，謂不待學而知之。語出《論語‧季氏》："生而知之者上也。"前知，預知，有預見。語出《禮記‧中庸》："至誠之道，可以前知。"此處指孔子爲聖人，可以不學而知，可以預見未來），代天立言，萬世師表，先天而天弗違，故預垂空文，以俟後王，斷非古史。孔經漢初不過數十百本，今則盈千累萬，不可數計，知地球既通，由近及遠，施及蠻貃（mò。古代北方和南方落後部族，泛指四方落後部族）矣。

八、立德立功之帝王，祇能自成一局，不能兼通。孔子惟立言，乃能兼包天人，貫通皇霸，博學無名，所以爲世界獨有之至誼也。

九、録輯舊史，班、范（班固、范曄）優爲之，如以經爲史，是二十四史之作者，與雜、野各種記載，皆足以分尼山之席。

孔子以前無立言者，故西漢以前，無"周公作經立言"之說，古文家乃率引周公，遂至《爾雅》亦以爲周公作，孔子所保存者，惟《孝經》、《論語》。或又以《左》、《國》（即《左傳》、《國語》）早已引用，則孔子直無一椽（放在檁上架着屋頂的圓木條）可避風雨，兩部《皇清經解》（指阮元主編的《皇清經解》與王先謙主編的《續皇清經解》）皆有此弊。

十、凡爲政于一時一地者，祇能有功于一時一地。孔子則爲天下，不爲魯國，爲後世，不爲當時。

孔子四經人物表

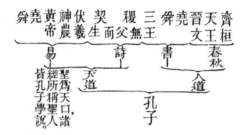

凡文明之皇、帝、王、霸，皆爲經説，爲經等級，孔子化身（佛教語，指佛爲化度衆生，在世上現身説法時變化的種種形象。隋慧遠《大乘義章》卷十九："佛隨衆生現種種形，或人或天，或龍或鬼，如是一切，同世色像，不爲佛形，名爲化身。"此處指孔子爲聖人，亦有各種化身），古有其人，不必有其資格，若太昊（即伏羲氏）、少昊（少昊，上古五帝之一，黄帝之子，嫘祖所生，名摯，修太昊之法，故稱爲"少昊"。以金德王，故或稱爲"金天氏"。都於曲阜，在位八十四年。或稱爲"青陽氏"、"窮桑氏"、"雲陽氏"）、稷、契，則皆天神矣。

獨尊孔子，則人天同在。據東漢古文家説，周公爲先聖，孔子爲先師。沈《野獲篇》（指沈德符的《萬曆野獲編》）、魏源皆欲推周公，退孔子，據理而言，其説亦是，特欲推周公，周公尚有父兄，又有湯、禹、堯、舜，更有三皇，故除尊孔以定一尊，此席不能定，勢必互相起訴，用無數律師矣。

聖經世運進退表

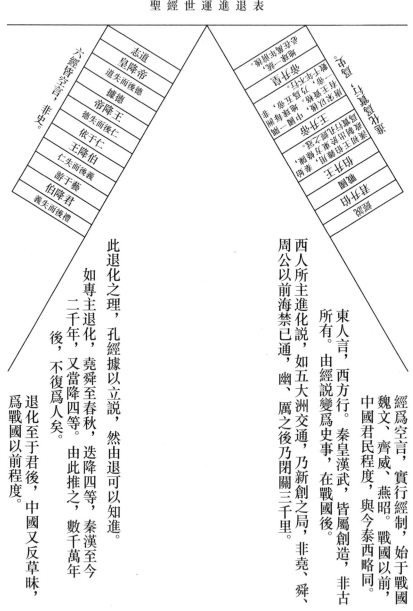

六經皆空言，非史。

志道
皇降帝
道失而後德
據德
帝降王
德失而後仁
依于仁
王降伯
仁失而後義
游于藝
伯降君
義失而後禮

此退化之理，孔經據以立説，然由退可以知進。

如專主退化，堯舜至春秋，迭降四等，秦漢至今二千年，又當降四等。由此推之，數千萬年後，不復爲人矣。

退化至于君後，中國又反草昧，爲戰國以前程度。

西人所主進化説，如五大洲交通，乃新創之局，非堯、舜、周公以前海禁已通，幽、厲之後乃閉關三千里。

東人言，西方行。秦皇漢武，皆屬創造，非古所有。由經説變爲史事，在戰國後。

經爲空言，實行經制，始于戰國魏文、齊威、燕昭。戰國以前，中國君民程度，與今泰西略同。

《十翼》爲《大傳》論

[題解]據《廖季平年譜》，該文作於光緒二十五年(1899)。"十翼"即《易》的《上象》、《下象》、《上象》、《下象》、《上繫》、《下繫》、《文言》、《說卦》、《序卦》、《雜卦》十篇，爲輔助《易經》之作，相傳爲孔子所作，歐陽修曾經否認"十翼"爲孔子作，廖平認同"十翼"爲解釋《易經》的著作，也認爲其非孔子所作。

或曰：歐陽文忠(歐陽修，1007-1072，字永叔，號醉翁。爲學"不惑傳注"，勇於疑古，所著《詩本義》、《易童子問》、《春秋論》等，於舊說多有駁正)以《十翼》爲非孔子作，雖師其說者，代不乏人，然巨儒官書皆不遵用，奈何踵而推廣之？曰：文忠雖非大師，治經以本經傳記爲主，則不易之法門(法門，指修行者入道的門徑。不易之法門，指最好的或獨一無二的方法)也。羣言淆亂衷(折中，裁斷)諸聖，異論雖多，歸本傳記。今主文王作《易》者，爲本經傳記乎？抑野言(村野之言，指沒有根據的言論)乎？姬文(指周文王)之說，見於《史》、《漢》，詳於讖chèn緯[1]，或以爲羼chàn補(竄改增補)，或以爲託號，姑不具論。而《繫辭》[2]固明以殷人作，"當文王與紂之事"，(《易·繫辭》："《易》之興也，其當殷

---

[1] 讖緯，讖書和緯書的合稱。起於秦而大盛於東漢。緯書附會六經，讖則詭爲隱語，預決吉凶。曹魏以後歷代王朝，皆懸以爲禁。隋煬帝時，搜集與讖緯有關的書籍加以焚燒，爲吏所糾者處死，其學遂微。

[2] 《繫辭》，《易》篇名，本名《繫辭傳》，漢人或稱爲《易大傳》，爲十翼之一。分上、下二篇，通論《周易》的起源、作用、占筮方法，詮釋卦名，內容甚爲雜駁，句意前後常有重複，但主旨以"一陰一陽之謂道"出發，闡述事物變化。宋歐陽修撰《易童子問》，疑此不出於孔子之手。

之末世, 周之盛德邪? 當文王與紂之事邪?")與《禮記》"商得乾坤"合, 其言"畫"也, 明指伏羲氏, 辭果爲文王繫, 則亦當如"畫卦"明言文王囚羑yǒu里(殷代監獄名)繫《易》辭, 如伏羲之仰觀、俯察之比, 何得以爲"當文王與紂之事"耶?《禮記》何以又有"商得乾坤"之語耶? 經教之設, 西漢以上皆歸孔子, 無文、周也。昔時文、史皆爲字母,《史記》所謂"百家語"、"外家語"。孔子以古文譯經, 以言爲經, 爲作非述, 此西漢以上定説也。審(明白, 清楚)是, 則孔子得殷人乾坤之書, 繙(同"翻")譯爲乾坤, 與《詩》、《書》、《春秋》相同, 孔子作經, 賢者因而述傳, 聖經賢傳, 亦與《詩》、《書》、《春秋》同也。

　　諸書言孔子讀《易》學《易》, 以爲孔子即指乾坤言之, 可以爲指繙雅之經本, 亦無不可。又《左傳》所引占筮(古以蓍草卜問禍福。後亦泛指占卜活動)諸事, 以經爲孔子以前舊籍, 此《左氏》之通例, 於《詩》、《書》如此, 即於《春秋》亦如此。《易象》與《春秋》同爲韓宣子所見賞,(《左傳》昭公二年: "春, 晉侯使韓宣子來聘……觀書於大史氏, 見《易象》與《魯春秋》, 曰: '周禮盡在魯矣, 吾乃今知周公之德與周公之所以王也。'")此全用"述而不作"一語爲主, 以新經爲舊見之通例也。且不惟經如此, 即師説亦然。如《乾·文言》之"四德"[1], 如穆姜(魯襄公祖母)稱引佚象説卦[2], 比例尤多。

----

[1] 四德, 指《周易》乾卦元、亨、利、貞四德: "元者, 善之長也; 亨者, 嘉之會也; 利者, 義之和也; 貞者, 事之幹也。君子體仁足以長人, 嘉會足以合禮, 利物足以和義, 貞固足以幹事。君子行此四德者, 故曰乾: 元、亨、利、貞。"

[2] 《左傳》襄公九年: "始往而筮之, 遇艮之八。史曰: '是謂艮之隨。隨, 其出也。君必速出!'姜曰: '亡! 是於《周易》曰: "隨, 元、亨、利、貞, 無咎。"元, 體之長也; 亨, 嘉之會也; 利, 義之和也; 貞, 事之幹也。體仁足以長人, 嘉德足以合禮, 利物足以和義, 貞固足以幹事。然, 故不可誣也, 是以雖隨無咎。今我婦人, 而與於亂, 固在下位, 而有不仁, 不可謂元; 不靖國家, 不可謂亨; (转下頁)

左氏作《左傳》，全在發明六經師說微言，非史官史文之巨證也。如必拘其說，則《繫辭》、《文言》，亦多鈔襲，非孔子自作。諸經如此，則尼山之功業，果從何見？又《左氏》、《周禮》"三易"、"易贊"，以"周"爲"周帀"（zā，也作"周匝"，即周圍）是也。舊說以"周"爲"姬周"，《易》爲文、周（周文王、周公）作，故名《周易》。

按，"三易"乃九筮（《周禮》謂古代卜祝的九項大事。《周禮・春官・筮人》："九筮之名，一曰巫更，二曰巫咸，三曰巫式，四曰巫目，五曰巫易，六曰巫比，七曰巫祠，八曰巫參，九曰巫環，以辨吉凶。凡國之大事，先筮後卜。"）之總例，非有三經本，《左》、《國》所稱周易皆一爻變①，餘不稱"周易"，則周非代名，乃"周流六虛"（《易經》六十四卦，每卦六爻的位置。因爻有陰陽，每卦之爻變動無定，故爻位稱"虛"）之"周"（《周易》之"周"字的意義，古人說法不一。孔穎達《周易正義》引鄭玄注云："《周易》者，言易道周普，無所不備。"陸德明《經典釋文》則稱"周，代名也。國周，至也，遍也。今書名，義取周普"。朱熹《周易本義》則說"周，代名；易，書名也"），"三易"乃筮之法，如三夢（古代相傳有致夢、觭夢、咸陟三種解夢的方法，見《周禮・春官・太卜》）、三兆（一曰玉兆，二曰瓦兆，三曰原兆），並非三代三書，固不可易者也。且東漢之說，初只文王，後乃加入周公，馬（馬融）、陸（陸績，187-219，字公紀，吳郡〔今江蘇〕人，漢《易》孟京象數學派的重要傳人）晚出，何所稟承（接受，承受）？不過以經爻辭（指說明《易》六十四卦各爻象的文辭。如"初九：潛龍勿用。""初九"是爻題，"潛

（接上頁注②）作而害身，不可謂利；棄位而姣，不可謂貞。有四德者，隨而無咎。我皆無之，豈隨也哉？我則取惡，能無咎乎？必死於此，弗得出矣。'"

① 一爻變，爻，《周易》中組成卦的符號，分陽爻與陰爻。一爻變，即卦中只有一個爻變，以變爻的爻辭斷解。《易學啟蒙》："凡卦六爻皆不變，則占本卦彖辭，而以內卦爲貞，外卦爲悔。一爻變，則以本卦變爻辭占"。如《左傳》莊公二十二年："陳侯使筮之，遇'觀'之'否'"。"觀"卦爲坤、巽兩卦所組成，爻自下向上數，其第四爻爲陰爻，今一變而爲陽爻，則成"否"卦。

龍勿用”就是“乾”卦初爻的爻辭）有“箕子”（商紂諸父，名胥余，封國於箕，故稱箕子。今《尚書》有《洪範》，記述了他與武王的對話，實出自後人擬作）明文而避之耳。無端臆造之談，遵信不疑，《大傳》明證，反驚而怪之，可乎？且“箕子”明文見爻辭，可以周公避之，《彖》(tuàn，《周易》中斷卦之辭）下乃以箕子、文王兩解之，是《彖》不惟有箕子，並有文王矣，何以獨避爻文而不重卦義也？

又，經學必有根本。西漢之學六藝，全本至聖，古今良法。東漢《易》家則張皇（擴大）四聖（指伏羲、文王、周公、孔子。伏羲製卦，文王繫辭，周公爻辭，孔子作《十翼》），似乎以爲周公者。吁！是“一國三公，莫知所從”（語出《左傳》僖公五年：“一國三公，吾誰適從？”），朱子遂有“伏羲之說，不必同于周公；周公之說，不必同于文王”。同爲聖言，歧中又歧，此《易》學之所以不明也。

又，經爲聖繙，實嘗採用春秋時事以入經文，周以前事證尚少，所有經中經制官名，實多由孔子引譯，今因作者從文、周爲斷，所有切證明事，皆不敢引用。舊說誤以殷、周爲東、西鄰，則秦、晉獨不可爲東、西鄰乎？即以“晉”與“明夷”二卦而論，“晉”即指晉，“明夷”指楚，“鼫shí鼠”（《易·晉卦》：“九四，晉如鼫鼠，貞厲。象曰：‘鼫鼠貞厲’，位不當也。”）即《詩》之《碩鼠》，“角”即“國”，“伐邑”即“取威定伯”，王母即惠后，“南狩得首”（《易·明夷卦》：“九三，明夷於南狩，得其大首，不可疾貞。”），即呂錡（即晉之魏錡，爲晉國名將魏犨之子，一說爲魏犨之孫）“射王中目”事（《左傳》成公十六年：“呂錡夢射月，中之，退入於泥。……及戰，射共王中目。王召養由基，與之兩矢，使射呂錡，中項，伏弢。”）。“左股”（《易·明夷卦》：“六二，明夷，夷於左股，用拯馬壯，吉。”），楚人尚左，初天後地，即王而稱子，二卦之一明一晦，即《左傳》中國日夷狄月，以楚正南，故曰"明夷"。如此之類，僕數難終(指證據甚多，難以數完)。舊因有年限，不敢牽用，今發此例，利便無窮。就經傳本文而探得大例，非無病而呻也。

　　或疑退《十翼》于賢述，近于非法(不合規範)，是又未深思，果孔子作，退于傳例，亦在《論語》之班(位次，等級)，非聖作而強名之，不同以孔子事有若(人名，字子有，春秋時魯國人，生卒年不詳。孔子弟子，記性佳，好古道，貌極似孔子。孔子卒後，弟子思慕孔子，乃共立有若爲師，侍之如夫子生時。或稱爲"有子")乎。史公稱《易大傳》(《周易》中解釋經〔卦辭、爻辭〕的傳，凡七種，即《彖》、《象》、《文言》、《繫辭》、《説卦》、《序卦》和《雜卦》)本有明文，"文言"之語，已見《左傳》，以弟子記聖言，而並下已意。諸經之大傳，皆同此例，非以爲不經聖作，便弁髦(弁，黑色布帽。髦，童子眉際垂髮。古代男子行冠禮，先加緇布冠，次加皮弁，後加爵弁，三加後，即棄緇布冠不用，并剃去垂髦，理髮爲髻。因以"弁髦"喻棄置無用之物。)視之也。況古來傳問之體，惟《喪服》(《儀禮》篇目)最爲明備(明確完備)，子夏(公元前507-前400，卜商，字子夏，春秋衛人，孔子弟子，長於文學。相傳曾講學於西河，序《詩》傳《易》，爲魏文侯師)作《大傳》，發明大義總綱，《禮記》中《大傳》是也。《服問》、《間傳》、《三年問》在《大傳》後，故引"傳曰"(《服問》篇有"傳曰"四處)以爲説，至於經下每條之傳，又在《服問》等篇之後，考其蹤跡，由《大傳》以至坿經之傳，非三四傳後不能。以《易》例《喪服》，謂《大傳》以及經下之傳爲一人手筆，可乎？其中多訓詁解釋之文，以孔子至聖，而退于箋注之末，名曰尊孔子，實乃小之也。《論語》雖非聖作，重等於經，又安得以其退與傳列，而遂輕之耶！

《牧誓》一名《泰誓》①攷

[題解]據《廖季平年譜》，該文作於光緒二十五年己亥(1899)，曾刊於《四川國學雜誌》1913年第5期。廖平在文中列舉十四條理由，證明《牧誓》即《泰誓》，或《大誓》。流行本《大誓》，當爲解釋《牧誓》的傳。經文與傳混雜，尤其是傳屬入經文中，導致經傳不分，給後世的理解造成了困難。

　　《大誓》"大"一作"泰"，別名《牧誓》。古今言《大誓》者，共有四焉。一爲西漢博士後得(劉歆《移太常博士書》稱"《泰誓》後得，博士集而讀之")合二十八篇爲二十九篇者；二爲《周本紀》之六十七字②；三爲僞古文③之《泰誓》三篇；四爲孫星衍④之今

---

① 《泰誓》，《尚書》篇名，也作《太誓》。相傳爲周武王伐紂至孟津時的誓言，有今文、古文兩種，今文《泰誓》原已佚，後由清人江聲、孫星衍輯綴而成。《史記·周本紀》記載其形成經過："武王徧告諸侯曰：'殷有重罪，不可以不畢伐。'乃遵文王，遂率戎車三百乘，虎賁三千人，甲士四萬五千人，以東伐紂。十一年十二月戊午，師畢渡盟津，諸侯咸會，曰：'孳孳無怠！'武王乃作《太誓》。"

② 《史記·周本紀》中《太誓》六十七字爲："今殷王紂乃用婦人之言，自絕于天，毀壞其三正，離邐其王父母弟，乃斷棄其先祖之樂，乃爲淫聲，用變亂正聲，怡悦婦人。故今予發，維共行天罰。勉哉夫子，不可再，不可三。"

③ 僞古文，指《僞古文尚書》，儒家經典《尚書》的一種，東晉時豫章内史梅賾(一作梅頤、枚頤)所獻，共二十五篇。現在通行的《十三經注疏》本《尚書》，就是《今文尚書》與僞《古文尚書》的合編。宋代學者吳棫、朱熹開始懷疑其爲僞作，清代閻若璩作《古文尚書疏證》、惠棟作《古文尚書考》，一一揭發其僞作的來源，丁晏《尚書餘論》且認爲係出三國魏王肅僞造。目前學術界已公認它是僞書。

④ 孫星衍(1753–1818)，清江蘇陽湖(今江蘇武進)人，字伯淵，一字淵如。著有《尚書今古文注疏》、《周易集解》、《晏子春秋音義》等，其中《尚書今古文注疏》三十卷，采輯漢魏隋唐清代諸家註釋與研究成果而成，不取宋元明諸儒之説，是清代詮釋《尚書》較爲完備的一種，收入《皇清經解》。

文注疏輯本（即《尚書今古文注疏》）。①博士後得本，乃《逸周書》之一篇，《本紀》六十七字，乃史公隱括（概括）《牧誓》之訓説。《僞古文》採輯諸書所引，編次而成。孫則據博士所得之逸文，兼輯《史記》、《大傳》傳説之文，亦成三篇。

今按《甘誓》以地爲名，又名《禹誓》，與《湯誓》對文，此以"牧"名，與《甘誓》同。一名"大"，則與《大誥》（《尚書》篇名。《書·大誥序》："武王崩，三監及淮夷叛，周公相成王，將黜殷，作《大誥》。"）對文（指意義相反或關聯的詞句相對成文），如《禹誓》、《湯誓》之比也。本名《大誓》，故秦、漢以前引《大誓》之名凡十五見。別名《牧誓》，與《甘誓》皆以地爲名，非通行之稱，故秦、漢以前，《牧誓》之名不見引用，可知古書當名《大誓》，不名《牧誓》。西漢之時，別得《大誓》傳説。博士合爲二十九篇，遂使《牧誓》、《大誓》經與傳分爲二篇。百篇僞序，並列二序。古文家因以《史記》隱括《牧誓》訓説爲《大誓》，別録經全文以爲《牧誓》，其誤如《堯典》外別立《舜典》（伏生所傳《尚書》有《堯典》，東晉梅賾所獻《孔傳古文

---

① 孫星衍所輯《泰誓》內容，爲：唯九年四月，太子發上祭于畢，下至于盟津之上。乃告司馬、司徒、司空諸節："齊栗，允哉！予無知，以先祖先父之有德之臣左右予小子，予受先公，必力賞罰，以定厥功，明于先祖之遺。"遂興師，師尚父左杖黃鉞，右把白旄以誓，號曰："蒼兕蒼兕，總爾衆庶，與爾舟楫，後至者斬！"太子發升于舟，中流，白魚入于舟中，王跪取，出涘以燎。羣公咸曰："休哉！"周公曰："雖休勿休。"既渡，至于五日，有火自上復于下，至于王屋，流爲烏，其色赤，其聲魄，五至以穀俱來。武王喜，諸大夫皆喜。周公曰："茂哉茂哉！天之見此以勸之也，恐恃之。"使上附以周公書報誥于王，王動色變。遂至盟津，八百諸侯不召自來，不期同時，不謀同辭，皆曰："帝紂可伐矣。"武王曰："女未知天命，未可也。"乃還師歸。惟丙午，王建師。前師乃鼓譟，師乃慆，前歌後舞，格于上天下地。十一年十二月，師畢渡盟津，諸侯咸會，曰："孳孳無怠。天將有立父母，民之有政有居。"武王乃作《太誓》，告于衆庶："今殷王紂乃用其婦人之言，自絶于天，毀壞其三正，離遏其王父母弟。四方之多罪逋逃，是崇是長，是信是使。乃斷棄其先祖之樂，乃爲淫聲，用變亂正聲，怡悦婦人。故今予發維共行天罰。勉哉夫子！不可再，不可三！"

尚書》，從《堯典》中分出下半部分，爲《舜典》），《禹貢》外別立《九共》，文與《禹貢》同，乃以爲九篇。《帝謨》外別立《帝誥》。古本以《帝典》(皮錫瑞《經學歷史》：“伏生傳《尚書》止有《堯典》，而《舜典》即在內；蓋二帝合爲一書，故《大學》稱《帝典》。")、《帝謨》爲正名，《法言》云"帝得之而爲謨"，《大傳·帝誥》即《帝謨》之字誤，所引"施服上下五采"即《謨》明文。一篇誤爲二名，故致歧異。

　　按《尚書大傳》云：“自《大誓》武王。就《召誥》周公，而盛於《洛誥》成王。”《周書》既首《大誓》，則伏生自當以《大誓》爲首，乃伏書無《大誓》，而《牧誓》之名，不見于《大傳》。可知今本《牧誓》，即古文之《大誓》，故經首《牧誓》，傳詳《大誓》，是一是二也？龔定庵[1]撰《大誓問答》，以《大誓》與《牧誓》原有二篇，《大誓》爲真古經本文者，誤也。《孟子》、《左》、《國》所引《大誓》之文，西漢本無之，故僞古文乃搜輯佚文，別撰三篇，不知博士所得乃事傳。《孟子》、《禮記》、《左》、《國》諸書所引，乃經文師說，考"故"爲古傳說書名。《藝文志》言《魯詩故》、《齊詩故》是也，《國語》二引《大誓》，一作《大誓故》，謂解釋《大誓》之師說，非《大誓》原文也。故二者文義不同。孫氏《今古注疏》(即《尚書今古文注疏》)又搜採西漢本逸文，于《牧誓》之先，補《大誓》一篇，攷其文，與《牧誓》及史傳《尚書》相出入，其書非《牧誓》異文，則《克商》之傳說，又誤中之誤矣。今以"誓"本名《太誓》，博士本及孫氏本爲事傳。諸書所引《大誓》，今《牧誓》無其文者，爲異文師說，立十四證以明之。

　　攷《泰誓》先秦以前見於引用，共十五條：《孟子》

---

[1]　龔定庵，即龔自珍(1792–1841)，字瑟人，號定盦(同“庵”)，清浙江仁和(今浙江杭州)人。曾從常州學派劉逢祿學習《公羊春秋》，成爲今文經學派開風氣的人物。著有《定盦詩文集》等。

一①，《禮記》二②，《左傳》四③，《國語》二④，有一稱《大誓
故》者。《荀子》一（《荀子·議兵》：“《泰誓》曰：‘獨夫紂。’”），《墨
子》四⑤。而《牧誓》之名，絕無引用者。如果古有二篇，當
無優劣，不應引《大誓》者十五見，而《牧誓》絕不一及，使
古人重《大誓》，輕《牧誓》，則伏生傳經，不應錄《牧誓》
而佚《大誓》。以《牧誓》本名《大誓》，故見《大誓》，不見
《牧誓》。使果有二篇，《大誓》爲《周書》之首，又爲古
人所寶貴，屢見稱述，伏生傳經，不應首《牧誓》而佚《大
誓》。一也。

　　《墨子》引《書》，文多與今本有異。如《公羊傳》引《秦
誓》，與今本大異，讀者幾不知爲《尚書》語。況《天志》中篇《大誓》

---

① 　《孟子》引《太誓》兩處，一爲《孟子·滕文公下》，“《太誓》曰：‘我武惟揚，侵
　　于之疆，則取于殘，殺伐用張，于湯有光。’”一爲《孟子·萬章上》，“《太誓》
　　曰：‘天視自我民視，天聽自我民聽。’”
② 　《禮記》所引《太誓》一處，爲《禮記·坊記》，“《太誓》曰：‘予克紂，非予武，
　　惟朕文考無罪，紂克予，非朕文考有罪，惟予小子無良。’”
③ 　《左傳》引《太誓》四處，成公二年，“君子曰：‘《太誓》所謂：商兆民離，周十人
　　同者。’”襄公三十一年，“魯穆叔曰：‘《太誓》云：民之所欲，天必從之。’”昭
　　公元年，“鄭子羽曰：‘《太誓》曰：民之所欲，天必從之。’”昭公二十四年，“周
　　萇弘曰：‘《太誓》曰：紂有億兆夷人，亦有離德，余有亂十人，同心同德。’”
④ 　《國語》引《太誓》兩處，《太誓故》一處。《周語中》：“單襄公：‘在《太誓》
　　曰：民之所欲，天必從之。’”《周語下》：“單襄公曰：吾聞之《太誓故》曰：朕夢
　　協朕卜，襲于休祥，戎商必克。’”《鄭語》：“《太誓》曰：民之所欲，天必從之。”
⑤ 　《墨子》引《太誓》七處，《非命》上，“於《大誓》曰：‘紂夷處，不肯事上帝鬼
　　神，禍厥先神祇不祀，乃曰：吾民有命，無廖排漏。天亦縱棄之而弗葆。’”《非
　　命》中，“先王之書《太誓》之言然，曰：‘紂夷之居而不肯事上帝，棄厥其先神而
　　不祀也。’曰：‘我民有命，毋僇其務，天下亦棄縱而不葆。’”《非命》中，“武王
　　以《大誓》非之，有于三代之不國有之曰：‘女毋崇天之有命也。’”《非命》下，
　　“《大誓》之言也，于去發曰：惡乎君子，天有顯德，其行甚章，爲鑑不遠，在彼
　　殷王。謂人有命，謂敬不可行，謂祭無益，謂暴無傷。上帝不常，九有以亡，上帝
　　不順，祝降其喪。惟我有周，受之大帝。”《尚同》下，“于先王之書也《太誓》之
　　言然，曰：‘小人見姦巧，乃聞不言也，發罪鈞。’”《兼愛》下，“《泰誓》曰：‘文
　　王若日若月，乍照光于四方于西土。’”《天志》中，“《大誓》之道之曰：‘紂越
　　厥夷居，不肯事上帝，棄厥先神祇，不祀，乃曰：吾有命，無廖，僄務。’”

之道之曰："紂越厥遺居,（《墨子·天志》所引《大誓》與此不同,爲"紂越厥夷居"）不肯事上帝,棄厥先神祇,不祀,乃曰:'吾有命,無廖,儌fěi務《非命》上作"無僇lù非屑",《非命》中作"無僇其務"。天下。'"是即說經"昏棄厥肆祀弗答"之言,即言《大誓》之道,是《墨子》解說經意,非直引經文。又《非命》下《大誓》之言,"殷王謂人有命,謂敬不可行,謂祭無益,謂暴無傷,上帝不常,九有以亡。"即解經"恭行天罰"之意。"民之所欲,天必從之",《左》、《國》凡四見,即解經"俾bǐ暴虐于百姓"、"今予發,惟恭行天之罰"二句之師說。孫本引《本紀》《大誓》篇云:"今殷王受,乃用其婦人之言,自絕于天。"是經"惟婦言是用"師說。又引《大誓》云:"乃斷棄其先祖之樂,乃爲淫聲(古稱鄭、衛之音等俗樂曰淫聲,以別於傳統的雅樂,後來以淫聲泛稱浮靡不正派的樂調樂曲),用變亂正聲(純正的音樂。《荀子·樂論》:"正聲感人而順氣應之。"也指合於音律的樂聲),怡悅婦人",是"婦言是用"、"棄祀弗答"師說。又引"離逖tì其王父母弟,不迪",又引《谷永傳》"《書》曰:注家以爲《大誓》。'乃婦人之言,自絕于天,四方之多罪逋逃,是崇是長,是信是使'"(《漢書·谷永傳》爲"迺用其婦人之言,四方之逋逃多罪,是信是使"),則更爲《牧誓》明文。二也。

一事同時,經録二篇,以史法言之,可也,經則如《春秋》,別有取義,與傳詳畧迥(jiǒng,同"迥")殊,不得以史例經。又經如果二篇並立,則必事實、文義迥然不同。今于事則重複襍zá沓,何須重出一篇?且記事實之文多,並非"誓"體,而以"誓"立名,是諸書所引,非《牧誓》迭文,則爲傳說無疑。三也。

《大傳》引孔子云:"五誓(即《甘誓》、《湯誓》、《牧誓》、《費誓》、《秦誓》)以觀義。"後人據有《泰誓》,乃改五爲六,今據經本五篇,改正爲五。三王二伯,各立一篇,三統二公,就此立義,不應周武朝獨有二誓。四也。

博士所得之《大誓》，所言"惟四月，太子發祭畢"，至孟津"白魚躍舟"等説，兼見於《大傳》、《逸周書》，董子亦有語，而《同類相動》篇又引其明文，云《尚書大傳》。(董仲舒《春秋繁露·同類相動》引《尚書大傳》："周將興之時，有大赤鳥銜谷之種，而集王屋之上者，武王喜歡，諸大夫皆喜。周公曰：'茂哉，茂哉，天之見此以勸之也。'")《逸周書》多爲《尚書大傳》，伏生所傳乃一家本，文不必全，此云《大傳》，即指《周書》，不必爲伏本也。由此推之，是博士所得《大誓》，全爲傳説，與伏氏《大傳》相同。《大傳》録傳説，不録經文，其文既見《大傳》，必非經矣。又《大傳》無《泰誓》篇名傳説，可知《牧誓》即《大誓》。五也。

《尚書》舊傳，多在《逸周書》中，《克商》、《作雒》、《世俘》、《明堂》，皆詳記周事，與《史記》所紀，大畧相同。今諸書所引逸文觀兵、白魚、赤烏等事，又與《史記》相同。(《史記·周本紀》記載"白魚赤烏鴉"事云："武王渡河，中流，白魚躍入王舟中，武王俯取而祭。既渡，有火自上復于下，至于王屋，流爲烏，其色赤，其聲魄云。")西漢所引之《大誓》，即今《逸周書》原文，而今佚者，孫本(指清人孫星衍《尚書今古文注疏》)輯之以爲經。以此推之，則《克商》、《作雒》、《世俘》、《明堂》、《王會》等篇，亦當升爲經矣。六也。

攷《史記》，武王出師至孟津，皆有號令之辭，經但録《牧誓》一篇，前後諸篇，皆列爲傳，如《左傳》先經起事，後經終事之例，經少傳多，故武王事，但取二百四十五字，如夏禹一代，但取《禹誓》八十字而已。攷《史記》，二月甲子牧野誓師，去十二月戊午孟津誓諸侯，相去六十六日，《禮記·大傳》"牧之野，武王之大事"，以《牧誓》爲重，則孟津皆在所包，不應同爲一事，相去三月，經遂分載二篇，與夏、殷事不一例。七也。

劉歆攻博士經不全，因張霸《百兩篇》撰爲百篇《書序》，（《漢書·儒林傳》稱：“世所傳《百兩篇》者，出東萊張霸，分析合二十九篇爲數十，又採《左氏傳》、《書敍》爲作首尾，凡百二篇。篇或數簡，文意淺陋。成帝時求其古文者，霸以能爲《百兩》徵，以中書校之，非是。”）凡一篇二名者，皆以爲逸篇，湊合百篇之數。《史記》本文曰“孳$_{zi}$[1]無怠”，下當接“二月甲子昧爽，武王朝至商郊牧野，乃誓”，及“今殷王商”六十五字。古文家於“無怠”下羼入“武王乃作《大誓》，告於衆庶”四字[2]，以史公隱括《牧誓》之六十五字爲《大誓》，移《牧誓》“二月甲子昧爽”十六字[3]于後，別引經文，以爲《牧誓》，遂致訓説爲一篇，別引經文，又爲一篇。《史記》如果有《大誓》篇，則文當與《牧誓》不同，今乃全與《牧誓》相合，則何必歧出。又，攷《史記》于三代書，多隱括，不録全文，不應于《牧誓》直引經文。八也。

又，孫本所輯《大誓》之文，全爲《史記》十二月會孟津以前事，作《大誓》上，“師畢度孟津，諸侯咸會，曰孳孳無怠”，是孟津告諸侯辭也。于“孳孳無怠”四字中，不應“孳孳無怠”下，再言“作《大誓》”，而《大誓》六十六字，又無先秦所引之十五條，則“武王乃作《大誓》，告於衆庶”十字，其爲羼入無疑。九也。

《本紀》“奉文王以伐紂，不敢自專”，下有“乃告司徒、司馬、司空”三十四字，“遂興師”下又有“尚父號曰：‘總爾舟楫，後至者斬’”十六字，“孟津諸侯咸會”下，又有“曰孳孳無怠”五字，如以誓師而論，是牧野之前已有

---

① “孳”，《史記·周本紀》作“孳孳”。
② 據文意，“四字”當作“十字”。
③ 據文意，“十六字”當作“六字”。

三事，以此爲先經之傳，而引《牧誓》以包之，不應遺前三事，而獨以《大誓》爲一篇，十也。

攷牧野言"有邦御事"，則諸侯及本國師同此一誓，《本紀》會諸侯曰"孳孳無怠"，是孟津但面勑之。至牧野將戰，乃合內外大誓之，則牧野以前不應有誓師事，十一也。

攷"誓"之例，如《甘誓》、《湯誓》、《費誓》，皆于臨陣時告誡士卒，整飭戎行(軍隊)，不記前後事實，乃爲"誓"之正體。攷西漢佚文及孫本逸文，皆記未戰以前事實，如誓後之《克商》、《世俘》，皆爲記事之文，非誓詞，不得名爲誓，十二也。

《尚書》經少傳多，又多別本異文，《詩書古訓》①列《佚文》一卷，枚本據以作僞，實則多非佚文。古人引書，時有增省，如《公》、《穀》同引"沈子曰"而文異，《孟子》、《公羊》同引孔子說《春秋》之言而文異。又，先師傳本同爲一家，而字有異同。漢石經(漢代刻在石上的儒家經典。漢靈帝熹平四年刻石，蔡邕書，字爲隸體，經文包括《周易》、《尚書》、《魯詩》、《儀禮》、《春秋》、《公羊傳》、《論語》)所列可攷，嚴(嚴彭祖)、顏(顏安樂)同爲一家(《漢書·儒林傳》稱《公羊春秋》由董仲舒授嬴公，嬴公授眭孟，孟授嚴彭祖、顏安樂)，傳文彼此各有損益。《尚書》西漢真本久亡，馬、鄭承用劉歆誤說，自矜古文，攻博士經不全，于經多改易，今本又出於東晉，是本經之文字，

_____

① 《詩書古訓》，清阮元撰。阮元曾撰《十三經經郛》，所采之書尚未詳盡，且存在錯失。道光年間，阮元在京師將《十三經經郛》中有關《詩經》、《尚書》兩部分提出，錄爲六卷，付門人畢光琦校定增刪，遂成此書。此書采輯《論語》、《孝經》、《孟子》、《禮記》、《大戴禮記》、《春秋》三傳、《國語》、《爾雅》十經中引《詩經》、《尚書》者，各繫於《詩經》、《尚書》各篇、各句之下，又采輯諸子之書、史書引《詩經》、《尚書》者，低一格書於十經之後。凡所引徵，各注所出，不加己意。所引至爲繁富，頗便檢索。

原難固執。又，《藝文志》諸經有託内傳(解釋經義的文字，如《韓詩内傳》)、外傳(廣引事例，推演本義的文字，如《韓詩外傳》)、説、緯諸書，先師所傳伏生《大傳》，亦猶采記。古人於傳、記、説、緯，多目之爲經，如《易緯》稱《易》是也。《孟子》所言堯舜事最詳，皆古《尚書》師説，其文多別無所見。毛西河(毛奇齡〔1623–1716〕，清浙江蕭山人，字大可，學者稱西河先生。論學一尊孔孟，批評宋明理學)、魏默深不明古書義例，誤據《書序》、《舜典》之説，采輯《孟子》諸文，別補《舜典》篇，最爲乖戾，見譏儒林，是與孫氏輯《牧誓》傳説，別爲《大誓》，事同一律，不得因文字小異，自爲別篇，十三也。

　　西漢孫輯所有"赤烏"、"白魚"諸文，見於《大傳》、《周書》，又見於緯書，宋注甚詳，是明爲傳説，決非經文，十四也。

　　總之，三代各一誓，周不應二，篇不應三。秦屢言《大誓》，不及《牧誓》一語，今故訂《大誓》爲《牧誓》異文，別引《周書》以證之也。大抵後人必增《大誓》，以求合于僞序，然僞序分《帝典》爲《堯典》、《舜典》，分《帝謨》爲《皋陶謨》、《大禹謨》，以一篇分爲二篇，其慣技也。僞孔本別撰《禹謨》，而不敢撰《舜典》，乃分"愼徽五典"以下爲《舜典》，作僞心勞，支絀(形容顧此失彼，窮於應付的窘狀)可笑。毛、魏乃搜輯佚説，補爲《舜典》，其與博士、孫本補輯《大誓》，同一無賴(没有根據)。故今攷訂二十八篇，《尚書》、《中候》各有取法，不能增益，亦不能減少，而後《牧誓》即《大誓》之案可定，非可以口舌爭者也。

　　《饗禮》(古代一種隆重的宴飲賓客之禮。《周禮・秋官・大行人》："王禮再祼而酢，饗禮九獻，食禮九舉，出入五積，三問三勞。")即《鄉飲禮》，未嘗亡也。鄭氏以爲亡，褚氏(即清人諸錦，

字裏七，號孚文，又號草廬，浙江繡水人，雍正年間進士)因有《饗
禮補亡》①之作，所錄多屬論説，而儀節(禮法，禮節)全
無發明。《左氏》所引晉楚卿相儀節，詩歌樂奏甚詳，
以其與經文同，斥爲鄉人飲酒，而非饗禮，不敢引用，
誠屬笑柄。昔曾考明其事，刊入《經話》(即《經話》甲編卷
二，第60、61條)中，閲者自悉。《大誓》即《牧誓》，亦與此
同。《大誓問答》與《饗禮補亡》，事同一律，俟纂《尚
書傳説》，再爲申明之。壬子(1912年)十一月二十日，四
譯又識。

---

① 《饗禮補亡》，清人諸錦纂，一卷。諸氏在書中説明了撰寫緣由：“《儀禮》十七
篇，有燕禮、公食大夫禮，而無饗禮，饗禮亡矣，其見於《周禮》、《春秋》傳、《戴
記》者，猶可考也。今據《周官》賓客之聯事而比次之，並取傳記中相發明者，條
注於其下以補亡，(竣)〔俟〕説禮者取裁焉。”

論《詩序》①

[題解]據《廖季平年譜》,《論詩序》作於光緒二十五年辛亥(1899)。該文曾刊於《四川國學雜誌》1913年第7期,《中國學報》1916年第4期。關於《詩序》的作者、大小序等,一直聚訟不已。尊之者以之爲"讀《詩》門户","學《詩》而不求《序》,猶欲入室而不由户也",貶之者則謂《詩序》爲"鑿空妄語,以之詿後人"。廖平認爲説《詩》首在明《序》,而且《詩》中自有序。《詩經》和《易》、《書》、《春秋》一樣,筆削全由聖人,"句字皆有取義",不必在《詩》外立序,造成衆説紛紜,而應從《詩》的内容、《詩》的構成,來索解《詩》的含義。

楊萬里②以史説《易》,六十四卦、三百八十四爻,皆以史事立説,其中切合者甚多,故其書不廢。孔子序《易》,天下後世事變皆在所包。以史證《易》,其説精確者,頗足以啓發聰明,然論者以其書《易》外别傳,以作《易》在前,

---

① 《詩序》,爲解釋詩之主題的文字。解釋每篇主題的爲小序,在首篇《關雎》的小序之後,有357字總論詩歌的產生、體制、時代與基本内容,被稱作大序。《詩序》的作者,歷來説法不一,東漢鄭玄《詩譜》以《大序》爲子夏作,《小序》爲子夏、毛公合作。《後漢書・儒林傳》則認爲是"衛宏受學謝曼卿作",《隋書・經籍志》認作"毛公作,衛宏潤益",宋人鄭樵、朱熹則認作"村野妄人作"。目前所存《毛詩序》,是漢代《詩經》題解中比較系統、完整地保存先秦古説較多的一種。

② 楊萬里(1127–1206),字廷秀,自號誠齋,南宋吉水(今屬江西)人。著《誠齋易傳》二十卷。該書多引史傳,初名《易外傳》,陳櫟非難其以史説《易》,認作"足以聳文士之觀瞻,而不足以服窮經士之心"。《四庫提要》則認爲此不足爲病,因作"聖人作《易》,本以吉凶悔吝示人事之所從,舍人事而談天道,正後儒説《易》之病,未可以引史説經病萬里也"。

事變在後，羣知爲非《易》本義，所謂郢書燕說①，時亦有功，此學所共知者也。以《序》說《詩》，與以史說《易》，事出一律。自《毛序》通行，言《詩》者皆以《序》蔽《詩》，不求其端，不循其末，惟《序》是主。故三百篇之辭盡於三百《序》中，但就《序》立解，其中文詞名物，皆遷就委曲以求通，故《序》者《詩》之冒（覆蓋，蒙蔽）也。

《詩》無《序》，幾如國之無君，身之無心。甚矣！《序》之於《詩》，其如春秋之有譜牒，《禮經》之有篇，《易辭》之有卦爻名數。有《序》則萬殊一源（不同的事物有共同的本源），羣枝一本。甚矣！《序》之重，豈不與《古文尚書》之序相同也乎。審是，孔子之繙經必先定《序》，子夏之傳經必先傳《序》，先師授《詩》必先授《序》。若是，則《序》如《尚書》之篇題，《春秋》之國名，《禮》之冠昏喪祭。無論何家何人說《詩》，其名物象數、文詞訓解，不得互相出入，故《序》則斷斷不能易一字，亦如《春秋》之王爲周，楚子、吳王爲楚王、吳王，《喪服》之斬齊zī功緦sī服免，《易》之九六、初上、三四、二四，自有經以來，數千年之久，億萬人之多，不能有異辭而後可者也。乃《詩》之《序》同於《書》，而其輕重改變，則迥不相同。

《尚書》之序，無論今古文、僞本俗說，不能以典、謨爲禹湯誥、誓，爲皇帝。從古至今，一成不易。此《尚書》之篇序，從無異說之明證也。至於以事說《詩》者，一詩也，或以爲古作，或以爲時人，或以爲男子，或以爲婦女；或

---

① 郢書燕說，比喻牽強附會，曲解原意。郢，春秋戰國時楚國的都城；書，信；燕，古諸侯國名；說，解釋。《韓非子·外儲說左上》：“郢人有遺燕相國書者，夜書，火不明，因謂持燭者曰：‘舉燭’，而誤書‘舉燭’。舉燭，非書意也。燕相受書而說之，曰：‘舉燭者，尚明也者，舉賢而任之！’燕相白王，王大說，國以治。治則治矣，非書意也。”

以爲美，或以爲刺；或以爲法言（合乎禮法的言論。《孝經·卿大夫》："非先王之法服不敢服，非先王之法言不敢言。"）巽語（恭順委婉的言辭），或以爲淫詞艷曲。人各爲説，家自爲政。羣經之中，紛爭聚訟，迄無定解者，莫此爲甚。故一學之中，師弟異同，一人之書，前後迥異。下至明人無學，徧撰僞書，託名古籍。一長可取，行世不廢，何其與《尚書》之序，其輕重改易不可以道計哉。以此知孔子所傳，子夏所授，先師所習，皆在義例（著書的主旨和體例）而不在時事。末流弟子，因屬空文（空洞浮泛的文辭），難於徵實（具體實在地表達、表現），興會（意趣，興致）所至，偶以事實託之，各隨所見，故彼此不同，亦如《左傳》之屬賦、斷章取義（此指引用詩文，只截取片斷加以闡發，而不顧全文和原意），此與楊誠齋以史説《易》，得失相同，與《外傳》引《詩》證事者，事同一律，故綜核傳記、諸子，一詩所證之事，不下數十百條。又每同一事，而所引詩文，或數異其説，如荀子、劉向，每每一人之書，前後彼此互異。證之《詩序》，其例正同。故欲求本義，則必先去《序》。定欲以《序》解《詩》，則一國不止三公，徒亂人意，非古法也。

攷以《序》説《詩》，原於《鴟鴞》（chī xiāo，《詩·豳風·鴟鴞》："鴟鴞鴟鴞，既取我子，無毀我室。"）與《武》（《詩·周頌》的篇名。共一章。根據《詩序》："武，奏大武也。"指周公所作歌頌武王武功之詩）、《左傳》所賦諸條，《鴟鴞》與《武》大政大事，全書中不及十條，其外皆莫定主名。且爲百世立法，海外大統，多非當時所有，如五官、五帝、小球、大球，海外有截、新周受命、百世子孫之類，皆爲後世言之，當時何嘗有此？此《詩》不可采《春秋》，録時事之説爲之詞也。《左》、《國》之賦，謂其事偶與《詩》文辭關會（關聯，涉及），與名卿大夫之賦《詩》相同，諸《序》以賦爲作，本屬誤解。更推補之，尤屬無徵。且《詩》之序皆作，漢儒三家即事説《詩》，亦雜入解説中。初不名序，後人乃因《毛詩》有序，遂並三家師説，亦以序名之。又多爲樂官故府所留，不知作者爲誰。如《文王》（《詩·大雅》篇名。共七章。根據《詩序》："《文王》，文王受命作周也。"首章二句爲："文王在上，於昭于天。"）兩君相見之樂，《鹿鳴》（《詩·小雅》篇名。共三章。根據《詩序》："鹿鳴，燕群臣嘉賓也。"首章二句爲："呦呦鹿鳴，食野之苹。"）所以燕（通"宴"。宴飲，宴請）使臣之樂。

夫《詩》爲大經，孔子立教（樹立教化，進行教導），於此經尤詳。古者三家①鼎立，亦《公》（《公羊傳》）、《穀》（《穀梁傳》），微言大義，燦然明備，如今《公》、《穀》可見，《毛詩》晚出，學者多有微詞，乃毛行而三家全亡。攷《毛詩》序傳，遠不及《左傳》百分之一，説《春秋》者不能因《左傳》而廢《公》、《穀》，使因《左》行而《公》、《穀》亡，則《春秋》之説，豈能如此昌明？況《毛詩》序傳，與《周禮訓》、《古文尚書訓》、《左服訓》相同，訓詁已屬簡略。至於本經義例師説，如《公》、《穀》所存者，百不得一，乃東漢以後無師之學，望文生訓，有字訓而無義例，一説惟恃《序》爲主。

攷以事説《詩》，爲末流之晚説，古法實不如此。如《左傳》、《禮記》引《詩》，至於數十百條，皆言《詩》義，而不言作《詩》之人。即如《詩書古訓》所引東漢古説數千條，言作《詩》人、事，惟《鴟鴞》、《武》，以大事大政略有紀錄，以外實不多見。《詩》、《書》之序，實爲東漢以後，古文家始有成書。三家之始師，本不言《序》，如《詩序》、

---

① 三家，指魯、齊、韓三家所傳之詩。《史記·儒林列傳》以魯人申培爲魯詩初祖，齊人轅固爲齊詩初祖，燕人韓嬰爲韓詩初祖。三家在西漢時，並立學官，而魯學最盛。其後齊詩亡於三國魏時，魯詩亡於西晉，南宋以後，韓詩亦亡，僅存《外傳》。

《外傳》言《關雎》（《詩·周南》篇名。爲全書首篇，也是十五《國風》的第一篇。歷來對這首詩有不同理解）何以爲始，孔子之説詳矣，而絕不言作《詩》之人爲誰。《公》、《穀》説《春秋》事實不同者，不過百中之二，皆屬疑難無定之條，何以作《詩》之人，則言人人殊？同事一家，亦不一定。《詩》與《春秋》，同傳於子夏，師同學同，何以三家絕異，至於如此？如《詩》以《序》爲主，則作《詩》之人，亦如《春秋》之十二公，天子諸侯之名號，三《傳》全在，豈有謂隱公爲父、桓公爲子（隱公與桓公同爲惠公子，隱公爲庶出，桓公爲嫡出）、齊許姓子（齊國姜姓，許國姜姓）、衛曹姓姜者（衛國姬姓，曹國姬姓）乎？果有師傳，不能互異，此一定之説。

　　蓋三家以事説《詩》，如楊萬里之以史説《易》，空義難明，加事以實之，皆後師推衍之説，亦如《外傳》引《詩》以説諸事，非《詩》之本旨，皆出於漢以後經師之推衍。故《關雎》一詩，作者至於七八説。毛爲之，朱爲之，僞申培爲之，僞端木爲之，毛、朱在前，端木、申培在後，其餘雜家，尤不勝縷數。明人作僞，動撰成書。推尋義理，平心而論，僞書反有長於毛、朱之處，又何論三家！故《漢書·藝文志》大聲疾呼，以三家以事説《詩》"咸非本義"。（《漢書·藝文志》稱："漢興，魯申公爲《詩訓故》，而齊轅固、燕韓生皆爲之傳。或采《春秋》，采雜説，咸非其本義，與不得已，魯最爲近之。"）觀於毛、朱、豐坊（豐坊，明代鄞〔今浙江省寧波市〕人，字存禮，晚歲改名道生，別號南禺外史，嘉靖二年進士，曾作《十三經訓詁》，類多穿鑿語。或謂世所傳《子貢詩傳》、《申培詩説》，係其僞纂，傳附見《明史》卷百九十一《豐熙傳》）之異同，豈非明效大驗（同"驗"）哉！或據《唐·藝文志》（指《新唐書·藝文志》）以《韓詩》有《序》，謂三家古傳有《序》，謂班氏所譏，指《外傳》言之。此亦循末忘本，不思之甚矣。三家《內傳》章句（剖章析句，經學家解説經義的一種方式），實以人事説《詩》。《外傳》既名曰"外"，引《詩》推衍，六經皆有。此書謂班氏責《外傳》以非本義，實以班氏爲目不識丁之人矣。傳《韓詩》者，唐猶未絶，仿《毛序》而作序，輯舊聞補爲一篇，曰《韓詩序》，夫誰得而非之？不能以《唐志》著録之書，以證先秦以前之學。此等書之有無，著録不著録，無足與較。以晚近之書目，不足以爲典要也。

又言《序》者以《獨斷》(書名，漢蔡邕著，二卷，記漢代制度禮文車服及諸帝世次，兼及前代禮樂)全有《周頌》序文，與《毛序》首句同。因謂蔡氏(蔡邕)習《魯詩》，此爲《魯詩序》，《獨斷》全鈔《周頌詩序》，成何著述？中郎著述，何至不諳體例如此。且攷核全書，此條與前後不律(不一致)，必非《獨斷》原文，或爲後人記識，或爲注釋，誤入正文。即使果爲原文，蔡氏生當漢季，《毛序》既已通行，博士仿而爲之，亦未爲不可，何足以爲《魯詩》先師有《序》之証耶？班氏云："三家采《春秋》，録時事，咸非其本義，無不得已，魯爲近之。"是當時以事説《詩》，爲班氏所譏者，三家皆已有之，但當時無《序》之名。凡以三家有《序》，皆誤於以毛相比之説也。

蓋嘗深攷《詩》義，每合數篇爲一類，不可分篇立序。又，本詩中多自有序，如《尚書》自有序，不必爲之更序。所謂不可分篇立序者，如《關雎》、《葛覃》、《卷耳》、《鵲巢》、《采蘩》、《采蘋》、《鹿鳴》、《四牡》、《皇皇》(全稱爲"皇皇者華"，爲《詩·大雅·鹿鳴之什》中之一篇)、《文王》、《大明》、《綿綿》、《魚麗》、《南有嘉魚》、《南山有臺》，《序》皆分篇立《序》，各言作詩之人。攷《儀禮》、《左傳》、《國語》所歌所賦所論，皆以三詩合爲一篇，即此推之，知《詩》當合數篇爲一篇。如《論語》言《關雎》"樂而不淫，哀而不傷"(語出《論語·八佾》)，所謂"樂而不淫"者，謂《關雎》"鐘鼓樂之"也，所謂"哀而不傷"者，謂《卷耳》之"維以不永傷"。此合三篇爲一篇之明証也。又以《關雎》與《鹿鳴》之三並論，《鹿鳴》"和樂且湛zhàn"，是"樂而淫"也，《周禮》鄭注"淫"亦作"湛"。《四牡》之"我心傷悲"，即"哀而傷"也，此又三篇合一篇之明證也。《左傳》："《鹿鳴》，君所以燕使臣也。"(見《左傳》襄公四年："《文王》，兩君相見之樂也，使臣不敢及。《鹿鳴》，君所以嘉寡君也，敢不拜嘉？《四牡》，君所以勞使臣也，敢不重拜？")此又三篇合一之説也。他如《小雅》以"小"名，由三《小》而定。所有《小旻》、《小宛》、《小弁pán》者，以三《頌》相比，《小旻》爲商，《小宛》爲魯，《小弁》爲周。以三《小》比三《頌》，合爲一《頌》而不可分析(分開)。他如《靜女》之三，《桃夭》之三，《羔羊》之三，《魚藻》之三，《瞻洛》之三，《菀柳》之三，皆同此例。其例甚多，舉此示例。其有四篇當合爲一篇，如《小雅》之四風、四行、四纔、四農、四飲食，此二十篇當合爲五篇讀之，又如《節南山》之四篇，分四方四時，《嵩高》之五篇，當合爲一。《車攻》之六篇，《祈父》之六篇亦同。《黍苗》之八篇，當合爲一。《羔裘》之八篇，《豐》之八篇，當合爲一。讀①則辭義兼美，分讀則茫無義例，②各有詳説，見於本篇。此《詩》不可分篇立《序》之説也。

　　其《詩》中自有《序》，如"吉甫作頌，穆如清風"(語出《詩·大雅·烝民》)，吉甫所作以贈申伯，"寺人孟子，作爲此詩，凡百君子，敬而聽之"(語出《詩·小雅·巷伯》)，"維是褊心，是以爲刺"(語出《詩·魏風·葛屨》)，"獻之未遠，是用大諫"(語出《詩·大雅·板》)，"王欲玉女，是用大諫"(語出

---

① 據文意，"讀"前當脱"合"或"一"字。
② "當合爲一"以下句，《中國學報》作："亦當合爲一。合則辭義兼美，分則茫無義例。"

《詩·大雅·民勞》），"悠悠南行，召伯勞之"，"四國有成，王心則甯"（語出《詩·小雅·黍苗》。引文有異，應爲"召伯有成，王心則寧"）。推之，如《文王》之爲《大雅》全文之序，《邶bèi風》十九篇爲三《頌》十五《國風》之序，三《小》爲《小雅》後半二十七篇之序，"南有樛jiū木"（語出《詩·周南·樛木》）爲《周南》之序，"南有喬木"（語出《詩·周南·漢廣》）爲《召南》之序。此本《詩》自有序，亦如《尚書》本文自有序，不須加序之説也。故説《詩》者，必須知《詩》古無序，序不足據。本《詩》自有序，而後能通也。

續論《詩序》

[題解]據《廖季平年譜》,《續論〈詩序〉》作於光緒二十五年辛亥(1899)。該文曾刊於《四川國學雜誌》1913年第9期。廖平認爲《詩經》是孔經天學著作之一,《楚辭》是其師説,《中庸》是其傳記。《詩》並非述往之書,而是預測未來的哲學著作。解《詩》首在明序,有序則可解,無序則徒恣異説,衆説紛紜。欲讀《詩》,必先讀《書》,欲知《詩》,必先習《書》。由《春秋》以求《書》,由《書》然後可知《詩》。《詩》講述的是百世以下,六合以外的事,與史實無關,爲聖人自撰,不必編造《詩序》,以欺騙後人。以事説《詩》,造成了對《詩經》解釋的分歧。後世流傳的《詩》、《書》二序,皆爲經之操、莽,挾天子令諸侯,易姓改命,偏離了《詩》的本旨。未有《序》之先,《詩》教至爲廣大,《序》立而《詩》亡。

按:《詩》爲百世以下之書,又爲六合以外,《楚詞》是其師説,《中庸》爲之大傳。蓋先天後天,由小推大,《齊詩》[①]多主讖緯者,此也。知天、知來,爲《詩》、《易》二經,《易》託之筮,《詩》託之夢。因思結想,由想成夢。《周禮》三夢,全爲《詩》説,故《列子》言三夢,與《周禮》同文。"詩言志","志"即古"思"字。《詩》無"志"字,代用"思"字,由思而夢,"思"即古"詩"字,如"思無邪",即謂"詩無涯"。"無思不服"、"來

---

① 《齊詩》,《詩經》有魯、齊、韓三家,皆今文。漢初轅固生傳《齊詩》,曾爲《詩》作傳,漢景帝時立於博士,曾傳於夏侯始昌、后蒼、翼奉、蕭望之、匡衡、伏黯等。該派喜引讖緯,以陰陽災異推論時政。

思”、“又思”之類皆同。《詩》非述往，故班氏《藝文志》云：“以《序》説《詩》，咸非其本旨。”故欲説《詩》，首在明序。今特詳序説，以見宗旨。

《四庫》著録詩集數千百種，別集與總集，皆賴有題目及人名。每集間有一二篇無題詩，作者則甚明。或稱無名氏，題目則必詳，故學詩首重題與作詩之人，若不知題與人，則詩不可讀、不可解，此庠序(學校)通例。凡教童子，必先令讀其題與其人名，以爲無題無名，則詩不可解也，故後來選本，凡人、題皆佚者，不入選。古詩如“十九首”，不題作者名氏，不標題旨，故説者紛紜，人各異端。此詩非題與人，斷不能讀、不能解詩所以然，故序者詩之骨。朱本之序，俗稱詩柱，義亦同。有序則可解，無序則徒恣異説，則孔子傳《詩》，必先傳《序》，以紀其人與題也，審(確實)矣。乃今讀經文三百篇，直如“十九首”，並不言題與人。聖人何苦㽞(liú，同“留”)此無題無名之詩，以困童蒙。

以序言之，此一序，彼一序。以《關雎》言，今日可攷者，尚有八九説，此又如一詩變爲七八題。作者或男或女，或先或後，或貴或賤，或美或刺，紛無折中。雖下至豐坊僞撰之《申傳》端木序，亦不能割愛，屏絶不録，此《詩》不誠一誆(kuáng，欺騙，迷惑)藪(sǒu，比喻人或物聚集的地方)，説《詩》者不全爲圓誆(掩蓋謊話的漏洞)哉。故因晚序之多，知《詩》本不重序，因《詩》之本無序，可知爲知來而作。百世之下，時會(猶言時運，即當時的運數)一至，自能觟(即“解”)，未至，則不必預言，亦如讖緯，事過方知。又，欲讀《詩》，必先讀《書》，欲知《詩》，必先習《書》。由《春秋》以求《書》，由《書》然後可知《詩》。《春秋》、《尚書》人事之説，既已精熟，則詩詞起興，自能解《詩》之義例。此《詩》所以不用序，無作者人名、題名之所以然。蓋必古事古詩，乃有人題，若聖人自爲，百世以下，六合以外，言政治綱領，既非采録，又非舊事，有何人何題之可言！故《詩緯》（漢人僞託孔子所作緯書之一，有《含神霧》、《汎歷樞》、《推度災》三篇，十八卷，以儒家經義，附會人事吉凶禍福，書已久亡，有後人輯本）、《詩説》直以全《詩》爲一手所成，首尾通貫，其中但分段落而已。若必責聖人以人名、題名，雖聖人，亦不能如百篇《書》序，編造一序，以騙後賢也。

三家亡後，毛、鄭孤行。自鄭樵[①]發難，朱子垂其後而改易之（當指鄭樵著《〈詩〉辨妄》，朱熹著《〈詩序〉辨説》），宋以下毛、朱互鬥，學者或左右祖（左祖或右祖，即裸露左臂或右臂，以示偏護某一方），或中立，爲《詩》學第一大難。攷毛、朱皆從晚近望文立訓，各以興象所會，師心立解，雖有後先，其以賦詩之法立訓則同，互有得失，皆不足以饜（滿足）人心，爲定論。《提要》記攻毛者曰：節以下四十七篇皆刺幽王，何不憚煩。宗毛者反脣（反駁），以鄭、衞淫詩爲説，是兩派弟子，各有咎心之處，別無明説可爲依歸，故各持門户，互鬥巧詆，同以説《詩》爲兒戲，此獘人心所共悉。今故徵文求義，以息兩家之訌。捐私忿、務公義，庶不致甚此爭端，以重困兩造（爭論的雙方）。毛未出，三家互相爭。毛既出，三家同與毛爭。自西漢以至今日，《詩》因長此征戰攻伐，無一寧宇。毛晚出盛行，攻擊者多，其失彰著。

近人喜談三家以爲復古，三家義理師説雖多古法，至於以事立説，不惟三家互異，即父子師弟，亦各標新解，

---

① 鄭樵（1104–1162），字漁仲，自號西溪遺民，世稱夾漈先生，宋福建路興化軍興化縣（今福建莆田）人。著述達80余種，流傳下來的僅有《夾漈遺稿》、《〈爾雅〉注》、《〈詩〉辨妄》、《六經奧論》和《通志》等，《通志》爲其代表作。

人各異説。以《黍苗》(《詩·小雅》篇名。根據《詩序》，"《黍苗》，刺幽王也。"或以爲宣王封申伯於謝，命召穆公往營城邑，故將徒役南行，而行者作此詩。首章二句爲："芃芃黍苗，陰雨膏之。")爲衞事，《漢廣》(《詩·周南》篇名，共三章。根據《詩序》："《漢廣》，德廣所及也。"或以爲愛慕游女而不能得者所作之詩。首章二句爲："南有喬木，不可休息。")爲鄭交甫(人名，相傳他曾於漢皋臺下遇到兩位神女)，是三家所同者。禮制序事，則各隨興象(指詩詞中的意境)所至。如《韓詩外傳》、《説苑》(書名，西漢劉向撰，二十卷。分類纂輯先秦到漢代歷史故事，雜以議論，大都以儒家思想爲指歸，闡明國家興亡、政治成敗之理，以爲鑒戒)、《新序》(西漢劉向撰，今本十卷，係採集春秋至漢初史實，分類編纂而成。所記事情多與《左傳》、《國語》、《戰國策》、《史記》相出入，旨在正紀綱、迪教化、辨邪正、黜異端)，每一詩文，各引數事數十事，以相比坿(即"比附"，拿不能相比的東西來勉強相比)。

三《傳》説《春秋》，是非取舍，各標一義，至譜牒事實，無不從同。一則事同而義別，一則義合而事歧。舊疑《左傳》長於毛百倍，不使奪(改變，更改)《公》、《穀》。三家最盛，何以因毛而全亡？蓋以事立説，言人人殊。三家並立，自形其短。毛以一抵三，反覺簡易可從。三家之亡，以事自亡，故近人喜談三家以爲復古，而序事一門，不能堅持一定，此已事之明效大驗也。別選《文辭逆志表》二卷，專明序不足從。

語云："其父報仇，其子行劫。"以事説《詩》之獘，至豐坊僞《卜氏序》、申培《詩傳》而極，真無知妄作，奸猾之尤。攻近賢乃無過貶，反云其義不無可存。竊以毛、朱以射覆(古時的一種猜物遊戲，"於覆器之下而置諸物，令闇射之，故云射覆"。此指以揣摩解詩)招闇àn解《詩》，辭義豈無一二合者。徧推全《詩》，未能兼到，瑕瑜互見，所以不掩。豐坊師用其法，私剏(chuàng，同"創")古書，反覺有一二青勝於藍。但以豐坊讕jiǎn陋，於二千年後妄造師説，即足與毛、朱抗行，則毛、朱之不足以垂定讞（定論）亦明矣。余用班氏説，祛"以事説《詩》"之誤，或疑爲非古。嘗輯《逆志表》，輯錄古序，《關雎》一篇，耳目所及，已有七説。或男或女，或文或康，或美或刺，一國三公，何所適從？況佚聞瑣（suǒ，同"瑣"）記，未盡備錄。即以漢師爲斷，已近五六。天下義理，聖經義例，必一定不移，方爲直解。苟徧徵舊説，則何所適從，篤信班説，當非予之私見。

　　《詩》與《書》體製（結構）不同，故文無題目尚可讀，詩歌無題目、無姓名，則不解作何語。故漢以下，古今體詩歌總、別集刊本，無不尊重題目。鮑（鮑信）、謝（謝靈運）、李（李白）、杜（杜甫）諸作，使但有詩，無人無題，則必非善本，必無人收藏，乃《詩》則真爲一無題詩之全本，又不著作者姓名，此固有目共覩者也。凡作詩注者，如李長吉（李賀）、黃山谷（黃庭堅）、吳梅村（吳偉業），皆稱善本，各就其人事蹟遇會交遊，本人學術體格（體裁格調），爲之比附。或許其精，或傷其鑿；若全本皆失名無題，欲從千年以後，爲之求其人其事以實（充實）之，雖王、李、庚諸注家，亦不敢出。即有其書，亦無人取信，乃三家、毛、朱、豐坊，則固以注失名、無題詩爲能事，並非偶然，如譯《岣嶁lǒu碑》①、《樊宗師②

---

① 岣嶁碑，又稱神禹碑，在湖南省衡山雲密峯，岣嶁爲衡山主峯，故衡山亦稱岣嶁山，此碑亦稱岣嶁碑。相傳爲夏禹治水時所刻，碑文共七十七字，難於辨識。韓愈詩《岣嶁山》："岣嶁山尖神禹碑，字青石赤形摹奇，科斗拳身薤倒披，鸞飄鳳泊拏虎螭。"此碑已佚，有摹刻存世，疑爲僞託。

② 樊宗師，唐河中（今山西永濟縣）人，南陽是樊氏的"族望"。字紹述，作文力求詼奇險奧，流於艱澀怪僻，至不可卒讀，時號"澀體"。韓愈《昌黎集》三四有《南陽樊紹述墓誌銘》，稱其言必出於己，"不襲蹈前人一言一句"，《新唐書》有樊宗師傳。洪亮吉在《北江詩話》中稱"樊宗師之記，王半山之歌，可云澀矣"。樊宗師著作雖多，但留下的文章只有兩篇：《絳守居園池記》、《綿州越王樓詩并序》，廖平所稱《樊宗師記》，可能指前者。

記》。

全書巨帙至於三百篇之多，皆失名無題，而能從百世下，望文繹義，得徧考其人其事，鑿鑿道之，如屈指（彎著手指計數）庭樹，則其才其學，不在《丹鉛錄》①上萬倍乎。

傳《春秋》有譜帳（即譜牒，記述氏族世系的書籍。廖平稱《春秋譜牒》乃治《春秋》專書，"詳其世系終始行事"）、世系（家族世代相承的系統）、輿圖（疆土）、官職。三《傳》之於《春秋》，爲義例取舍有出入。至於名諱、宗姓、支派、官職、盟會諸大端，無一不同者。不惟三《傳》，雖下至今日，其解《春秋》，未有弟糾兄桓，父僖xī子閔，謂魯爲姜，稱齊爲子，以其有師傳，不能立異也。（僖公、閔公爲莊公子，爲兄弟，非父子。魯爲姬姓，非姜姓，齊爲姜姓，非子姓。廖平認爲三《傳》在其他問題上可能存在差異，但在上述問題上是一致的。）《詩》之鳥獸、草木、山川、水地、衣服、牲醴（指祭祀用的犧牲和甜酒），三家、毛、鄭、朱、嚴、豐坊同也，下至今之人同也。從無以雎（魚鷹，鳥綱，鶚科，上體暗褐，下體白色，常活動於江河海濱）爲四足，兕（sì，古代犀牛一類的獸名，一說即雌犀，皮厚，可以製甲）爲二翼，蘭爲臭草，松爲惡木者。至於作《詩》之人，與作《序》之事，尤爲全《詩》之心肝耳目（喻精華），萬不可缺，又一定而不可移，以比名物（名目與物產）象數（指龜筮。《左傳》僖公十五年："龜，象也，筮，數也，物生而後有象，象而後有滋，滋而後有數。"），訓故文義，其緩急輕重，不可以道里計。乃人名物理，雖萬變而不易者，以其有師傳也。使孔子之傳，子夏之授，當日有序有人有事，乃詩之至寶，一字千金。師以是授，弟以是學，亦如《春秋》事實、《詩》之名物，百變

---

① 《丹鉛錄》，明楊慎作。其中餘錄、續錄、摘錄，爲慎自編，總錄則爲其學生梁佐編。楊氏考證諸書異同的著作，都冠以"丹鉛"二字，這些考證取材豐富，且時有新解，但涉及範圍較廣，不免蕪雜，且有僞撰古書以助論證之舉，故爲廖氏所譏。

不移，千載如一而後可。乃西漢初三家已不同，傳三家者，子異其父，弟異其師，下至後世，直如射覆捉迷，而不可究詰。《爾雅》一書，昔人以爲釋《詩》作，今之立説者尚宗(尊奉)之，何以於至重最要，乃反無一《爾雅》之本，以致後人疑誤百出，以説經爲而戲(即"兒戲")也。

古有賦《詩》(吟《詩》。《左傳》襄公二十八年："賦《詩》斷章，余取所求焉。"賦《詩》斷章，譬喻語，春秋外交常以賦《詩》表意，賦者與聽者各取所求，不顧本義，斷章取義。)法，意象所至，引《詩》自達，或全篇，或斷句。春秋國君、賢相、名卿、大夫，軼事可攷。賦者，皆稱引誦法之，非謂作。故一《詩》有賦至再至三者。《黃鳥》[1]、《碩人》(《詩·衛風·碩人》："碩人其頎，衣錦褧衣。"鄭玄箋："碩，大也，言莊姜儀表長麗俊好，頎頎然。")皆詞義偶同，《傳》固同稱賦，而不以爲作也。

三家晚出，因以《左》、《國》賦《詩》法，指爲事實，於是乃采《春秋》錄事以説《詩》，並無師傳，各就已意興所至，或取一二章、一二句、一二字，如《韓詩外傳》，固有目所共覩。後儒以《外傳》引《詩》説事文理明者，指爲斷章，謂《內傳》體裁必有異，當由師傳，必非隨意指稱。今攷《外傳》與《內傳》同者若干條，則其內[2]以事証《詩》，與《外傳》以《詩》解事，固非有二法也。惟其舊傳無序，本不以時事立説。三家以空文寡實，間坿以事，取其條達(條理通達。《莊子·至樂》："名止於實，義設於適，是之謂條達而福持。")有

---

[1] 《黃鳥》，《詩經·秦風》篇名。《左傳》文公六年："秦伯任好卒，以子車氏之三子奄息、仲行、鍼虎爲殉，皆秦之良也。國人哀之，爲之賦《黃鳥》。"《詩·秦風·黃鳥》序云："《黃鳥》，哀三良也。國人刺穆公以人從死而作是詩也。"《秦本紀》正義引應劭所説謂："秦穆公與羣臣飲酒酣，公曰：'生共此樂，死共此哀。'於是奄息、仲行、鍼虎許諾。及公薨，皆從死。《黃鳥》詩所爲作也。"

[2] 據下文，當作"內傳"。

依據，本無舊説，故先以歧異爲嫌。《毛序》以事説《詩》之派，實三家開其先，衞、謝繼之，朱、嚴等又繼之，固同一嚮xiàng壁虛造，與《長吉(唐代詩人李賀)詩注》"首首爲青衣瑶柱而作"其失同也，使爲舊序，所以即一鳥一獸、一名一物，尚不至有異同，何況此心肝藏腑、頭面耳目哉？

　　三家以事説《詩》，各就興會所至，以求實用，非以爲定解，故一詩有引説數十事。各人所闢之境，所悟之理，即爲温故知新，當時並不以爲定解，以爲詩之人名題目，此三家之事、人各不同，而不相嫌者也。至後漢衞宏①，乃仿《尚書》百篇而作序，以事解《詩》，以《序》定題。《詩》至是拘於一《序》，專於一事，從其學者，如鄭之於衞，不能如三家之再有異辭，皆《衞序》爲之俑(古代殯葬用的木製或陶製的偶人，此指創始，爲貶義)。《衞序》亦采三家，並非一人一時所全刱。《詩》道至此，乃爲《序》所牽引統屬。聖人之大經，受成於晚儒之羈勒(束縛)。《詩》爲畫龍，《序》乃點睛。《詩》爲弁卒，《序》爲大將。古今本末倒置，庠序受欺被騙，莫此爲甚！《詩》、《書》二序，皆爲經之操、莽，挾天子，令諸侯，易姓改命，以田易姜，鬼當夜哭(參《淮南子·本經訓》："昔者，蒼頡作書，而天雨粟，鬼夜哭。""鬼"，一説爲"兔"，兔恐取毫作筆，傷害其軀，故夜哭)者也。此爲邪説，蹈之必死，朱子又起而學之，直以經爲今洋字書，無人能識，爲之詳加攷求，乃知爲古來淫女、佚(放蕩，放縱)男互相戲謔暱愛之詞。嗚呼！豈不痛哉。

　　未有《序》之先，《詩》教至爲廣大。《論語》"興觀羣怨"、"遠邇忠孝"、"多識博物"（語出《論語·陽貨》："子曰：
'小子何莫學夫《詩》，《詩》，可以興，可以觀，可以羣，可以怨。邇之事父，
遠之事君，多識於鳥獸草木之名。'"）、"達政專對"（語出《論語·子
路》："子曰：'誦《詩》三百，授之以政，不達；使於四方，不能專對；雖多，
亦奚以爲？'"）。左氏之"斷章"（語出《左傳》襄公二十八年："賦《詩》
斷章，余取所求焉。"），孟子之"以意逆志"（語出《孟子·萬章上》：
"說《詩》者，不以文害辭，不以辭害志，以意逆志，是爲得之。"），荀子之
"不切"（語出《荀子·勸學篇》："學莫便乎近其人，禮樂法而不說，詩書
故而不切，《春秋》約而不束。"意爲《詩》《書》但論先王故事，而不委曲切
近於人）。漢師以三百篇諫，①《外傳》、《說苑》、《新序》以
《詩》証事。當時以《詩》爲經，出於聖作。賦《詩》明志，
各有取裁，其書至尊，其道至廣。

至有《序》而《詩》亡，何則？《詩》無淫詩，並謂男女相戲
相悅，此小說《三國演義》。聖經不能濫及淫佚（縱慾放蕩）之作，如
後世《才調》（即《才調集》，唐詩選集，五代後蜀韋縠編選。韋縠自序其
選取標準說："韵高而桂魄爭光，詞麗而春色鬥美。"）、《本事》（唐孟棨〔
一作啟〕撰，一卷。分條記述詩人作詩的事實原委，并錄所作之事，故稱本事
詩。分情感、事感、高逸、怨憤、微異、微咎、嘲戲七類），詞章小技，猶
以淫豔爲嫌，直謂聖經錄淫詩，並謂男女相戲相悅，此小
說《三國演義》、《列國》所不忍言者，經何乃樂道之，誣
說固不待言。其實淫奔（舊謂男女私相奔就，自行結合。多指女方往就
男方。《詩·王風·大車序》："禮義陵遲，男女淫奔。"孔穎達疏："男女淫
奔，謂男淫而女奔之也。"）之說，乃毛開之，《衛序》言淫奔者已

---

① 以三百篇當諫書，蓋指王式。《漢書·儒林傳》："式爲昌邑王師，昭帝崩，昌邑
王嗣立，以行淫亂廢。昌邑羣臣皆下獄誅。……式繫獄當死，治事使者責問曰：
'師何以無諫書？'式對曰：'臣以詩三百篇朝夕授王，至於忠臣孝子之篇，
未嘗不爲王反復誦之也；至於危亡失道之君，未嘗不流涕爲王深陳之也。臣以
三百五篇諫，是以無諫書。'使者以聞，亦得減死論。"

十九篇，以聖人手訂之經，直改爲浪子娼婦之暱語，議刪議削所由來歟。《孟子》曰"以意逆志"，是爲得之，如以辭而已矣，是周無遺民也。《荀子》云"詩不切"，皆以讀《春秋》之法讀《詩》，是必因辭立訓，切近時事，乃《序》則特與二賢(指孟子、荀子)相反。《左》、《國》之賦《詩》，與筮易相同。

　　楊萬里以史說《易》，以三百八十四爻作爲三百八十事，朱子嘗譏之，乃作《序》則直以三百篇爲三百事，而不悟其非。且以史說《易》，猶西漢以前以事証《詩》之法，以爲引《易》証事，《易》仍是聖經，特讀者以史立說耳。若《詩序》，則以經爲庸夫、俗子、浪子、淫婦之作。人不必聖賢，言不必典要(經常不變的準則或標準)，所以謂《序》立而《詩》亡也。

　　《詩》有《序》，而《書》亦有《序》，然《書序》不如《詩序》之害大。《書》之有序，不過曰經殘耳。所稱作者，尚皆賢君名相。又《尚書》文義明白，不能指爲別解。《書》雖有序，經尚可爲經。《詩》一有序，則人不皆賢，詞不能白，憑之牽引誣陷，二千年如長夜。今人視《詩》，名雖曰經，是則其品格尚在《香奩lián集》(宋和凝所著艷詞，名《香奩集》，後因稱專以婦女身邊瑣事爲題材的詩爲"香奩體")、《本事詩》之下，以諸作尚爲託辭(猶設喻)，而《詩》則閭巷(里弄，泛指民間)歌謔xuè，挑達(放縱不羈)戲謔，其品詣(品類)斯下，尚不如唐宋人選本。

　　諸史樂府(古詩的一種體裁，可入樂歌唱)，廟(宗廟樂歌，多用於祭祀或頌德)、蒸(古代祭名)、軍(軍中的音樂)、凱(戰勝時所唱之歌)諸歌，辭嚴義正，昔人比之正頌，尚爲近之。至於《國風》，則豔體最多，實皆由於作者之自道，則諸詩選中，尚不收此誨淫放蕩之作。又村塾通行《千家詩》(詩集名，舊時爲兒童啓蒙讀物，刻本很多，以宋劉克莊所收最全，稱《分門纂類唐宋時賢千家詩選》，簡稱《千家詩選》。後出《千家詩》，大半根據克莊所選增删而成）本，最爲惡劣，雅不及王、沈諸本各有體要。不知以《詩序》讀《詩》，其惡劣毫無條理，反在其本之下，何則？《千家詩》尚分體，分時令。今《詩序》見神説神，見鬼説鬼，不分時代，不以類從。忽貞忽淫，忽先忽後，刺一人之詩，至於三四十篇，一切反叛，上蒸下報，汙（wū，同"污"）人口煩之事，連篇累牘，以此爲經，不審（知道）天下尚有出《千家詩選》下者爲何書也。

《漢書·藝文志》《詩》下言"三家采《春秋》録時事，咸非其本義。與不得已，魯爲近之"。此《衛序》未出之先，班用舊義駁三家之采《春秋》時事立説，當時尚不知衛宏專作一序，視三家變本加厲（形容情況比齊、魯、韓三家《詩》更加嚴重），滓穢（zǐ huì，玷污）聖經，蒙蔽天下，如此之酷也。攷《孟子》以《小弁》、《凱風》分過大過小（詳見《孟子·告子下》："《凱風》，親之過小者也；《小弁》，親之過大者也。親之過大而不怨，是愈疏也。親之過小而怨，是不可礧也。"），並未實指平王，其餘皆以事証《詩》之説。按，《詩》、《易》體製相同，今必削删古今《詩序》之説，空空無物，隨人自取，方足以挽經學而存《詩》亡。

經以立教，義取明白，方示遵守。聖人既欲以《詩》立教，何苦游移隱晦，使人不得其意旨之所在？既以立詞微隱，何不先作一序，以杜後世分爭迂謬之病。曰《詩》、《易》與《春秋》、《尚書》，守先待後（猶繼往開來，承先啓後），分道揚鑣[①]。《詩》、《易》爲俟後而作，未至其時，難以明言。既至其時，不序亦解，且言近旨遠。聖人以《詩》立教，

---

① 據文意，"鑣"當爲"鑣"之形訛。

事父事君、興觀羣怨、博識鳥獸草木、達政、專對、諫君、傳後，古師獲益良多，特有《序》以後，乃青天白日，魔鬼縱橫，長夜漫漫，至於斯極耳。

《尚書》不須別序，本經自有序。《詩》本經有序，亦有須別序。《儀禮》左玟圖①所解《詩》，多數篇爲一篇，如《關雎》樂、哀，實包三篇言，《文王》之三，《鹿鳴》之三，亦三篇合讀，非如《序》說篇各一人，人各一篇，如此破碎紛紜，不可詰究也。總之，《詩序》亦《周禮》，無人不疑，不得明說本義，不能不抗顔相爭，亦門户之見，勢所必至也。

《易》、《書》、《禮》、《春秋》，前人皆有釋例之例。既曰經學，必全經辭義相通，屬辭比事(連綴文辭，排比史事)，不可苟同，方足爲經。三《傳》解《春秋》，凡單辭虛字，皆有義例。説《春秋》者，異説本多，然不能貫通全經，不爲通義，故所有危言異解，一證全經，皆不足自存。他如《易》、《書》、《禮》，近賢皆有釋例之書，此經書正軌一定之法。《詩‧二南》主王氏，曾作一表，本爲正解發端，惜無繼響。夫《二南》既可立表，則《詩》非無義例可通，何不推此法於全經？今故推《二南》王氏表之例於全經，撰《詩經圖表》四卷，覺其針線踪跡，實有一定不移之法。文辭名物，各有取義。彙鈔法字(合乎禮法的言辭)，別爲《釋例》六卷。觀此二篇，亦爲《春秋》、《易》、《禮》各圖表《釋例》，條理井然。諸經同源一貫，則固不妨推《春秋》之法以説《詩》也。

　　庚子(1900)從侍射洪(今四川省射洪縣)，時值《齊詩微繹yì必讀》編纂初成，與聞微旨。蓋專宗帝德，以明

───────────

① 　此處疑有脱訛。

大九州①之義，何以與俗説異同爲嫌。不知《詩》本無《序》，三家所有録《春秋》，采時事，皆各以所具立説，非舊時之《序》也，故三家互異，即一家之中，每自立異同。後來《毛序》起而盡變之，《集説》又起而盡變之，雜説僞書，紛紛歧出。見於《取義表》者，每篇或六七説，或四五説不等。班氏《藝文志》已譏三家"以事説《詩》"爲失義，則《毛序》晚出，遺義甚多，則固不必膠柱鼓瑟(鼓瑟時膠住瑟上的弦柱，就不能調節音的高低，比喻固執拘泥，不知變通)矣。或以《班志》所譏者爲《韓詩外傳》之類，不爲本經内傳而言，此近人尊崇《毛序》，故爲此説。不知三家既得本義，《毛序》何以起而異之，是欲尊毛，即所以詆毛矣。且諸家《外傳》，既以"外傳"立名，自不拘於本旨，班氏乃起而責之。使班氏爲目不識丁之人則可，班氏爲通儒，且爲《魯詩》大師，則其説至有值矣。孟子之説《春秋》曰："其事則齊桓、晉文，其文則史，其義則丘竊取之矣。"(語出《孟子·離婁下》。原文云："其事則齊桓、晉文，其文則史。孔子曰：'其義則丘竊取之矣。'")其説《詩》曰："不以文害辭，不以辭害志。以意逆志，是爲得之。"以《詩》之文辭，比《春秋》之文。《春秋》貴取義，《詩》貴逆志，則《詩》之爲《詩》，固非尋常數墨(即尋行數墨，謂爲文專在辭句上下功夫)所能盡矣。明代近矯某氏之説《詩》也，由《詩》有詩人作詩之意，有孔子編《詩》之意，二者并

---

① 大九州，戰國時期齊人鄒衍主張的一種地理學説，指中國以外的大陸。《史記·孟子荀卿列傳》解釋其説："所謂中國者，於天下乃八十一分居其一分耳。中國名曰赤縣之神州，赤縣神州内自有九州，禹之序九州是也，不得爲州數。中國外如赤縣神州者九，乃所謂九州也。於是有稗海環之，人民禽獸莫能相通者，如一區中者，乃爲一州，如此者九，乃有大瀛海環其外，天地之際焉。"

行不悖。又，攷《左傳》、《論語》説《詩》，多合數篇
而爲之，不篇各立説。如《文王》之三，《鹿鳴》之三，
《關雎》之三，後人篇各立序，非古法也，且舊序甚
多，去取皆有所法，今以舊序歸入取如表①，本經正
注，雜採傳記，用緯候(緯書和《尚書中候》的合稱，亦爲緯書的
通稱)，不篇各立序，以發明編《詩》之意爲主，雖新解
甚多，然皆根據經傳，由本經推衍而出，推究根源，固
非好爲苟難者比也。心肝嗜好，各有不同。如但責以
違俗説、創雜解，則陳説具在，固不獨此書爲然也。

---

① "取如表"，疑作"《取義表》"。

《山海經》爲《詩經》舊傳攷

[題解]據《廖季平年譜》，該文作於光緒二十五年己亥(1899)。該文曾刊於《四川國學雜誌》1913年第7期。廖平認爲《山海經》不是一部荒誕神怪的書，而是解釋《詩經》的傳，可爲《詩》中的鳥獸草木作傳注。《詩》中的"外"指海外，《魯頌》的"至於海邦"，《商頌》的"海外有截"，就是《山海經》的《海外四經》。他提出以《山海經》證《詩》，將二者合讀的主張。

《山海經》[①]舊以爲荒唐神怪書，自畢氏[②]乃以證古地理，酈(酈道元，北魏地理學家，曾撰《水經注》四十卷，以河川爲綱，記述的内容，包括自然地理與人文地理的各個方面)注以後，最稱特識。今再四循繹，始知非地理專書，乃《詩經》大一統之師説也。

攷鄒衍坿傳云："先引中國名山大川，通谷禽獸，水土

---

① 《山海經》，記述各地山川、道里、部族、物産、祭祀、醫巫、原始風俗的著作，作者不詳，大約成書於戰國，又經秦漢學者增刪。今本十八篇，爲：南山經卷一，西山經卷二，北山經卷三，東山經卷四，中山經卷五，海外南經卷六，海外西經卷七，海外北經卷八，海外東經卷九，海内南經卷十，海内西經卷十一，海内北經卷十二，海内東經卷十三，大荒東經卷十四，大荒南經卷十五，大荒西經卷十六，大荒北經卷十七，海内經卷十八。

② 畢氏，指畢沅(1730–1797)，清代學者。字秋帆，一字纕蘅，號弇山，又號靈巖山人。江蘇鎮洋(今江蘇太倉)人。由其署名的《續資治通鑒》二百二十卷，體例謹嚴有法，敍事詳而不蕪，以編年體集宋元時期主要史事，史料均有所本，頗具學術價值。他經史詩文功底甚深，尤長考據，于金石、地理、文字、音韻、訓詁多所涉及。所著有《經典文字辨正書》、《傳經表》、《音同義異辨》、《山海經校本》、《關中金石記》、《中州金石記》以及《靈巖山人詩集》等。

所植，物類所珍，因而推之，及海外人之所不能覩。”(語出
《史記·孟子荀卿列傳》。原文“引”作“列”，下同)竊謂“海外九州”
本《山海經》，而其書即爲鄒衍之所傳。“先引中國名山大
川，通谷禽獸，水土所植，物類所珍”，即《五藏山經》(即
《南山經》、《西山經》、《北山經》、《東山經》、《中山經》五經)及《海內
經》(即《海內南經》、《海內西經》、《海內北經》、《海內東經》)也。所云
“因而推之，及海外之所不能覩”，則爲《海外四經》(即《海
外南經》、《海外西經》、《海外北經》、《海外東經》)、《大荒四經》(即
《大荒東經》、《大荒南經》、《大荒西經》、《大荒北經》)無疑矣。

　　由五山以及海外，由海內以及大荒(荒遠的地方，邊遠地
區。《山海經·大荒東經》：“東海之外，大荒之中，有山名曰大言，日月所
出。”)，固“先驗小物，推而大之，至於無垠”之説也。史公
譏瀛海之説爲“宏大不經”(謂不着邊際，不合常理，近乎荒誕，没有
根據)，又明《山海經》爲“放”，其意亦同。史公特未指明衍
之所説即爲《山海經》耳。

　　攷《時則訓》(《淮南子》篇名。高誘注：“則，法也。四時、寒暑、
十二月之常法也，故曰時則，因以題篇。”)言五帝五神各司一萬
二千里者，爲五大洲五帝運之根原，《尚書大傳》、《月
令》皆與之同，而其説實祖述(效法，仿效。《中庸》：“仲尼祖述
堯舜，憲章文武。”)《海外四經》，則《尚書》、《月令》所言之
五帝五神皆出於此經。又攷郭本(即晉人郭璞注《山海經》)十八
篇目次，首《山經》五，次《海外經》四，次《海內經》四，次
《大荒經》四，次《海內經》一。今以《周禮》九畿①，《淮
南》州、殥、紘、極推之，五山爲五岳，即禹九州。中山爲中

────────────

① 九畿，相傳古時王城以外五千里之內，自內而外，每五百里爲一畿，共有侯、甸、
　男、采、衛、蠻、夷、鎮、藩等九畿，爲各級諸侯之領地及外族所居之地。《周禮·
　夏官·大司馬》：“乃以九畿之籍，施邦國之政職。”

岳，東山爲東岳，南山爲南岳，西山爲西岳，北山爲北岳。五山方三千里，爲五岳，故每篇各見其方之岳名。此五山爲禹所敍九州是也。

《禹貢》五服（古代王畿外圍，以五百里爲一區劃，由近及遠分爲侯服、甸服、綏服、要服、荒服，合稱五服。服，服事天子之意）五千里，爲《海内經》是也。攷《海内經》四篇，當間於五山、海外之間，即《禹貢》之要、荒二服，與外十二州之地也，合内五山爲方五千里，以上九篇，皆所謂中國也。然後次以《海外》四篇，次以《大荒》四篇，則又九畿男、采以外之地，《淮南》之八殯、八紘（八殯、八紘，均指八方極遠之地。殯，遠。紘，維也，四維謂之紘。《淮南子・墜形訓》：“九州之大，純方千里，九州之外，乃有八殯……八殯之外，而有八紘，亦方千里。”）、八極（八方極遠之地。《淮南子・墜形訓》：“天地之間，九州八極。”）也。此八篇皆指海外，層次井然（整齊、有條理貌），故有目所共覩者也。

終以《海内經》不過爲上四篇之釋語，與《周禮》、《尚書》名異而實同，二書但言界畫里數，此則詳其山川道里、禽獸草木、珍奇神怪，然則《山海經》固大一統之《禹貢》，此不待詳論者矣。且引而進之，於《詩》説尤有切證。孔子以《詩》“多識禽獸草木之名”（語出《論語・陽貨》），所言“禽獸”，固不僅如今所傳《毛詩圖》（《詩經》的圖譜）但有尋常之物。史公所言“水土所植、物類所珍”者，必在所包含之中矣。五《山經》之爲五岳九州，《詩》之言“嵩岳”、“河岳”者屢矣，而所謂南山、北山、東山者，名與《五藏經》切合，非得此爲證，不知《詩》所言之山，即爲方岳也。

《詩》之言“外”者，皆指海外。《魯頌》之“至於海邦”（語出《詩・魯頌・閟宮》），《商頌》之“海外有截”（語出《詩・商頌・長髮》）者，不指《海外》之四經而言之乎？所謂“海邦”、“外大國”者，非即《海外經》之三十六國乎？

又，《魯頌》云"保有龜蒙，遂荒大東"（語出《詩·魯頌·閟宮》）者，非即《大荒經》之謂乎？五服海内之荒爲小荒，九畿之荒爲大荒，非相比而可見者乎？攷《詩》數見"禹"字，皆爲疆宇，而如"信彼南山，維禹甸之"（語出《詩·小雅·信南山》），"豐水東注，維禹之績"（語出《詩·大雅·文王有聲》），"纘zuǎn禹之緒"（語出《詩·魯頌·閟宮》），"禹敷fū下土方"（語出《詩·商頌·長髮》），皆以步地推里之事歸之禹。《山海經》條首尾皆引禹之説，不更有合乎。

先師據《山海經》以解經者，《左傳》之窮奇①、饕餮②tāo tiè、三苗（我國古代部族名，或以"饕餮"爲《尚書》之"三苗"），如《公羊》之"雙雙而來"（《公羊傳》宣公五年："冬，齊高固及子叔姬來。何言乎高固之來？言叔姬之來，而不言高固之來，則不可。子公羊子曰：其諸爲其雙雙而俱至者與？"何休注："言其雙行匹至，似於鳥獸。"），麟鳳（麒麟和鳳凰，爲傳説中的瑞獸）非中國所有，《穀梁》之長翟③，《尚書大傳》之祝融（傳説中的南方神名。《尚書大傳·洪範五行傳》："南方之極，自北户南至炎風之野，帝炎帝、神祝融司之。"）、蓐rù收（傳説中的西方神名。《尚書大傳·洪範五行傳》："西方之極，自流沙至三危之

---

① 窮奇，《山海經》中惡獸名。《山海經·西山經》："邽山，其上有獸焉，其狀如牛，蝟毛，名曰窮奇，音如獆狗，是食人。"郭注："或云似虎，蝟毛，有翼。"《左傳》所言"窮奇"，則爲惡人名，或言爲共工，因其性似獸，故以獸名名之。《左傳》文公十八年："少皞氏有不才子，毁信廢忠，崇飾惡言。靖譖庸回，服讒蒐慝，以誣盛德，天下之民謂之窮奇。"

② 饕餮，傳説中一種貪婪殘暴的怪物。《左傳》所言"饕餮"，則爲惡人名。文公十八年："縉雲氏有不才子，貪于飲食，冒于貨賄，侵欲崇侈，不可盈厭，聚斂積實，不知紀極，不分孤寡，不恤窮匱，天下之民以比三凶，謂之饕餮。"賈逵、服虔及杜預均注云："貪財爲饕，貪食爲餮。"《山海經·北山經》有抱鴞，郭璞注認爲即《左傳》之饕餮。

③ 長翟，也稱"長狄"，春秋時狄族之一支，傳説其人身材較高。《穀梁傳》："長狄也，弟兄三人，佚害中國，瓦石不能害，叔孫得臣，最善射者也。射其目，身橫九畝，斷其首而載之，眉見於軾。"《左傳》文公十一年："冬十月甲午，敗狄于鹹，獲長狄僑如。富父終甥摏chōng其喉以戈，殺之。埋其首於子駒之門。"

野，帝少皞、神蓐收司之。"）、勾萌（又作"句芒"，傳說中的東方神名。《尚書大傳·洪範五行傳》："東方之極，自碣石至日出榑fú木之野，帝太皞、神句芒司之。"）、玄冥（傳說中的北方神名。《尚書大傳·洪範五行傳》："北方之極，自丁令北至積雪之野，帝顓頊、神玄冥司之。"），《毛詩》之騶zōu虞（傳說中的義獸名。《詩·召南·騶虞》："彼茁者葭jiā，壹發五豝bā，于嗟乎騶虞。"《毛傳》："騶，義獸也。白虎，黑文，不食生物，有至信之德則應之。"），《王制》之雕題（在額上刺花紋。古代南方少數民族的一種習俗。《禮記·王制》："南方曰蠻，雕題交趾，有不火食者矣。"鄭玄注："雕文，謂刻其肌以丹青涅之。"孔穎達疏："彫謂刻也，題謂額也，謂以丹青彫刻其額。"），《國語》之僬僥（jiāo yáo，古代西南少數民族名。古代傳說中的矮人。《國語·魯語》下："仲尼曰：'僬僥氏長三尺，短之至也。'"），《爾雅》之騊駼（táo tú，《爾雅·釋畜》："騊駼，馬。"《山海經·海外北經》："北海内有獸，其狀如馬，名騊駼，色青。"），鄭注引《河圖地理說》（即《河圖括地象》，稱"地中央曰昆侖，昆侖東南，地方五千里，名曰神州，其中有五山，帝王居之"）之神州，《詩含神霧》（解釋《詩經》的一種緯書）之東西南北里數（天地東西二億三萬三千里，南北二億三萬一千五百里，天地相去一億五萬里），《淮南子》之湯谷（即旸yáng谷，古代傳說日出之處。《淮南子·天文訓》："日出于旸谷，浴于咸池，拂于扶桑。"）、流沙（沙漠。沙常因風吹而流動，故稱流沙。《書·禹貢》："導弱水至於合黎，餘波入於流沙。"），而《王會解》（《逸周書》篇名。王會，舊時諸侯、四夷或藩屬朝貢天子的聚會）、《伊尹本味篇》（《呂氏春秋》篇名，即《本味篇》）、《穆天子傳》、《爾雅》、《説文》，引之大多，不一而足，則據《山海經》以解經，固先師之舊法，非創論也。即以《小雅》南山、北山，有所謂臺tái萊（《詩·小雅·南山有臺》："南山有臺，北山有萊。"《毛傳》："臺，夫須也。"孔穎達疏："舊説夫須，莎草也，可爲蓑笠。"）、桑楊（《詩·小雅·南山有臺》："南山有桑，北山有楊，樂只君子，邦家之光。樂只君子，萬壽無疆。"）、杞qǐ李（《詩·小雅·南山有臺》："南山有杞，北山有李。"）、栲杻(kǎo niǔ，《詩·小雅·南山有臺》："南山有栲，北山有杻。"栲，樹名，即山樗)、枸楰（gōu yú，《詩·小雅·南山有臺》："南山有枸，北山有楰。"）者，非指南、北二《山經》中之國名，則必爲南、北二經之奇木珍樹，水土所宜，爲別方所無者，必不能指隨處皆有，耳目習見之物。此一定之理，必然之勢，特此義早失，不知《山海經》爲《詩》切要師說。文字形體改易，聲音假借，遂盡變爲尋常之物，耳目所共覩共聞者矣。推攷比坿，頗有精切之條，惟此係專門大例，通貫全經，非一知半解所能盡，故僅發明其例，不悉引證，按此求之，必當不謬。

　　竊謂《詩》與《山海經》合之兩美，離之兩傷，亦如《月令》爲羲、和舊傳，不舉傳以證經，則經爲膚fū語(膚淺空泛的言語)，傳由呂撰。今《太誓》本爲《牧誓》舊傳，不舉傳以證經，則一事而經再見。二《誓》既傳、經重沓，而《太誓》之奇語瑣事，足爲經累。惟即《山海》以證《詩》，則大一統之《禹貢》版宇，無事旁求，而得此證，則語皆著實，經義乃見，且以《南山》、《北山》一條言，但言二山者爲九州，爲小統。一言"陟彼"，即爲要、荒，爲海外，故"陟彼北山"，下即言"普天"、"率土"(兩句語出《詩·小雅·北山》)；"陟彼南山"，下即言"既見君子"(《詩·召南·草蟲》有"未見君子"、"亦既見止"句)。"未見"爲"未濟"，"既見"爲"既濟"。隻文單字，皆於經學有關，其切要固猶《三家詩說攷》(疑爲陳喬樅所撰《三家詩遺說考》。陳喬樅，字樸園，號禮堂。清代福建閩縣〔今屬福建福州〕人)、《韓詩外傳》也。

《中庸・君子之道章》解

[題解]據廖平言，本篇爲《孔經哲學發微》所遺，《孔經哲學發微》成書于癸丑年(1913)，爲廖平經學第四變的代表著作。該篇撰成當在1913年前後。其思想觀念與該書一脈相承，認爲《春秋》爲人學之始，《易》爲天學之終，《大學》爲人學兼天學，《中庸》則專爲天學著作。通過對《中庸・君子之道章》的解釋，廖平闡發了其孔經天學的觀點。

此解爲《哲學發微》(即《孔經哲學發微》)所遺，今補刊，以明其義。

君子之道，先王有至德要道(語出《孝經》)。〇君子包至人、天人、聖人之學。**費**"弗"爲衍，"貝"即"見"字之誤，"費"當讀作"見"。〇人學爲見。**而隱，**天學爲隱，故"莫見乎隱，莫顯乎微"(語出《中庸》)，即《詩》之"不問亦式，不見亦入"(語出《詩・大雅・思齊》，應爲"不聞亦式，不諫亦入")。又"鬼神之爲德，其至矣乎！視之弗見，聽之弗聞"(語出《中庸》。原文爲："鬼神之爲德，其盛矣乎！視之而弗見，聽之而弗聞。")，常人不見不聞，至神則獨知獨見。〇《史記》、《春秋》由隱以之顯，《易》推見至隱。**夫婦**倫理學始於男女有別，故以夫婦言之。**之愚，**匹夫匹婦，謂賤者，愚，謂不智，又，愚而好自用，此指卑近者。**可以與知焉**。布、帛、菽、粟。**及其至**本章三言"至"字，凡"至"字皆爲天學，如至人、至道(最高的原則，準則)、至誠(儒家所稱道德修養的最高境界。《中庸》："唯天下至誠，爲能經綸天下之大經，立天下之大本，知天地之化育。"朱熹《集注》："至誠之道，非至聖不能知；至聖之德，非至誠不能爲。")、至聖是也。凡物極必反，大巧若拙、大智若愚、無服之喪、無聲之樂、無體之禮(無服之喪，謂有悲惻

之心而無服喪之舉；無聲之樂，即沒有聲音的音樂；無體之禮，即沒有一定
動作儀式的禮節。見《禮記·孔子閑居》：“孔子曰：‘無聲之樂，無體之禮，
無服之喪，此之謂三無。’”孔穎達疏：“此三者皆謂行之在心，外無形狀，故
稱無也。”），皆與“至”字同義。**也，**至人、真人之事。**雖聖人**顓頊（上古
帝王名。“五帝”之一，號高陽氏，相傳爲黃帝之孫、昌意之子，生於若水，
居於帝丘，十歲佐少昊，十二歲而冠，二十登帝位。在位七十八年）以下，人
帝。至人以上爲天學，聖人爲人帝，《五帝德》自顓頊起，合舜爲五帝。**亦有
所不知焉。**《論語》：“未知生，焉知死？”（語出《論語·先進》：“季路
問事鬼神。子曰：‘未能事人，焉能事鬼？’曰：‘敢問死。’子曰：‘未知生，
焉知死？’”）知生之事，愚者能之。至於知死，惟至人始能之。**夫婦之不
肖，**九等。中人以下二十五人下五等。**可以能行焉。**如倫常禮節，各人
私德，與夫夫婦婦，凡人所能。**及其至也，**至人，在聖人之上，《上古天真
論》（《黃帝内經·素問》）：“上古有真人，中古有至人。”**雖聖人**《上古
天真論》：其次有聖人①二十五人，聖人在第五等。**亦有所不能焉。**《論
語》：“未能事人，焉能事鬼？”六合以外，聖人存而不論。**天地**世界。星辰
在地以上者，爲天，如金星、水星。在外者，爲地，如火、木、土三星。推之恆
星，更爲廣大。**之大也，**《老子》：“天大，地大，人亦大。”上天下地，人在
其中。**人猶有所憾。**天無全功，地無全能。天能覆而不能載，地能載而不
能覆。**故君子語大，**宋玉《大言賦》，如《莊子·秋水篇》。**天下**《詩》：
“普天之下”（語出《詩·小雅·北山》：“溥天之下，莫非王土，率土之濱，
莫非王臣。”），凡恆星，天亦在焉。**莫能載焉。**《列子》：“安知天地之外，
不有大天地者乎。”（語出《列子·湯文》，引文有異。原文爲：“朕亦焉知天
地之表，不有大天地者乎。”）故天有九重（九層），地有九淵。**語小，**宋玉
《小言賦》，微生物之學。**天下莫能破焉。**蝸角（蝸牛的觸角，比喻微小
之地）蠻觸（《莊子·則陽》：“有國于蝸之左角者，曰觸氏；有國於蝸之右角

① “人”字原脱，據《黃帝内經·上古天真論》補。

者,曰蠻氏。時相與爭地而戰,伏屍數萬,逐北,旬有五日而後反。"後以"蠻觸"爲典,常以喻指爲小事而爭鬥者),目不能見其形,耳不聞聲。**《詩》云:**《詩》,天學,專言上下,去世離俗,上下相通。〇《大學·平天下章》五引《書》①,爲五帝,三引《詩》②,爲三皇,《中庸》引《詩》不引《書》③,故爲天學。**"鳶飛"**鵰屬。《莊子》:"夢爲鳥而戾天。"(語出《莊子·大宗師》:"且夢爲鳥,則飛戾於天。")**戾天**,通天。〇《詩》:"匪鶉匪淵,翰飛戾天。"(語出《詩·小雅·四月》,"淵"當爲"鳶")**魚**鯤之屬。《莊子》:"夢爲魚而潛淵。"(語出《莊子·大宗師》:"夢爲魚,則没於淵。")**躍**yuè**於淵**",**"躍",古"逃"字。《史記》"漢王逃",作"跳",跳、躍古字通。鳶上升,魚下沈。故《詩》曰:"匪鱣匪鮪,潛逃於淵。"(語出《詩·小雅·四月》)〇外附《魚鳥論》④列後。**言其上下**天地,地球,在中爲人。**察也。**《詩》、《易》,天學,寄言上下二經中,以魚、鳥見例,足見至人以上,與天地相通,而聖人不離世、不去俗。〇《上古天真論》所謂"去世離俗",游於六

---

① 《大學·平天下章》五引《書》,分別爲:《康誥》曰:"惟命不于常";《楚書》曰:"楚國無以爲寶,惟善以爲寶";舅犯曰:"亡人無以爲寶,仁親以爲寶";《秦誓》曰:"若有一个臣,斷斷兮無他技,其心休休焉,其如有容焉。人之有技,若己有之。人之彦聖,其心好之,不啻若自其口出,寔能容之,以能保我子孫黎民,尚亦有利哉。人之有技,媢嫉以惡之,人之彦聖,而違之俾不通,寔不能容,以不能保我子孫黎民,亦曰殆哉";孟獻子曰:"畜馬乘不察於雞豚。伐冰之家不畜牛羊,百乘之家不畜聚斂之臣,與其有聚斂之臣,寧有盜臣"。

② 《大學·平天下章》三引《詩》,分別爲:《詩》云:"樂只君子,民之父母"(《詩·小雅·南山有臺》);《詩》云:"節彼南山,維石巖巖。赫赫師尹,民具爾瞻"(《詩·小雅·節南山》);《詩》云:"殷之未喪師,克配上帝。儀監于殷,峻命不易"(《詩·大雅·文王》)。

③ 《中庸》所引《詩》,分別爲:《詩》云"鳶飛戾天,魚躍于淵";《詩》云:"伐柯伐柯,其則不遠";《詩》曰:"妻子好合,如鼓瑟琴,兄弟既翕,和樂且耽,宜爾室家,樂爾妻帑";《詩》曰:"神之格思,不可度思,矧可射思";《詩》曰:"嘉樂君子,憲憲令德!宜民宜人,受禄于天,保佑命之,自天申之";《詩》曰:"維天之命,於穆不已";《詩》曰:"既明且哲,以保其身";《詩》云:"在彼無惡,在此無射,庶幾夙夜,以永終譽";《詩》曰:"衣錦尚絅";《詩》云:"潛雖伏矣,亦孔之昭";《詩》云:"相在爾室,尚不愧于屋漏";《詩》曰:"奏假無言,時靡有爭";《詩》曰:"不顯惟德,百辟其刑之";《詩》云:"予懷明德,不大聲以色";《詩》曰:"德輶如毛","上天之載,無聲無臭"。

④ 依下文,當作"鳥魚例"。

合以外，游於無何有之鄉[1]。（見《黃帝内經·素問·上古天真論》："中古之時，有至人者，淳德全道，和於陰陽，調於四時；去世離俗，積精全神，遊行天地之間，視聽八達之外；此蓋益其壽命而强者也，亦歸於真人。"）**故君子之道，**《大學》："自天子以至於庶人，壹是皆以修身爲本。"**造端**（開始，開端）**乎夫婦，**倫理學首於別男女。《禮》（即《禮記·昏義》）曰："夫婦有義，而後父子有親；男女有別，而後夫婦有義。故禮始於先別男女。"（《禮記·昏義》表達有異，爲"男女有別，而後夫婦有義；夫婦有義，而後父子有親"）○外附《本末論》列後。**及其至也，**三"至"字，皆天學，此包始終本末先後，言由遠自邇，升高自卑。**察乎天地。**聖人不能知，不能行，察天地，即《楚辭》之"上征"（上升。《楚辭·離騷》："駟玉虬以乘鷖兮，溘埃風余上征。"）、"下浮"（《楚辭·九章·哀郢》："將運舟而下浮兮，上洞庭而下江。去終古之所居兮，今逍遥而來東。"），《莊子》"游塵垢之外"。○外附《十二經終始》，列後。

　　魚鳥例　《春秋》、《尚書》文義明白，同史書體，此爲人學。六合以内，可見施行，語皆切實。《詩》、《易》天學，體同辭賦，託物起興，言無方體。凡屬詞賦，皆詳魚鳥。經固創例，《列》、《莊》、《楚辭》，漢初辭賦，亦同此例。六合以外，上天則爲鳥，下地則爲魚，此去世離俗之總例，《論語》"射御"（語出《論語·子罕》："達巷黨人曰：'大哉孔子，博學而無所成名。'子聞之，謂門弟子曰：'吾何執？執御乎？執射乎？吾執御矣。'"）、"釣弋"（語出《論語·述而》："子釣而不綱，弋不射宿。"），

---

[1]　無何有之鄉，語出《莊子·逍遥遊第一》："惠子謂莊子曰：'吾有大樹，人謂之樗，其大本擁腫，而不中繩墨，其小枝卷曲，而不中規矩，立之塗，匠者不顧，今子之言，大而無用，衆所同去也。'莊子曰：'子獨不見狸狌乎，卑身而伏，以候敖者，東西跳梁，不避高下，中於機辟，死於罔罟。今夫斄牛，其大若垂天之雲，此能爲大矣，而不能執鼠。今子有大樹，患其無用，何不樹之於無何有之鄉，廣莫之野，彷徨乎無爲其側，逍遥乎寢卧其下，不夭斤斧，物無害者，無所可用，安所困苦哉。'"

亦皆取此。又以"鳶飛魚躍"爲總標目焉。

論本末　以六藝爲本，六經爲末。六藝之小禮小樂，《學記·文王世子》（《禮記》篇名）二十以前所習者是也，而以別男女爲始基。書、數爲知育，射、御爲實業。凡人皆必習六藝，而後普通知識全，可爲公民。至於六經，其中又自有本末，人學爲本，天學爲末，"造端"與"至"，即十二經之終，舊以六藝稱六經，混十二經爲六經者，誤也。

十二經終始　《莊子》"孔子讕十二經"，舊以六經、六緯（六種緯書。即《易緯》、《尚書緯》、《詩緯》、《禮緯》、《春秋緯》、《樂緯》）解之，非是。此謂六藝、六經，共爲十二。考《論語》云："吾不試，故藝。"（《論語·子罕》）又曰："游於藝。"（《論語·述而》）《周禮》曰："德行道藝。"（語出《周禮·地官司徒》）又有"六藝"（《周禮·保氏》："養國子以道，乃教之以六藝：一曰五禮，二曰六樂，三曰五射，四曰五馭，五曰六書，六曰九數。"）明文。今以六藝、六經合爲始終十二經，六藝爲普通學，必通於此，而後人格全。凡今外洋之學，大抵爲六藝所包。至於六經，則爲治平學，而天學更上下位育，則爲專門學，原始要終，始於男女有別，而終於天仙神化，此十二經之終始也。

孔子天學上達説

[題解]孔子天學理論，主要體現在《詩經》、《易經》中，《楚辭》爲《詩經》支流。如拘於本地球而言，則經學爲人學，《春秋》、《禮》、《尚書》明言人學。《詩經》、《樂》、《易》所言則爲天學，十五《國風》與天上星辰相對應，所指均非地球上事。天地變化，《易》、《詩》僅言大略。若干年後，人種進化，人人同有神通，各具佛慧，方能言及孔經天學。如今孔子新經，不過略行六分之一，萬年以後，乃能及其天學。

孔子天學，詳於《詩》、《易》，《天學人學表》(即《天學表》、《人學表》，見《四益館經學四變記》)詳矣。以上下戾天、逃淵之魚鳥爲起例。窮則變，變則化，化則通。欲上升則化鳥，"匪鶉匪鳶，翰飛戾天"，《莊子》所謂"夢爲鳶而戾天"。欲下降則爲魚，"匪鱣匪鮪，潛逃於淵"，《莊子》所謂"夢爲魚而潛淵"。《楚辭》爲《詩》之支裔，專明《詩》説。其言上征、下降、遠游(《楚辭·遠遊》："悲時俗之迫阨ê兮，願輕舉而遠遊。")、魂游、招魂(《楚辭》有《招魂》篇，漢代王逸《題解》："《招魂》者，宋玉之所作也……宋玉憐哀屈原忠而斥棄，愁懣山澤，魂魄放佚，厥命將落。故作《招魂》，欲以復其精神，延其年壽。")、大招(《楚辭》篇名。相傳爲屈原所作。或云景差作。王夫之解題云："此篇亦招魂之辭。略言魂而繫之以大，蓋亦因宋玉之作而廣之。"後用以泛指招魂或悼念之辭)，即謂天學之鳥魚例。《莊子》鯤魚(傳説中的一種大魚。《莊子·逍遙遊》："北冥有魚，其名曰鯤，鯤之大，不知其幾千里也。")，《論語》鈞弋，《中庸》上位下位(《中庸》："在上位不陵下，在下位不援上。")。佛書所謂天堂地獄，《詩》"惟岳"，地之五岳，《詩》"速我獄"，(《詩·召南·行露》："何以速我獄？雖速我獄，室家不足。")即地球在下者之五岳。在天爲神，在地爲祇(地神。《墨子·天志》中："紂越厥夷居，不肯事上帝，棄厥先神祇不祀。")，在中爲鬼，故游六合以内，爲人學，上天下地，爲神祇(天神與地神)學。

以《中庸》證之，其云"君子之道費而隱，中費，上下隱。夫婦愚不肖可知、能，淺近人事。至上升，下降。聖人有未知未能，至神至誠不能。語大《大言賦》。天下莫載，六合以外。語小《小言賦》。天下莫破"(語出《中庸》，所引與原文字句有差異。原文云："君子之道費而隱，夫婦之愚，可以與知焉，及其至也，雖聖人亦有所不知焉；夫婦之不肖，可以能行焉，及其至也，雖聖人亦有所不能焉。天地之大也，人猶有所憾。故君子語大，天下莫能載焉；語小，天下莫能破焉。")。一塵一沙，一涓一埃，爲一世界，萬物備具。引《詩》以明上下察。上升下降，周游六漠，《詩》鳥魚例。結曰："君子之道，孔子，天人。造端乎夫婦。地球，小康，一家一身。及其至也，至爲至人標目，天學稱至人至誠。察乎天地。上升天堂，下降地獄。周游六虛，游乎塵垢(灰塵和污垢，藉指世俗。《莊子·齊物論》："無謂有謂，有謂無謂，而遊乎塵垢之外。")之外，以地球爲一塵一垢。無何有之鄉(指空無所有的地方。《莊子·逍遙遊》："今子有大樹，患其無用，何不樹之於無何有之鄉，廣莫之野。")。不可聞見。

王字於文，十爲地球四方。爲人事，中行。一上天，一下地。即神祇，狂狷(指志向高遠的人與拘謹自守的人。《論語·子路》："子曰：'不得中行而與之，必也狂狷乎！狂者進取，狷者有所不爲也。'")。拘於本地球，但爲人道之近學，不足以合天地，爲天人交際之君子。此天人二學所以各分三經。

人道邇，故《春秋》、《禮》、《尚書》明言之。舊以爲伯王述古，故明言，誤，今改爲地球四統，人學。天道遠(語出《左傳》昭公十八

年："天道遠，人道邇，非所及也。"），故《詩》、《樂》、《易》三經，
託之歌詠卜筮。舊以爲皇帝侯後學，故託詞，今改爲上下天地學，仍有
四等。是《詩》、《易》之上下升降飛逃，皆爲三才學，通天地
人之故，二①十五國爲風，十五國配三垣(我國古代天文學家將
天體的恒星分爲三垣、二十八宿及其他星座。三垣，即太微垣、紫微垣、天市
垣的合稱)、十二次、十二月。每國之中，大者爲一垣，數十百
里爲一局，次爲一宿，數十星爲一局。在小爲一恆星之昴
(mǎo，星宿名，二十八宿之一，白虎七宿的第四宿)，所謂以十數計。
諸星上下無常，故每國中，自爲一局。各有四方上下，同爲
大氣所浮舉，故曰《國風》，即《莊》之天籟(自然界的聲響)、
地籟(風吹大地的孔穴而發出的聲響)、人籟(人吹簫所發出的音響)。(語
出《莊子·齊物論》)《列》之"御風而行"(語出《莊子·逍遙遊》)，
且即《詩》之"駕言出游"(語本《詩·邶風·泉水》："駕言出游，以
寫我憂。"後用以指代出游，出行)，當據《楚辭》以解之，既非本地
球之事，爲萬世後之進化言。

　　故孔子就地球人事言，爲聖人。就上下言，故有至人、
神人、至誠之目，《論語》"禱爾於上下神祇"(語出《論語·述
而》："子疾病，子路請禱。子曰：'有諸？'子路對曰：'有之。誄曰："禱爾于
上下神祇。"'子曰：'丘之禱久矣。'")、"上升下降，周游六漠"之
説也。

　　神祇即天，別言天者，本地球爲行星之一世界，由地
球推行星，由行星推日系大世界，由日系推昴星世界海，
由昴星以推大恆星世界性，由一恆星以推恆星合世界種。
一宿爲合。以恆星合以推恆星總，七宿爲一總。合諸總爲一垣，
一元。此天學者，大約有此七等之分，元、種、性、海、大千世界，大
世界、一世界。故有五天、九天之説。

---

① 依照文義，"二"字衍。

《易》所謂仰觀、俯察、曲成、範圍(語出《易·繫辭上》："範圍天下之化而不過，曲成萬物而不遺。")，先天、後天(先天，謂先於天時而行事，有先見之明。後天，後於天時而行事。見《易·乾》："夫大人者，與天地合其德；與日月合其明，與四時合其序，與鬼神合其吉凶，先天而天弗違，後天而奉天時。")、天道(見《易·謙》："謙亨，天道下濟而光明。")、人道(見《易·繫辭下》："有天道焉，有人道焉。")、人謀、鬼謀(見《易·繫辭下》："人謀鬼謀，百姓與能。"孔穎達疏："卜筮於鬼神，以考其吉凶，是與鬼爲謀也。")、精氣、游魂(見《易·繫辭上》："精氣爲物，游魂爲變。")，皆爲天人通貫，爲普天之至神，非僅一地球之聖人而已。

《莊子》曰："六合以外，聖人存而不論。"蓋聖人爲六合以内立法，不能恢詭(荒誕怪異)，過於不經。故聖人專詳六合以内，而至誠、神人、化人，則合内外言之。故天地變化，《易》、《詩》僅言大畧，隱而未發。道家之《列》、《莊》，釋書之《華嚴》(書名，全稱爲《大方廣佛華嚴經》，是中國華嚴宗和法相宗據以立宗的經典之一)，乃發揮無遺，其宗旨皆爲《詩》、《易》所包。前人説論已詳。謂六藝無《楚辭》之"上征"、"下降"，不可也，謂天堂、地獄遂別自名家，爲孔子所未嘗言，則尤不可也。

昔者方士揉合道、釋於六藝，識者莫不非之，今乃拾其餘唾者，以前爲蠻野之牽合，今則爲文明之變通。人種進化，至於千萬年後。輕身(謂使身體輕健而能輕舉飛升)服氣(吐納。道家養生延年之術)，鍊氣(指習靜呼吸以求長生之術)歸神(靜性養心)，衆生(泛指人和一切動物)一律，同有佛慧(佛教語。唯佛具有的至大至圓的智慧，即無上正等正覺。此種智慧能如實覺知一切真理，瞭知一切事物)，各具神通。入實無間，入虛如實，"水不濡，火不熱"(語出《莊子·大宗師》："古之真人……登高不慄，入水不濡，入火不熱。")，然後有飛仙神游，如《楚辭》之明説者。

在彼時爲普化，衆生同等，往來無閒。生於其時之人，亦同仙佛，具大智慧、大神通，同爲恆河沙數（佛教語。形容數量多至無法計算。《金剛經・無爲福勝分》："以七寶滿爾所恆河沙數三千大千世界，以用布施。"）百千億萬之化身，不似從前之説，一人潛修，偶爾能驚世駭俗，叱爲神怪，不能加乎齊民（平民、百姓。《莊子・漁父》："上以忠於世主，下以化於齊民。"）以爲世法，則君子所不取。

若由後言，則爲日用尋常，周游六漠，亦如車舟往來郡國，人人能知能行，即所謂衆生皆佛。乃平常進化之極典，故不以爲奇怪而斥之。前後之取舍不同者，時勢爲之也。況今去孔子卒二千五百年，四等尚在王運，必數百年而後帝，地球五分十分。數千年而後皇。地球大一統。三皇住世，周環以後，大約在萬年後。地球盡已開化，同爲今之亞、歐，同時頒二十五曆，内治既已休明（美好清明），然後屝棄塵土，指爲蠻觸，如《楚辭》憤而求去，乃上下周旋，以自寫（傾吐，傾述）其憂，開此遠游神化之派，爲天地之交通，人神之共貫，然後學問之能事畢，孔子之行志全，即所謂學貫天人也。

方今三千年内，大抵不出《春秋》治法。今之世局，如大春秋。《尚書》主帝皇，非再萬年不能盡。孔子新經，不過畧行六分之一。萬年以後，乃能及其天學，又何廢經偏經之可言。如期求用世，專治《春秋》、《尚書》可也。講時務者，方求切效於數年數十年内，今爲此説，亦可謂迂闊不近事情。然分知行，辨小大，先師之説詳矣，並行不悖，無所取舍，或近或遠，各擇善從之可也。

附 人天學内外不同説

人學由伯、王以推皇、帝，自内而外，以五服言之，伯占冠，王占衣服，小帝占帶，大帝小皇占裳服，大皇占履服，由內推外，愈加愈大，如《春秋》九州在中國之心，推及要、荒，《海內四經》則爲王，《海外四經》則爲帝，《大荒四經》則爲皇，伯雖小，乃積天下中心以起例。天學之中心，則在三垣。如以人事例之，則當以三垣、北辰爲伯推之，加四宮爲王爲帝，徧統諸天星辰乃爲皇，此由中以推外之說也。今以本世界爲君，日系世界爲伯，昴星爲王，四宮列宿爲帝，三垣爲皇，則由外以推。

附 人天學說具于佛經說

佛書舊說地統月，合行星、小星以繞日，日統行星以繞昴星，凡得恆河沙數成天河（天空聯亙如帶的星群）之星團，是爲一大千世界（佛教語。"三千大千世界"之省稱，後亦以指廣闊無邊的世界），此大千世界之昴星，繞日與行星與月，以至於天河之星團，凡得恆河沙數各星團、星林、星雲、星氣，是爲一世界海（世界海即十佛攝化之諸種世界。爲"國土海"之對稱。據《華嚴五教章》卷三載，世界海有三類，此處指三千界外十重世界海，又作界外十重世界海、十重世界，相當於地上菩薩之境界）。恆河沙數世界海爲一世界性，恆河沙數世界性爲一世界種，恆河沙數世界種爲一華藏世界（佛教指釋迦如來真身毘盧舍那佛淨土，是佛教的極樂世界，由寶蓮花中包藏的無數小世界組成），華藏世界以上，始足爲一元，以外則所不能稽。

又，四大部州繞須彌山（梵語sumeru的譯音。或譯爲須彌樓、修迷盧、蘇迷盧等。有"妙高"、"妙光"、"安明"、"善積"諸義。原爲古印度神話中的山名，後爲佛教所採用，指一個小世界的中心。山頂爲帝釋天所居，山腰爲四天王所居。四周有七山八海、四大部洲）爲一世界，本地球爲南贍部州（佛教宇觀中四大部洲之一，位在須彌山南面鹹海中，以盛產贍部樹而得名，或譯作"南閻浮提"）。

案，"世界"之説（佛教語，猶言宇宙，世指時間，界指空間。《楞嚴經》卷四："何名爲衆生世界？世爲遷流，界爲方位。汝今當知，東、西、南、北、東南、西南、東北、西北、上、下爲界，過去、未來、現在爲世。"），隋唐以前華人就梵書翻譯而成。當時地球未出，行星之爲地球繞日之測驗未明，佛言宏大，所有海、性、種、元大千世界，各以意爲之立説。近人乃就西人所測，參合佛書，立論如前，如以目所見之周天（滿天）星辰，統名爲昴星所繞之大千世界，是昴星爲周天各星之主，合目所能見與遠近所測，此足爲大千世界之一，更有海、性、種、元等大名號，是此大千世界，尚不得比於恆河之一沙、世界之一塵。大而無當，使人失所憑依。能博而不能約，亦失立教宗旨。

考行星有八，經傳則但言五星。緯不止於五，然常人目所能見者，止於五，故以五立説。考西人新測天王、海王，須於觀星臺用至精之遠鏡求之，亦不能時時皆可見。西人非專門天文家，見此星者每少。天河爲星團星光，已屬不可究詰，又別有恆河沙重重無限之天河，所謂閎大不經，毫無實用。又如以地球爲南贍部州，若以日比須彌山，則行星又不止於四，日又非山可比，此皆當時地球未出，觀星未審，故誤繹（推理）佛説。今切就經傳，參合兩書，別爲立説。

以地球爲一世界，世界即《周禮》之"世一見"（《周禮》："九州之外謂之蕃國，世一見。"），千里一畿以爲一界，三萬里立三世界。統地球而言，爲世界。日統八行星小行星，則爲一大世界，《論語》"譬如北辰，居其所，而衆星拱之"（語出《論語·爲政》："子曰：'爲政以德，譬如北辰，居其所，而衆星共之。'"），《禮記》"前朱雀（星宿名。二十八宿中南方七宿〔井、鬼、柳、星、張、翼、軫〕的總稱）後玄武（二十八宿中北方七宿〔斗、牛、女、虛、危、室、壁〕的合稱，以其排列之形如龜而得名），左青龍（東方七宿〔角、亢、氐、房、心、尾、箕〕的總稱）右白虎（西方七宿〔奎、婁、胃、昴、畢、觜、參〕的總稱），招搖（星名。即北斗第七星搖光。亦借指北斗）在上"（語出《禮記・曲禮上》）。

就目所能見周天之星辰，就地球中"辨方正位，體國經野"（語出《周禮・地官司徒》），設官分職之法，推之於天下，北斗爲地軸，三元居中，爲上、中、下三皇三統，以四宮二十八宿爲四方諸侯。二十八宿，少者三四恆星爲一宿，多者至於三十二恆星，一恆星爲一日，但以井宿言，三十二大日，譬如日系大世界爲三十二，加大比於昴星，則爲三百二十，以一行星推之，知已有三千五百六十地球之世界，合二十八宿言之，已在數萬以上。雲漢（銀河，天河。《詩・大雅・棫樸》："倬彼雲漢，爲章于天。"《毛傳》："雲漢，天河也。"）比於分陝之山河兩界，以外有名無名之數恆星，以配諸國人民百物，由所見以推所不見，合爲天皇之大一統，如地球世界之有皇，則爲佛書之元。五帝分方，每帝王一萬二千里。天之四宮分占四方，青龍、白虎、朱雀、玄武。用七政①例，以一中心統上下四旁之六宿，如地之五帝，爲一華藏世界。七宿之中，每一宿爲一世界種，以有名無名，不在二十八宿三元四宮之恆星，爲性海。一地球爲一世界，一日爲一大千世界。一宿如昴星者爲一王，昴宿所統之日系爲一伯。就周天星辰分其大小位次，畧爲四等。一日大約如地球方千里之一州，《天文訓》（《淮南子》篇名）、《天官書》（《史記》篇名。記載秦、漢天文制度和觀測天文的結果）與《月令》（《禮記》篇

---

① 七政，古天文術語。説法不一：（1）指日、月和金、木、水、火、土五星。《書・舜典》："在璿璣玉衡，以齊七政。"《孔傳》："七政，日月五星各異政。"孔穎達疏："七政，謂日月與五星也。"（2）指天、地、人和四時。《尚書大傳》卷一："七政者，謂春、秋、冬、夏、天文、地理、人道，所以爲政也。"（3）指北斗七星。以七星各主日、月、五星，故曰七政。《史記・天官書》："北斗七星，所謂'旋、璣、玉衡以齊七政'。"

名。禮家合《呂氏春秋》十二月紀之首章而成。所記爲農曆十二個月的時令、行政及相關事物，後用以特指農曆某個月的氣候和物候），其餘天文辨方分野，亦如地球之《地形訓》（《淮南子》篇名）、《地理志》（《史書》的一種體裁，創於《漢書》，主要記載建置沿革，各地山川、戶口、物產和文化等）。天文證驗，上下相同。除常見之星以外，其遠者，則亦如地球中之夷狄荒遠，天子所不治，來去無常，故以目所見之四宮，爲四岳，以所不見者，爲四夷。諸星之大小尊卑，亦如地上人事之法。此孔子天人之學也。

墨家道家均孔學派別論

[題解]據《廖季平年譜》，該文作於光緒三十二年(1906)。廖平在此篇中認爲墨家、道家均屬於孔學之一派。墨家以《詩》、《書》、《春秋》立說，稱引經傳，與孟子、荀子相同，爲孔子之徒，屬於孔門尚質一派。道與墨同出於六經，《列子》、《莊子》所言孔子，較老子尤詳。凡所稱述，皆爲《詩》、《易》師說，與《楚辭》相吻合。《道德經》爲孔門七十子所傳，絶非老子自作。

《論語》有"從先進"(語出《論語·先進》："子曰：'先進於禮樂，野人也。後進於禮樂，君子也。如用之，則吾從先進。'")之說，《中庸》則云"從周"(語出《中庸》："子曰：'吾説夏禮，杞不足徵也。吾學殷禮，有宋存焉。吾學周禮，今用之，吾從周。'"朱熹《中庸章句》："三代之禮，孔子皆嘗學之而能言其意；但夏禮既不可考證，殷禮雖存，又非當世之法，惟周禮乃時王之制，今日所用。孔子既不得位，則從周而已。")，二者相反，不知"從周"則爲儒，"先進"則爲墨，致莊子以六藝爲道(《莊子·天下篇》稱："《詩》以道志，《書》以道事，《禮》以道行，《樂》以道和，《易》以道陰陽，《春秋》以道名分。")，諸子爲方術。諸子在六藝(指儒家的"六經"，即《禮》、《樂》、《書》、《詩》、《易》、《春秋》)後，九流(先秦的九個學術流派，即儒家、道家、陰陽家、法家、名家、墨家、縱橫家、雜家、農家)出於四科(孔門四種科目，指德行、言語、政事、文學)，諸子爲六藝之支流，固一定之制也。《禮記》以《詩》、《書》、《禮》、《樂》爲四術、四教(《詩》、《書》、《禮》、《樂》四種經術。《禮記·王制》："樂正崇四術，立四教，順先王，《詩》、《書》、《禮》、《樂》以造士，春秋教以《禮》、《樂》，冬夏教以

《詩》、《書》。”），春《詩》、夏《樂》、秋《書》、冬《禮》。《六家指要》(即《史記·論六家要旨》，敘述了先秦時期六個學術流派)道爲《易》，陰陽即《春秋》，二者居中，爲皇、帝，東儒，西墨，南名，北法，四家分方，亦如四經分學。後世誤以六經爲全屬儒家之私書(此指儒家一派的經典)，諸子遂別於儒，目爲異端，或託《春秋》以前人，或雖在孔後，別成一派，如墨是也。

至聖兼包諸家，故《論語》謂之“無名”。今之報章，或以爲宗教家、教育家、哲學家、政治家、理想家，以後來之科目，强以名(稱呼)如天之至聖，與以專屬傳經之儒家，皆爲謬妄。《史記·世家贊》(即《史記·孔子世家》贊)曰：“言六藝者，皆折中孔子。”(語出《史記·孔子世家》：“自天子王侯，中國言六藝者折中於夫子，可謂至聖矣。”)

墨子主乎《詩》、《書》、《春秋》立説，其稱引經傳，與孟、荀同，固不問而可知爲孔子之徒。《淮南子》明言“墨子學於儒者，憤世勢之濁亂，乃專言夏禮”。(語出《淮南子·要略》：“墨子學儒者之業，受孔子之術，以爲其禮煩擾而不説，厚葬靡財而貧民，服傷生而害事，故背周道而用夏政。”)考博士(古代學官名。六國時有博士，秦因之，諸子、詩賦、術數、方伎皆立博士。漢文帝置一經博士，武帝時置“五經”博士，職責是教授、課試，或奉使、議政)傳經，有文、質二派。文家尊尊(敬重尊貴的人)，爲東方儒者之説。質家親親(愛自己的親屬)，爲西方剛毅之説。《論語》“禹吾無間然章”(語出《論語·泰伯》：“子曰：‘禹，吾無間然矣。菲衣食，而致孝乎鬼神；惡衣服，而致美乎黻冕；卑宫室，而盡力乎溝洫。禹，吾無間然矣！’”)、“林放問禮章”(語出《論語·八佾》：“林放問禮之本。子曰：‘大哉問！禮，與其奢也，寧儉；喪，與其易也，寧戚。’”)、“禮云禮云章”(語出《論語·陽貨》：“子曰：‘禮云禮云，玉帛云乎哉？樂云樂云，鐘鼓云乎哉？’”)，《公羊》所謂“改文從質”者，全爲墨家所主。由質近於野，先進野人，後進君子。博士雖有"殷質周文"(語出《禮記·表記》)之説，夏在殷前，猶專屬於質。《禮緯》言夏爲"三月之喪"，至周乃有"期年"(一年)以至於三年。儒家主文，爲從周之説。墨子專傳孔子尚質一派，爲夏禮。江都汪氏，考證墨子用夏禮説詳明。是孔與墨，指子思爲孔子，非真孔也。《非十二子》(《荀子》篇目，評析先秦諸家學説的得失)有子思以孔子爲至聖可見。同爲孔子之學，一質一文，儒固不能規步(行步端正。喻合乎法度)孔子，墨亦不能自外生成。

今之報界諸公，不知儒墨之孔爲子思，遂謂墨爲孔子之敵，於六藝外別樹一幟。因誦《墨經》一語，與《墨子》所引經，或爲異文，或爲師説。《國粹報》(即由鄧實、黄節主編的《國粹學報》，以"發明國學，保存國粹"爲宗旨，在對我國學術源流派別的疏通整理方面，做了不少開創性的工作)遂謂墨別有六經，不知墨子所引，全屬孔經，儒、墨可以相攻，而孔、墨不容並議。蓋就教化言，中國占文明之先，儒家爲主，墨家爲客。

《莊子》云："墨子之徒，述墨經，與儒者不同。"《墨子》有《經上》、《經下》篇，《莊子》本據墨子之經而言，故稱曰"墨經"，并非謂孔子有六經，《墨子》亦有六經，墨遂超子思而敵孔子。蓋孔子萬世師表，經傳所言，原始要終，非數千萬年，不能見諸實行。儒者子思以下，欲於戰國之世，將聖經全見施行，非實行則不能存，故秦皇、漢武皆行皇帝之事，《史記》所謂"無其德而用其事"(出自《史記·封禪書》)者。

《墨子》循序漸進，戰國只能用夏禮三月，待千萬年後，文明程度進化，乃用九月、期年、三年。若如孟、荀之説，六經之説，皆可于戰國實行，是六藝爲戰國一時而言，無以爲萬世師表地步。《墨子》則爲循序漸進，小行之于戰國中國，用夏禮三月之喪。大行之全球，引導西人，先爲三月之喪。儒者爲兼營並進，以存經。非儒者，則經傳之全體不能存。《墨子》如《公羊》"許夷狄者，不一而足"（出自《公羊傳》文公九年："始有大夫，則何以不氏？許夷狄者，不一而足也。"），待人後行，乃足下俟萬世，一爲存經而言，一爲行經而設。

墨家創其始，儒家要其終。墨爲西方之質，儒爲東方之文。二者皆爲孔子功臣。原始要終，缺一不可。故在當日則爲冰炭水火，勢不兩立。自今日觀之，則水乳交融。非儒不足以存經，非墨不足以俟後。先進、後進，儒、墨之所以分。子思、墨翟可并言，而孔子與儒、墨，萬不可并列。

考東方木德（秦漢方士以金木水土五行相生相勝，附會王朝的命運，以木勝者爲木德），其行仁。西方剛毅，所謂金主義。東方柔德，故儒教迂緩。墨家則爲天水訟（訟，《易》卦名。上卦爲乾，代表天，下卦爲坎，代表水，故稱天水訟）。訟字從公，故墨家向①同。《詩》云："雨我公田，遂及我私。"（語出《詩·小雅·大田》）天雨，無不被其澤，所以爲公。考世界之進化，皆先野後文。《論語》所謂先進野人，後進君子，故質家宜在文家之先。孔子作經，正當戰國，必先質後文。先行三月之喪，而後可以徐推至於三年。儒家之說，所以存經，如當時專用墨子派，則經說無以自存於天地之間。二家於時，互有長短，交相爲用，不可偏廢。

西人爲墨家，中國爲儒家。以俟後言之，中國所謂無其德而用其事，爲大過，西人專用墨派，未免不及。中外交通，爲古今一大變局。墨家居簡行簡，質勝文則野。儒家一于主文，未免文勝之弊。《說苑》引孔子見子桑伯子，謂子桑伯子質有餘而文不足，欲以我之文化（教化，感化）其野。

---

① "向"，疑作"尚"。

子桑伯子亦專就儒家言孔子，謂儒家文有餘而質不足，欲以我之質化其文(參《說苑·修文》："孔子見子桑伯子，子桑伯子不衣冠而處，弟子曰：'夫子何爲見此人乎？'曰：'其質美而無文，吾欲說而文之。'孔子去，子桑伯子門人不說，曰：'何爲見孔子乎？'曰：'其質美而文繁，吾欲說而去其文。'")。蓋以分方言，則東木西金，一柔一剛，一文一質，各不相同。大同之說，則相反相成，柔必取剛，剛必取柔，二者混化爲一。在《尚書》曰"柔而栗，剛無虐"(語出《尚書·舜典》)，在《論語》曰"溫而厲，威而不猛"(語出《論語·述而》，溫和而又嚴肅，有威嚴但不兇猛)，又曰"文質彬彬，然後君子"。(語出《論語·雍也》，文采和質樸搭配得當，這樣才可以成爲君子)此儒、墨二家，一柔一剛，一進一退，一文一質，一後一先。自其分而言之，至如冰炭水火之不能相容，自其合言之，則如水乳膠jiāo漆(水和乳極易融合，比喻情意融洽無間。膠與漆，指黏結之物，此指事物的牢固結合)。此至聖六經爲其大成，而儒、墨特其中之一小部分。古書多以孔墨、儒墨並稱，子思爲儒，孔子固非儒。孔、墨并稱之"孔"，則必以爲子思。蓋子思爲大宗，九流皆係支派，萬不可以諸家相提并論矣。右論墨家。

　　《六家旨要》(當爲《論六家要旨》，該文出自《史記·太史公自序》，論述道家說："道家使人精神專一，動合無形，贍足萬物。其爲術也，因陰陽之大順，采儒墨之善，撮名法之要，與時遷移，應物變化，立俗施事，無所不宜，指約而易操，事少而功多。")言道家順陰陽，統儒墨，綜名法，集其大成，見在說者。卑則以孔爲儒，高則以孔爲道，夫以孔爲道，似也，而孔子不可爲道，則更有說。

　　《論語·言志章》(即《論語·先進》。子路、曾晳、冉有、公西華侍坐，孔子令其各言志向。曾晳的志向爲："莫春者，春服既成，冠者五六人，童子六七人，浴乎沂，風乎舞雩，詠而歸。")之曾晳(春秋魯人，曾參之父，名點，字子晳，孔子弟子，傳見《史記·仲尼弟子列傳》)，與"農山言

志"(可參考《孔子家語·致思》。孔子與弟子在農山言志,顏回的志向是:
"回願得明王聖主輔相之,敷其五教,導之以禮樂,使民城郭不修,溝池不
越,鑄劍戟以爲農器,放牛馬於原藪,室家無離曠之思,千歲無戰鬬之患,則
由無所施其勇,而賜無所用其辯矣。")之顏子(即顏回,公元前521-前490,
春秋魯人,字子淵,孔子弟子,好學,安貧樂道,在孔門中以德行著稱,後世
儒家尊爲"復聖"。傳見《史記·仲尼弟子列傳》),兼容并包,所謂道
家也。老子之外,列子、莊子、尹文(疑爲戰國時期稷下學士,其學
説出入於黃老申韓之間,主張接觸萬物要去除成見,對事物要綜名核實,統
治者應自處於虛靜,禁攻寢兵,減省情欲),皆所謂道家也。若孔子,
則爲至聖,爲六經,不惟儒非孔,即道亦非孔。

　　《莊子·天下篇》所言十子(墨翟、禽滑釐、宋鈃、尹文、彭
蒙、田駢、慎到、關尹、老聃、莊周、惠施),大抵皆道家者流,以老子
及己之自命(自許),皆自託于方術,以爲耳目口鼻,以六藝
爲心,爲至神天化。是莊子雖祖述老子,而不敢以老與孔
比。蓋道家雖較勝各家,然既有以道自名,則已落邊際,言
詮用(事理,真理。《淮南子·兵略》:"發必中銓,言必合數。"一説"銓"
當爲"鈴",同"權","發必中鈴",猶《論語》"慮中權")囿於(局限於)
一偏,爲諸子之一,而不敢與至聖比。舊説顏子爲道家,孔
子自謂其偏長,不及四子,四子"所以事我"者,如回"能
仁而不能小①"(語出《列子·仲尼》:"夫回〔即顏回〕能仁而不能反,
賜〔即端木賜,衛人,字子貢〕能辨而不能訥,由〔即子路〕能勇而不能怯,
師〔即子張,陳人,姓顓孫,名師,曾從孔子周遊列國,困於陳蔡之間〕能莊
而不能同。兼四子之有以易吾,吾弗許也。此其所以事吾而不貳也。")。顏
子本爲道家,而所以師事孔子,而一間未達(間,間隙。即僅差
一點點,而未能通達)者,則以其能大不能小,偏于一端。蓋至
誠如天,《論語》"賢者識大,不賢者識小","夫子焉不

---

① 據《列子集釋·仲尼篇》,"小"當作"反"。

學，而亦何常師之有"（語出《論語·子張》）。"子貢曰：'文武之道，未墜於地，在人。賢者識其大者，不賢者識其小者，莫不有文武之道焉。夫子焉不學，而亦何常師之有？'"）。《中庸》曰："大德川流，小德敦化。"（朱熹《中庸章句》："川流者，如川之流，脈絡分明而往不息也。敦化者，敦厚其化，根本盛大而出無窮也。"）此天地之所以爲大，而無所成名。如孟、荀講王學，則非毀桓、文（齊桓公、晉文公），列、莊言道德，則非毀仁義。以大小言之，道德固可以包王，王固可以包伯，言皇帝則專主道德，言王伯者則專主仁義，自立限畫，專門名家，不能相通。不惟儒家不敢自謂入聖人之域，即道家亦道其所道，能大而不能小，所以爲子學，亦如器皿雖有大小之別，然終囿于器。六藝高遠，即《論語·北辰章》（見《論語·爲政》："子曰：'爲政以德，譬如北辰，居其所而衆星共之。'"）及"無爲、無名、無我"爲道家所主者，不下數十章，爲列、莊所主。

王者制法，爲儒者所主固多，下至齊桓、晉文、管仲、晏子，亦皆推崇，辭無軒輊（zhì。車前高後低叫軒，前低後高叫輊。引申爲高低、輕重、優劣。典出《詩·小雅·六月》："戎車既安，如輊如軒。"）。不惟儒家，下至農家、縱橫家、小①雜家，亦皆祖述《論語》，《中庸》所謂"萬物並育而不相害，道並行而不相悖"。故云"道不同，不相爲謀"（語出《論語·衛靈公》），"攻乎異端，斯害也已"（語出《論語·爲政》）。兼容並包，不事攻擊，有始有卒，所以爲聖人，"夫子之門何其雜！"此《論語》所以兼包皇帝王霸、六藝九流、天人之學，無所攻擊于其際。至於諸子，有所從，則有所違，有所守，則有所攻，雖道家之莊、列亦然。蓋就諸子言，皆各有水火冰炭順逆違反之事。至聖則先後本末，無所不具。道家所以亦如

---

① "小"字後疑脫"説"字。

雜家，爲孔子之具體，而不能至聖域也。

　　自來説莊、列者，皆於孔子之外，自成一家。或者並以爲異端，而"無固"、"無我"(語出《論語·子罕》："子絶四，毋意，毋必，毋固，毋我。")宗旨，全見《論語》。道與墨同出於六藝，蓋道之深者，爲《詩》、《易》之天學，其淺者，爲《尚書》之人學。舊説以莊子爲子夏之門人，《列子》、《莊子》所言孔子，較老尤詳。凡所稱述，皆爲《詩》、《易》師説，與《楚辭》相脗(同"吻")合，故道家雖與小人儒(指追求名望的儒者。一説指無遠大見識，只追求眼前小功利的儒者。劉寶楠《論語正義》："君子儒能識大而可大受，小人儒則但務卑近而已。君子小人以廣狹異，不以邪正分。小人儒不必是矜名，注説誤也。")者有異同，實則君子儒。六藝之師説，不囿于儒，則道何以能出六藝範圍！

　　今所傳《道德經》，世或以老聃所言，道德本爲《尚書》所包，古無立言之事。凡諸子而皆出六藝後，今所傳《鬻熊》(亦作"粥熊"。楚之先祖，季連之苗裔。爲周文王師。其曾孫熊繹當周成王時，封於楚，後人托鬻熊名撰寫《鬻子》。《漢書·藝文志》著録道家《鬻子》22篇，小説家《鬻子説》19篇，《列子》引《鬻子》凡3條，皆黄老清淨之説)、《伊尹》(商湯臣，名摯，《漢書·藝文志》道家有《伊尹》五十一篇，小説家《伊尹説》二十七篇，久佚。《玉函山房輯佚書》有《伊尹書》一卷，一九七三年馬王堆三號漢墓出帛書有伊尹零篇六十四行)各書，自來皆以爲依託，惟《道德經》與孔子時别爲一派。考道德爲三皇五帝之學，必出在孔子後。《列子》引其文曰"皇①帝之書"，其所以引老聃説道德皆無之，是《道德經》爲七十子(儒家傳説孔子有學生三千人，其中賢弟子有七十餘人)所傳，絶非老子自作。

　　《楚辭》爲皇帝學，不主老子，惟韓非有《解老》、

《喻老》二篇，《史記》遂以與韓非同傳，謂"刑名出于道德"(語出《史記·老子韓非列傳》，稱韓非"喜刑名法術之學，而其歸本於黃老")。子書(舊時六經以外，著書立說成一家言者，統稱子書，如儒家、兵家、法家、道家、釋家、小說家等書)每多附益(附會，誇大其辭)，不必皆出其人，《管子》(舊題戰國管仲撰，二十四卷，原本八十六篇，今佚十篇。據近人研究，多認爲戰國秦漢時人假託之作)、《荀子》(戰國荀況撰，今傳《荀子》三十二篇，其學以孔子爲宗，主人性皆惡，須以禮義矯正)、《春秋繁露》是其明證。文帝尚黃老(黃帝和老子的並稱，後世道家奉爲始祖)，以《道德經》爲老子，皆出漢人之手。今《解老》、《喻老》皆出于蓋公(漢初膠西人，善治黃老言。曹參爲齊相，問治世之術，蓋公爲言治道貴清淨而民自定。參於是避正堂以舍蓋公，用其言，齊果大治，見《史記·曹相國世家》、《漢書·曹參傳》)等之手，其書藏在內府(皇室的倉庫)，與《韓非》合，校書時並以爲一書，不必出自韓非，亦如《管子》"解"、"問"凡十余篇，(《管子》以"解"、"問"爲目的篇章有：問第二十四，小問第五十一，桓公問第五十六，問霸第六十二，牧民解第六十三，形勢解第六十四，敗解第六十五，版法解第六十六，明法解第六十七，問乘馬第七十)俱是原書之後。大抵爲漢儒言管學者所附益，與原書有早遲之別。

攷《孟子》爲子書之正體，無一章不有"孟子"，以此推之，則凡有姓名者爲本書，無姓名者爲古書，或爲其人所傳授，如董子《爵國篇》，荀子之《樂記》(《禮記》篇名，《史記》題作《樂書》，戰國至秦漢間儒家所作。原有二十三篇，戴聖以十一篇輯入《禮記》，已亡失者十二篇。論述樂之起源、古樂新樂之區別及其社會作用等，因爲記樂之義，故名。《荀子》有《樂論篇》)、《禮論·三年問》(《禮記》有"三年問"篇，文字與《荀子·禮論》相同，此處當指《禮論》中論述"三年喪"的內容)諸篇。《呂氏春秋》之目，今或爲後人附益，如《管子》之《周禮》、《師說》各篇，與其"問"、"解"

各篇。韓非子《解老》、《喻老》，亦如《公羊》、《穀梁》、《喪服傳》(喪服，居喪所穿的衣服，如斬衰、齊衰、大功、小功、緦麻，今本《儀禮・喪服》包括經、傳、記，相傳其中的《喪服傳》爲子夏所傳)，大抵皆出于漢師。當時子書，自名一家，亦如《孟子》，不能以古書參雜其中，又不能爲別書所解說。此《老子》亦如《周禮》、《王制》(王者的制度。《荀子・正論》："是非之封界，分職名象之所起，王制是也。"《禮記》、《荀子》皆有《王制篇》)，爲聖門七十弟子之所傳，後人以爲老子所作，亦如後人以《周禮》爲周公所作，《王制》爲博士所作，《月令》爲呂不韋[①]所作，其實不如此也。右論道家。

---

① 呂不韋(?-前235)，戰國末年秦國政治家。衛國濮陽(今河南濮陽西南)人。原是陽翟(今河南禹州)大商人，因幫助秦莊襄王繼位有功，被任爲相國，封文信侯。莊襄王死後，年幼的嬴政繼位，呂仍任相國，被稱作"仲父"。門下有賓客三千，家僮萬人。令賓客編著《呂氏春秋》，匯合先秦各派學說，故有"雜家"之稱。

改文從質說 戊戌年作，曾刊《蜀報》

[題解]該文曾刊於光緒戊戌年(1898)《蜀學報》第2期，後刊於《國學薈編》1914年第9期。廖平指出西方各國爲質家，其政治法令合於《王制》、《周禮》，禮教風俗則與中國相反相成，中國今日處於文弊之時，需要藉助西方之質以補救。中國取其形下之器，西方取我形上之道。時務之學的傳播，應從兩方面考慮，學習西方之事，由官吏主持；教導西方之事，則由師儒主持。

　　《論語》言文質而指其弊曰史曰野，《公羊》於是有"改文從質"之例，學者疑之，以爲《春秋》乃不易之法，非一時救弊之書，如改文從質，久成仍弊，則數千年後，抑將再生孔子，更作"改質從文"之《春秋》耶。且《春秋》尊君卑臣，扶陽抑陰，純言大綱，無文質史野之可言，更無質家親親之明據，不得以爵號(爵位，名號)三等冒(冒充，假託)之也。又，中國由秦漢以至今日，仍一尊尊之治法，二千餘年積重弊生，別求一質家救其弊者，而不可得。

　　然則所謂"改文從質"，亦經空説。在今日固無自救之術，中國將無以自立，且使尼山之席，終爲耶氏奪耶。夫《春秋》固百世不易之經制也，所謂文弊者，不主當時之周，而二千餘年後，用文以治之中國也。所謂質家，亦非郯(tán，古國名，在今山東郯城縣北，戰國初滅於越。《左傳》宣公四年："公及齊侯平莒及郯。")、莒(jǔ，周代諸侯國名，舊都介根，在今山東省膠州市西南，後遷莒，今山東省莒縣，公元前431年爲楚所滅。《左傳》文公七年："徐伐莒，莒人來請盟。")、滕(周代諸侯國名，在今山東省滕州市一帶)、杞(周代諸侯國名，在今河南省杞縣一帶）"禮失而後求之野"者也。

質家者何？今之泰西（猶極西。舊泛指西方國家，一般指歐美各國）諸國是也。考其政治法令，其得者頗有合于《王制》、《周禮》。至其禮教風俗，多與中國如水火黑白之相反。中國尊君，以上治下，西人多主民政，貴賤平等。中國妻爲夫義不二斬（斬，喪服中最重的一種，衣服用粗麻布製作，左右和下邊不縫，服制三年，妻妾爲夫，服斬衰。不二斬，意爲婦人在一段婚期内不服二次斬衰，已嫁之婦人爲父之喪服由斬衰變至齊衰），西人男婦平等，彼此自由。中國天子郊天（即祭天），統于所尊，西人上下同祭，人各父天（即以天爲父）。中國坐次，以遠于主人爲尊，西國尚親，則以近者爲貴。中國内外有别，女絶交遊，西人則主婦陪賓，攜手入坐。中國冠履之分别最嚴（即上下之間有嚴格的禮儀規定），西人則首足視同一律。中國以青爲吉，白爲凶，西人則以白爲吉，青爲凶。如此之類，難以枚舉。於中國制度之外，别立一教，行之數千年，牽連數十國，上下服習，深信不疑，方且譏中國君父之權太重，婦女不能自主，以祭祖爲罪於上帝，以妾媵爲失之公平，真莊子所謂"此一是非，彼一是非"（語出《莊子·齊物論》）者也。孔子論質之弊曰野，野者鄙陋，與都士（京都或大城市的人）相反。泰西不重倫常，絶於名教（指以正名定分爲主的禮教），極古今中外之變，而求一與文相對相反之質，非泰西而何？

文弊不指東周，則質之不主春秋明矣。或曰野人之質，直夷狄之别名耳。三統循環，安用是以亂聖人之天下哉。曰：經傳文、質，蓋有二説。一則中國與中國分，從聖人不易之中，别分爲三等，以待後王之取用。如改正朔（正，一年的開始，朔，一月的開始。古代改朝換代，新王朝須重定正朔。正朔後亦指帝王新頒之曆法）、易服色（古代每個王朝所定車馬祭牲的顏色，如夏尚黑，商尚白，周尚赤）、明堂之三式，社樹（古代封土爲社，各隨其地所宜種植樹木，稱社樹。《莊子·人間世》："匠石之齊，至乎曲轅，見櫟社樹，其大蔽牛，絜之百圍，其高臨山，十仞而後有枝。"）之三種，事可循環，理無二致，此經中之三統變易，以新耳目，亦所以救弊，董子所云"法夏、法商、法周"是也。中國與外國分，如西人之無父無君，所謂野人之質，固不得與明堂、社樹一例視之也。

　　或曰：以孔子之論文質，爲今日之切證，揆以"百世可知"與"莫不尊親"之義，固無不可。然中國雖曰近史，安用是野人之質而救之耶。兩害相形，則取其輕，吾寧終守文史之弊，窮困以終而不辭，終不願用夷變夏，自居于野人也。曰：是又有説。今之守舊者，於維新政事，已深惡而痛絶之，如謂西教而又將舍我以相師，是直非聖無法，狂悖之談也。請歷證之：《周禮》"土圭一尺五寸，以求地中"（見《周禮·地官·大司徒》："以土圭之法，測土深，正日景，以求地中。"賈公彥疏："土圭尺有五寸，周公攝政四年，欲求土中而營王城，故以土圭度日景之法測度也。度土之深，深謂日景長短之深也。"），非即地球三萬里乎？《大行人》"九州之外爲藩國"（見《周禮·大行人》："九州之外謂之蕃國，世壹見，各以其所貴寶爲摯。"），非即海外大九州以九畿八十一方千里爲一州乎？《大司徒》"五土（即山林、川澤、丘陵、墳衍、原隰）王會①五種民"與動物植物（見《周禮·大司徒》："以土會之法辨五地之物生。"），非即五大州之説乎？外史"掌三皇五帝之書"（見《周禮·春官宗伯·外史》："掌書外令，掌四方之志，掌三皇五帝之書，掌達書名於四方。若以書使於四方，則書其令。"），皇、帝平分地球，中國爲黃帝所司之中央之極，方萬二千里，則四帝四極之地，不皆在海外乎？《左傳》"禮失求野"，非即取法外國乎？"浮海"、"居夷"（"浮海"，語出

---

① 據《周禮·大司徒》，"王會"疑作"土會"。

《論語·公冶長》：“子曰：‘道不行，乘桴浮於海。從我者，其由與。’”“居夷”，語出《論語·子罕》：“子欲居九夷，或曰：‘陋，如之何？’子曰：‘君子居之，何陋之有？’”），不嫌鄙陋，是轂輻版圖，並包海外。五會之民，固未嘗在屏絶(斷絶，拒絶)之列。且夷夏之防(嚴格華夏族和其他民族的界限)，嚴于宋人。六藝惡小求大，正與相反。即以《春秋傳》所謂荆(古國名，即楚國，因其原來建國於荆山一帶，故名荆。《春秋》莊公十年：“荆敗蔡師于莘。”杜預注：“荆，楚本號，後改爲楚。”）、徐(古國名，徐族爲古代九夷之一，分布在淮河中下游地區，周初建立徐國，後爲吴國所滅。《春秋》昭公三十年：“吴滅徐，徐子章羽奔楚。”）、揚(古國名，在今山西省洪洞縣東南，爲晉所滅。《左傳》襄公二十九年：“叔侯曰：‘虞、虢、焦、滑、霍、揚、韓、魏，皆姬姓也，晉是以大。’”杜預注：“八國皆爲晉所滅。”）、梁(周時諸侯國。《國語·晉語二》：“夷吾逃於梁。”韋昭注：“梁，嬴姓之國，伯爵也。”），傳者亦稱夷狄，無論滇、黔、閩、粵也。

　　聖人化去畛域(範圍，界限)，引而進之。教澤(教化或教育的恩澤)所及，乃得成全《禹貢》九州之制。今遽以華夏自居，屏西人於門牆之外，是猶方一登岸，遂絶後來之問津。我既果腹(指填飽肚子)，遂禦外人之學稼(學種莊稼，務農。《論語·子路》：“樊遲請學稼，子曰：‘吾不如老農。’”），可乎？天心仁愛，五行缺一不可。黄種先生元子(天子和諸侯的嫡長子。《書·微子之命》：“王若曰：‘猷，殷王元子。’”），聖教徧中國，而忍使泰西數千萬之生靈(人民，百姓)，不入聖國，長爲不教之民乎？其來也，天啟之，天又不使其輕易得聞聖教也，使之講格致(清末對物理、化學等自然科學的統稱。鄭觀應《盛世危言·教養》：“故西人廣求格致，以爲教養之方。”）、謀資生、課農工、治戰守，合海外諸國男女老幼竭精殫思，前後相繼考求，始得一定之法，以投贄(zhì，進呈詩文或禮物求見)於中國。束修(十條乾肉，舊時常用作饋贈的禮物)之儀，不可謂不厚。中國文弊已深，不能不改，又不能自創，而仰給於外人，亦如西人災患已平，飽煖(nuǎn，亦作"飽暖"，食飽衣暖，指生活安逸)已極，自新無術，而內向中國。中取其形下之器(即"形而下者謂之器"，語出《易經·繫辭》)，西取我形上之道(即"形而上者謂之道"，語出《易經·繫辭》)，日中爲市，交易得所而退，文質彬彬，合乎君子。此文質合通、百世損益之大綱也。

中外各自有長短，棄取是爲交易(猶往來)。如曰"我之師法專在質"，野人雖至愚，亦不至是。且吾嘗就中西得失，求之《周禮》，所謂冢宰(周官名。爲六卿之首，亦稱太宰。《書·周官》："冢宰掌邦治，統百官，均四海。")、司馬(周時六卿之一，掌軍旅之事)、司寇(周時六卿之一，曰秋官大司寇。掌管刑獄、糾察等事)、司空(周時六卿之一，即冬官大司空，掌管工程)、司徒(周時六卿之一，曰地官大司徒。掌管國家的土地和人民的教化)四官者，彼皆得其精華，惟司徒、宗伯(周代六卿之一。掌宗廟祭祀等事，即後世禮部之職)二職，半爲西人所略。是彼以四長易二短也。又以《曲禮》(《禮記》篇名。以其委曲説吉、凶、賓、軍、嘉五禮之事，故名《曲禮》)考之，三公職掌，彼已精其二，惟司徒人倫(禮教所規定的人與人之間的關係，特指尊卑長幼之間的等級關係)之教，闕(空缺，豁口。《小爾雅·廣詁》："闕，隙也。"此指缺少)焉弗講。是以二易一也。舟車無數，憑(píng，倚，靠着。《小爾雅·廣言》："憑，依也。")險而求，又不敢空言(謂不切實際的話。《吕氏春秋·知度》："至治之世，其民不好空言虛辭，不好淫學流説。")把yì取(汲取)，竭力以求相易之術。彼處其難，我處其易。彼得者少，我得者多。彼得者虛，我得者實。彼之所得，我應之也裕如(自如貌)，我之所得，皆其歷困苦焦勞(焦慮煩勞)而始獲者也。則天之愛中國，不可謂不厚，乃欲違天，閉關自守，而不生矜惻(憐憫)乎。

以通商論，固利少害多，即以傳教論，我能修明(發揚光大)，彼將自悟，即使如仙宫、禪院，鐘鼓相聞，又何足按

劍(以手撫劍。預示擊劍之勢)乎。《論語》仲弓問子桑事(語出《論
語・雍也》):"仲弓問子桑伯子,子曰:'可也簡。'仲弓曰:'居敬而行簡,
以臨其民,不亦可乎。居簡而行簡,無乃大簡乎。'子曰:'雍之言然。'"),
《説苑》詳其説,以爲"子桑質學,不衣冠而處。孔子往見
之,子桑弟子以見之爲非,子桑曰:'孔子文有餘而質不
足,吾欲以吾之質化彼之文。'孔子弟子亦以往見爲非,
孔子曰:'其人質有餘而文不足,我欲以吾之文化彼之
質。'"此中國互相師法之舊例。孔子不忍於子桑,而謂能
忍數千萬之西人乎?此乃爲中國通商之第一大宗旨,於中
國利益甚鉅,特税則(徵税的規則和實施條例。薛福成《籌洋芻議・利
權二》:"按舊約各貨納税後,即準由中國商人遍運天下,路過税關不得加重
税則。")未行列入耳。

　　或曰:西人之强如此,不勝左袒tǎn之懼。自尊其教,欲
以化天下,譏貶名教爲失中,何能師我?曰:通商以後,西
人漸染華風,夫人而知之矣。彼見我之名教,若熟視無覩,
固無如彼何,乃從而加譏貶焉,則入其心者深矣,而自化
(自然化育。語本《老子》:"法令滋彰,盜賊多有,故聖人云:'我無爲而民自
化。'")固非旦暮之功也。天非假西人自强,不能自通,不授
中國以弱,勢將絶外,即此文質交易。而後我日臻於實用,
彼日肆於虛文(徒具形式的規章、制度)。我既日以强,彼必日以
弱。外强内弱之天下,變而用强幹弱枝之天下。轉移之機
要(猶關鍵,要領),在彼此相師耳。

　　天以文、質分屬中外,用夏變夷之中國,即寓以内制
外之法。冒頓(mò dú,西漢初年匈奴單于,姓攣鞮。秦二世元年弑父自
立,建立軍政制度,東滅東胡,西逐月支,北服丁零,南服樓煩、白羊。西漢初
年,經常侵擾邊地)因難久橫,吐蕃今成餓隸,是在謀國者轉移
之。

　　今之講時務者,上下通行,無慮數千百門,然皆師於

人，無所謂師人者。以文質而論，彼此當互師，奈何去我所短，並不張（增強，擴大。《左傳》昭公十四年：“臣欲張公室也。”杜預注：“張，彊也。”）所長，舉四兆（數詞，古代小數以十萬爲億，十億爲兆，中數以萬萬爲億，萬億爲兆，上數以億億爲兆，今以一百萬爲兆，通常用以極言衆多）人，同聽外人之指揮，不思擁皋比（皋比，虎皮。古人坐虎皮講學，後因以指講席）而提命（猶言耳提面命。謂親自教誨。語本《詩·大雅·抑》：“匪面命之，言提其耳。”）之也。天以中國爲長嫡（此指中國文化爲世界文化的正宗及源頭），震旦（古代印度稱中國爲震旦）文教，久經昌明。泰西雖遠，要不失爲庶孽（niè，同“孽”，庶孽，即妃妾所生之子，猶樹有孽生，故稱。此指西方文化爲中國文化的支流）。天既命其開通，以求教中國，若深閉固拒（又爲“深閉固距”，緊緊閉關，堅決抵制。漢劉歆《移書讓太常博士》：“今則不然，深閉固距，而不肯試，猥以不誦絶之，欲以杜塞餘道，絶滅微學。”），而不與之言，得勿“傷厥考心”（語出《尚書·康誥》）乎？

　　竊以時務之學，當分二途。學人之事，官吏主之；教人之事，師儒（指儒者、經師）主之。古法以《孝經》治內，《春秋》治外，今當反用其道，以《春秋》政治治內，《孝經》名理馭外，百僚（百官。《書·皋陶謨》：“百僚師師，百工惟時。”）當北面師。攷其養育富强文明之治功（泛指治理國家的政績），師儒一如該國，立校講學。蓋天下學問與政治同，囿小則劣，通博則廓（大，廣闊）。中國自號文明，閉關自守，未見不足。一自通商，神州遂觸其短，相形見絀，所宜修改者甚多，第彼此顛倒，互有長短，非觀博通，難達經旨。

《大學·平天下章》說

[題解]據《廖季平年譜》，該文撰於光緒三十二年丙午(1906)。該文還刊於《四川國學雜誌》1913年第9期。廖平認爲《大學》爲皇帝之學，專在治平。平定天下應主三皇，以五帝爲之輔。《詩》頌法三皇，爲三才之教，《大學》三引《詩》以法三皇，人居地中，爲天祖。《尚書》以五誥法五帝，《康誥》居中國之中，《尚書》王統五篇，《顧命》居中。

今夫治國之事，則主三王(指夏、商、周三代君主)，而五伯爲之佐。至平天下，則主三皇，而五帝爲之輔。《書》頌皇帝之功德，以爲"光被四表，格於上下"(語出《尚書·堯典》)，六矩正而天下平，其斯爲《大學》之成功矣。皇帝御宇(統治天下)，居中建極(建立中正之道。語本《書·洪範》"皇建其有極")，首在辨方正位(辨別四方，正君臣之位。《周禮·天官·序官》："惟王建國，辨方正位。")，以設官分職(設立官爵或官府，分派職權)。

方位者何？上天下地，東左西右，背陰向陽，上下四旁是也。天不言，陰陽交，四時行，而歲功成。皇者法天，羲和四子(羲氏與和氏的並稱。傳說堯曾命羲仲、羲叔，和仲、和叔兩對兄弟分駐四方，以觀天象，並制曆法。《書·堯典》："乃命羲和，欽若昊天，曆象日月周辰，敬授人時。"陸德明《釋文》："羲、和，馬云：'羲氏掌天官，和氏掌地官，四子掌四時。'")各奉其職，"庶績咸熙"(語出《尚書·堯典》)而宇内定。蓋天下者，國之所積也。六宗(古代所尊祀的六神。但具體爲何神，漢以來說法不一)合矩，以爲民極(民衆的準則。《書·君奭》："前人敷乃心，乃悉命汝，作汝民極。")，囊括無遺矣。

　　《詩·頌》法三皇，《魯》，天統(三統之一，周正建子，稱
天統)，主質；《商》，地統(三統之一，商正建丑，稱地統)，主文，
《周》監二代，人[①]以法三垣。古有天皇、地皇，而泰皇獨
尊。三分天下，乘時而王，循環無端，周而復始，是三才
(天、地、人。《易·說卦》："是以立天之道曰陰與陽，立地之道曰柔與剛，
立人之道曰仁與義。兼三才而兩之，故易六畫而成卦。")之教也。《大
學》三引《詩》(《大學》引《詩》超過三處，此當指《大學·平天下章》
三引《詩》)以法三皇，人居地中，爲天祖，《詩》曰"先祖是
皇"(語出《詩·小雅·楚茨》："先祖是皇，神保是饗。")。文家尊尊，
以法君臣。質家親親，是爲父子。君子者，文質彬彬。作民
父母，以爲天下王。"元首有壹"，《周頌》有之。南山爲土
圭之地中，是爲皇極。東皇太乙(天神名)，緇衣(古代用黑色帛
做的朝服。《詩·鄭風·緇衣》："緇衣之宜兮，敝予又改爲兮。")、羔裘
(用紫羔製的皮衣。古時爲諸侯、卿、大夫的朝服。《詩·鄭風·羔裘》："羔
裘如濡，洵直且侯。")，以龍名官。天公法日，即上帝也。次引
節《魯頌》，天統也。殷居下方，與東皇作邦作對，以鳥名
官。少昊在御，有白狼(白色的狼，古以爲祥瑞。《瑞應圖》："白狼，
王者仁德明哲則見。")之瑞。《詩》曰"克配上帝"(語出《詩·大
雅·文王》)，地統《商頌》也。

　　《尚書》以五誥(當指《尚書》中的《大誥》、《康誥》、《酒誥》、
《召誥》、《雒誥》)法五帝。《康誥》居中國之中，黃帝法之，司
中央之極，萬二千里，后土(指土神或地神。亦指祀土地神的社壇)
佐之。南方之極，萬二千里，炎帝司之，其神祝融(神名。南方
之神，南海之神)。惟汝荊楚，居國南鄉，世建大號。今之王，古
之帝也。故以《楚書》(《大學·平天下章》有："《楚書》曰：'楚國
無以爲寶，惟善以爲寶。'")居前，占南方七宿。昔晉與楚夾輔(輔

───────────────

① "人"後似奪"統"字。

佐。《左傳》僖公四年："五侯九伯,女實征之,以夾輔周室!")周室,屈完(春秋時期楚國大夫)所謂"君處北海,寡人處南海"(語出《左傳》僖公四年:"楚子使與師言曰:'君處北海,寡人處南海,唯是風馬牛不相及也。不虞君之涉吾地也,何故?'")是也。北方之極,顓頊司之,《春秋》之所謂帝丘(古地名,在今河南省濮陽縣西南,相傳爲顓頊都城。《左傳》僖公三十一年:"冬,狄圍衛,衛遷于帝丘,卜曰三百年。"),表裏山河,形勢處中國之北。冬官司空,陰,常處於虛空。虛,不用也。舅犯(春秋晉人狐偃,字子犯,晉文公之舅,故稱舅犯,曾從晉文公流亡,有大功。《大學·平天下章》有:"舅犯曰:'亡人無以爲寶,仁親以爲寶。'")者,世居坎位,重冰苦寒,故有陶唐(古帝名,即唐堯。《書·五子之歌》:"惟彼陶唐,有此冀方。今失厥道,亂其紀綱,乃底而亡。")之遺風。

　　考《尚書》王統五篇,《顧命》居中。四岳:南《甫刑》、北《文侯之命》,東爲《費誓》,秦楚西嶽。《大學》之《秦誓》(《大學·平天下章》引《秦誓》)主西極,少昊之墟,方位同而大小異焉。《書》之《費誓》曰"魯人三郊三遂"。孟獻子(魯國大夫仲孫蔑。《大學·平天下章》有:"孟獻子曰:'畜馬乘,不察於雞豚;伐冰之家,不畜牛羊;百乘之家,不畜聚斂之臣。與其有聚斂之臣,寧有盜臣。'"),魯臣也,居中國之左,以代太昊,爲《春官》之司徒,五引《書》以配五帝,與《詩》合爲三五。所謂"三五在東"(語出《詩·召南·小星》)者,三皇五帝皆在神州,驗小推大,故以配皇帝也。聞之王爲古皇,于文以一貫三,絜xié矩(絜,度量;矩,畫方形的用具,引申爲法度。儒家以絜矩來象徵道德上的規範。《禮記·大學》:"所謂平天下在治其國者,上老老而民興孝,上長長而民興弟,上恤孤而民不倍,是以君子有絜矩之道也。")之道,上與下合,左與右合,前與後合,而貫以居中之皇極(帝王統治的準則)。所謂"一以貫之"(語出《論語·里仁》:"子曰:'參乎!吾道一以貫之哉。'曾子曰:'唯。'子出門,人問曰:'何謂也?'曾子曰:'夫子之道,忠恕而已矣。'"），"從心所欲，不踰矩"（語出《論語·爲政》："子曰：'吾十有五而志於學，三十而立，四十而不惑，五十而知天命，六十而耳順，七十而從心所欲，不踰矩。'"）者也。惟二《詩》配上下，《四書》配四配。《有臺》（《詩·小雅·南山有臺》）與《康誥》，不免有二心之嫌。然借三五以起皇帝，義別有取。且周東西通畿，有兩京焉。《有臺》及《康誥》，以爲居行二京，亦無不可也。

哲學思想論

[題解]該文曾刊於《四川國學雜誌》1913年第10期。該文又題曰"天學神游説"，收入《孔經哲學發微》。廖平認爲哲學思想在中國并不新奇，實爲老生常談，只是進行研究的人較少。《論語》以學、思分兩派，人事爲學，天事爲思。《周禮》掌夢立爲專官，與卜筮同爲知來之學。《詩》全爲思想，學全爲夢境，思夢全爲靈魂學。人事專在本世界，如神游六合以外，則如《離騷》之"上征"、"下浮"，列、莊所謂"塵垢之外"、"無何有之鄉"。《詩》爲靈魂學之大成，可由《楚詞》、《列》、《莊》而通其理想。

至誠生知(謂不待學而知之。語本《論語·季氏》："生而知之者上也。")前知(預知；有預見；事先知道。《中庸》："至誠之道，可以前知。國家將興，必有禎祥；國家將亡，必有妖孽。")，泰西困知勉行(克服困難以獲得知識，努力實踐以修養品德。語出《中庸》："或生而知之，或學而知之，或困而知之，及其知一也；或安而行之，或利而行之，或勉強而行之，及其成功一也。")，一定科級(階段)也。近來研究空理，有思想家、哲學家、催眠家，術亦發達焉。學者或頗訝爲神奇，不知此固吾國老生常談，特少專門研究耳。

《論語》以學、思分爲二派，"天道遠、人道邇"(《左傳》昭公十八年："子產曰：'天道遠，人道邇，非所及也，何以知之？'"即自然之理幽遠，人世之理切近，兩不相關，如何由天道而知人道)，人事(人情事理)爲學，天道(自然界變化的規律)爲思。"思"與"志"同，即古"詩"字也。《緯》云："在心爲志，發言爲詩。"是"志"、"詩"本爲一字，乃全《詩》中無一"志"字。"思"與"志"音義皆同，字形則"志"爲從心，士聲，"思"從心從囟xìn，囟爲腦，即西人"腦氣筋"（即腦神經。清譚嗣同《以太説》："任舉萬事中之一事，如一言，如一動，如一歌泣，如一思念，其爲事亦至庸無奇矣，而要皆合全體之腦氣筋發動而顯。以我之腦氣筋感我之腦氣筋，於是乎有知覺。"）之説，于思想尤爲切合，是"思"爲"志"本字，"志"則續增之形聲字。詩爲思想，故"思"字甚多，每言"思"，即"詩"，如"無思不服"（語出《詩・大雅・文王有聲》："鎬京辟廱，自西自東，自南自北，無思不服，皇王烝哉。"）、"思無邪"（語出《詩・魯頌・駉》），讀作"涯"。猶云"無詩不服"、"詩無涯"。

《周禮》掌夢立爲專官，與卜筮同爲知來，且有"獻吉夢于王"之説（《周禮》："占夢：掌其歲時，觀天地之會，辨陰陽之氣。以日月星辰占六夢之吉凶。一曰正夢，二曰噩夢，三曰思夢，四曰寤夢，五曰喜夢，六曰懼夢。季冬聘王夢，獻吉夢于王，王拜而受之。"）。占夢立官，《始皇本紀》已有卜夢博士（《史記・秦始皇本紀》："始皇夢與海神戰，如人狀。問占夢博士，曰：'水神不可見，以大魚蛟龍爲侯。今上禱祠備謹，而有此惡神，當除去，而善神可致。'"），"獻吉夢于王"，特爲怪誕。考其六夢，統于第三之思夢。舊以《列子》爲神仙之説，與典制宜乎不合，乃掌夢、六夢，詳于《黃帝篇》（即《列子・黃帝篇》）中。

《楚辭・招魂》言"上帝召巫陽（古代傳説中的女巫），告以有人在下，魂魄離散，今欲招之"，巫陽辭，以爲掌夢之職。《楚辭》乃道家之書，《始皇本紀》言"始皇不樂，使博士爲《仙真人詩》，及行所游天下，傳令樂人弦歌之"，即《楚辭》之類。是《詩》全爲思想學，全爲夢境，思夢全爲靈魂學，故《斯干》、《無羊》，同云"大人卜夢"，所云"吉夢維何"（《詩經・斯干》中關於夢的詩句有："乃寢乃興，乃占我夢。吉夢維何？維熊維羆，維虺維蛇。"《詩經・無羊》中關於夢的詩句有："牧人乃夢，衆維魚矣……大人占之。"），即掌夢獻王之吉夢。他如"甘與子同夢"（語出《詩經・國風・雞鳴》："蟲飛薨薨，甘與子同夢。"）、"視天夢夢"（語出

《詩經·小雅·正月》："民今方殆，視天夢夢。"），皆言夢。《韓詩》讀"云"爲"魂"，《卷耳》"僕病馬痡(pū，疲倦，勞累)，魂何吁矣"（《詩經·周南·卷耳》中原詩爲："我馬病矣，我僕痡矣，云何吁矣。"），即《離騷》之"僕失^①悲予馬懷兮，蜷quán局顧而不行"，《遠游》云"神雖去而形留"，是《楚辭》之"周游六虛"，即爲《詩》"神游夢想"之師説。本爲《詩》、《易》之師説，故博士傳有此派，《始皇本紀》云："招文學方術士甚衆，欲以(與)〔興〕太平。"攷盧生、侯生、徐市，皆博士。《中庸》"鳶(yuān，鷗類)飛戾(lì至)天，魚躍yuè古"逃"字。于淵"，言其上下察也。人事專在本世界，神游六合以外，乃如《離騷》之"上征"、"下浮"（《離騷》中有："玉虯虬以乘鷖兮，溘埃風余上征"，"將運舟而下浮兮"），列、莊所謂"塵垢之外"（語出《莊子·齊物論》）、"無何有之鄉"。離去塵垢指地球耳。而升降，故取法魚鳥。《莊子》云"夢爲鳥而戾天，夢爲魚而潛淵"（語出《莊子·大宗師》。應爲："夢爲鳥而屬乎天，夢爲魚而没於淵。"）。夢鳥、夢魚，即所謂"匪鶉非鳶，翰飛戾天，匪鱣zhān匪鮪wěi，潛逃于淵"，（語出《詩·小雅·四月》）又即所謂"牧人乃夢，衆爲魚矣，旐zhào爲旟yú矣"。（語出《詩·無羊》）"旐"當爲"兆"，與"衆"對文，兆民同化鳥而上征，衆生同夢魚而下浮，即所謂衆生皆佛，《莊子》所云"夢鳥"、"夢魚"，乃變化神奇之事。若爲"旐"，則與盧抱經(即盧文弨)改"衆"爲"蝶"，同爲實物，非夢境變化之事矣。以此推之，則全經皆同《離騷》、《遠游》。凡與爲熊、爲羆、爲虺huǐ、爲蛇，兆爲旟矣，衆維魚矣。

　　託物起興者，同爲思想，即同爲夢境。讀《詩》如《楚詞》，與《列》、《莊》之華胥（典出《列子·黄帝》："〔黄帝〕晝寢，而夢遊於華胥氏之國。華胥氏之國在弇州之西，台州之北，不知斯齊國幾千萬里。蓋非舟車足力之所及，神遊而已。其國無帥長，自然而已；其民無嗜

---

① "僕失"，《離騷》原文作"僕夫"。

欲，自然而已……黃帝既寤，怡然自得。"後用以指理想的安樂和平之境，或作夢境的代稱)化人之宮，蕉鹿(典出《列子·周穆王》："鄭人有薪於野者，遇駭鹿，御而擊之，斃之。恐人見之也，遽而藏諸隍中，覆之以蕉，不勝其喜。俄而遺其所藏之處，遂以爲夢焉。"蕉，通"樵"，後以"蕉鹿"指夢幻)，蝴蝶(典出《莊子·齊物論》："昔日莊周夢爲胡蝶，栩栩然胡蝶也。自喻適志與，不知周也。俄然覺，則蘧蘧然周也。不知周之夢爲胡蝶與，胡蝶之夢爲周與。")，同屬神游。佛書亦屢以寤夢立説。蓋世界進步，魂學愈精。碧落(天空，青天)黃泉(指人死後埋葬的地方，陰間)，上下自在。鬼神之事，未至其時，難取徵信，惟夢者，雖屬寤寐之近事，而神通(謂通過神靈而感應溝通)肉體之分別，可藉是以考鑒焉。此千萬年娑婆世界(佛教語。娑婆，梵語音譯，意爲"堪忍"。"娑婆世界"又名"忍土"，系釋迦牟尼所教化的三千大千世界的總稱)，飛相往來之事迹，預早載述，使人信而不疑，樂而忘倦，則惟恃此夢境以道之。

　　寓元遠于平庸，託神奇于淺近，《詩》爲靈魂學之大成，固可由《楚詞》、《列》、《莊》而通其理想。若修養家之出神(謂元神脱離自身的軀體)，與催眠術之移志(改變意志，動心)，則事實之萌芽矣。又經傳五帝言五極，三皇則言上下，所謂游於方之外。經傳之"天神、地示、人鬼"推之，自今日言，則曰神示鬼，以別于人。自其時論之，則天地相通，人神往來，彼此同類，亦如今之中外交通，互爲賓主，並無人鬼之别。故以人學言，則如《列子》之説，以覺爲真，以夢爲妄。至于天學，則衆生皆佛，反以夢爲真，以覺爲妄，故有"獻吉夢于王"之典。所謂夢非夢，覺夢顛倒，固是平等，則掌夢一職，非後來靈魂學之起點，催眠術之大成乎！

　　《中庸》曰"道不可須臾離"(語出《中庸》："道也者，不可須臾離也。可離非道也。"朱熹《中庸章句》："道者，日用事物當行之理，皆性之德而具於心，無物不有，無時不然，所以不可須臾離也。若其可離，則爲外物而非道矣。"），《老子》曰："大道不止。""道"今本作"盜"，"盜亦有道"，字可通用。《易》曰："在天成象，在地成形。"後來事實，曇tán花（曇花，優曇鉢花。開花短時即謝。《長阿含經·游行經》："〔佛〕告諸比丘，汝等當觀，如來時時出世，如優曇鉢花時一現耳。"後用以比喻事物之乍現即逝）幻泡（佛教語，比喻事物虛幻無常。《金剛般若波羅蜜經》："一切有爲法，如夢幻泡影，如露亦如電，應作如是觀。"），偶爾一見，以爲將來之印證（謂通過對照比較，證明與事實相符）。後來"乘雲"（語出《莊子·逍遙遊》："乘雲氣，御飛龍，而遊乎四海之外。"）"御風"（乘風飛行。語出《莊子·逍遙遊》："列子御風而行，泠然善也。"），人人可以飛身（身體騰空飛行），而神仙之佚事，時有見聞，亦如麟鳳龜龍，皆非世界所有，乃星辰之精。本世界以人爲靈，四宮則以四蟲爲靈。自我言之，謂之四蟲。自彼言之，則同爲人。必上下交通，而後四靈至，乃《春秋》已書"獲麟"①、"獲長狄"（《左傳》文公十一年）。

　　《山經》爲將來祖宗神靈學，諸天星辰各世界，爲五山、四荒、四柱，故《楚辭》以神魂立說，游於六合以外。凡有所聞見，則必非本世界，明矣。乃②全見于《山經》，是不惟神靈物產，奇形怪狀，非本世界所有，即堯、舜、文王，鯀gǔn與社稷，亦非指古人，特藉本世界之古帝王人物，以謠諸天之星辰。《左傳》："使知鬼神之氏族者爲之宗"，故天神地示，亦如人鬼（舊指死者的靈魂。《周禮·春官·大宗伯》："大宗伯之職，掌建邦之天神人鬼地示之禮。"）之詳氏族矣。然則《春秋》書"獲長狄弟兄三人"（《穀梁傳》魯文公十一年），不

① 獲麟，《春秋》哀公十四年："春，西狩獲麟。"麟即麒麟，《公羊傳》："西狩獲麟，孔子曰：'吾道窮矣。'"杜預注："麟者仁獸也。聖王之嘉瑞也。時無明王，出而遇獲。仲尼傷周道之不興，感嘉瑞之無應，故因《魯春秋》而修中興之教，絕筆於獲麟之一句，所感而作，固所以爲終也。"
② 《孔經哲學發微》在"乃"字前有"其人、事、地名"。

傳國土，不詳種族、女口，豈非諸方氏族，偶爾降落人間。又形天（神話人物，無首。《山海經·海外西經》："形天與帝至此爭神，帝斷其首，葬之常羊之山，乃以乳爲目，以臍爲口，操干戚以舞。"）負貳（疑爲"貳負"，古代傳説中的神名。《山海經·海內西經》："貳負之臣曰危，危與貳負殺窫窳，帝乃梏之疏屬之山，桎其右足，反縛兩手與髮，繫之山上木，在開題西北。"），本爲神示，古有載記，不皆虛誣。蓋即"上征下浮"之理。周游六漠，偶見人間，如電光泡影（電光，比喻時間短暫，猶言一刹那。泡影，氣泡和影子。佛教用以比喻事物的虛幻不實，生滅無常。後比喻落空的事情或希望。《金剛經·應化非真分》："一切有爲法，如夢幻泡影。"），又如仙佛，乘風御雲，偶爾一見，以爲先覺（事先認識覺察。《論語·憲問》："不逆詐，不億不信，抑亦先覺者，是賢乎！"）。後來人人具此知能，則爲平常。因其少見，詫爲異聞（新異之事，奇聞。《後漢書·桓譚傳》："凡人情忽於見事而貴於異聞。"），指爲妖妄，同車同行，有同天國，則又何足駭異！此麟鳳長狄，即參天地、育萬物之起例也。每怪秦、漢之間，神怪游仙，實多異聞。方士神山（神話中謂神仙所居住的山。《史記·封禪書》："乃益發船，令言海中神山者數千人求蓬萊神人。"），司馬大人何以有此奇聞。後世漸少，蓋亦如諸子爲六經支流，孔子後忽然擁出，紛至沓來，積如山岳，前無所承，後不能續，故仙、釋同爲經説，否則何以興也勃焉，亡也忽焉（《左傳》莊公十一年："禹、湯罪己，其興也悖焉，桀、紂罪人，其亡也忽焉。"）。孔子所謂知天知人，觀志觀行（語出《論語·學而》："父在觀其志，父没觀其行。"），又何以分別之也。

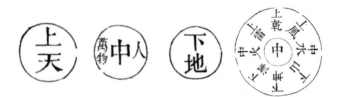

世界進化退化總表

[題解]廖平將自世界開闢到孔子獲麟的時間定爲八十一萬年,每一萬年定爲一運,共八十一運。他認爲西方人倡導進化理論,中國人則主張退化説,各有不足。他以公羊學的亂世、昇平、太平,《周禮》的亂國、平國、新國,以及佛教經典的成、住、毀理論爲基礎,通過列表,將八十一萬年分爲一元、三統、九會、二十七蔀、八十一章,並與《春秋》各公及《詩經》的具體篇目相對應,闡述了其退化中有進化,進化中含退化的思想。

按,世界開闢,至孔子獲麟,其歲舊説有八九十萬年,遞減以二三十萬年,共有數十家,地球由塵埃增長,以至於三萬里,其年歲舊説差異,其盛衰參差不一,無所取信。今仿《太玄》元統例,定爲八十一運,但以運次第(按順序排列),至年歲,則姑以萬年爲一運,始終不過八十一萬。舊説年代雖久,特其初,彈丸黑子(比喻極小),不足比數(無法相提並論),至于其終始,亦不過八十一萬年前後。縱年歲過多,或未能成體,未有生物,皆可以從畧,取以入表者,不過八十一萬年而已。

西人精進改良,爲進化時代之説,六藝世運遞降,與中人貴古賤今,皆爲退化時代之説。二説各主一偏,必合觀,乃得其全體。《易》曰玫三世之後"元始要終";《公

羊》曰亂世、昇平、太平；《周禮》曰亂國（紛亂不安的國家）、
平國、新國；釋典曰成、住、毀；佛説於大地形體消長爲切
合。今三統以"成、住、毀"爲標目，九會以下，則以《公羊》
三世爲標目，進則由亂而昇、而太，退則由太而昇、而亂，
以三而易，終而復始。

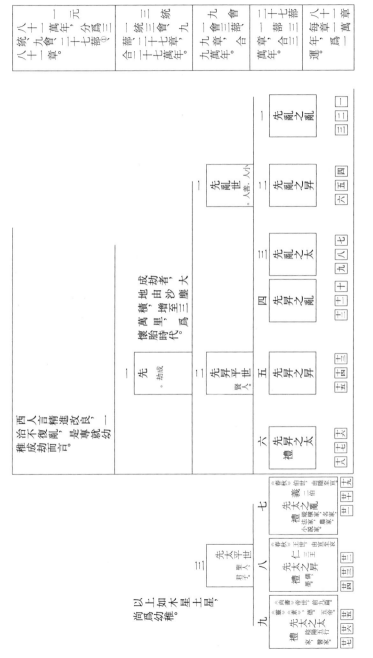

世界進化退化總表（一）

① 原文作“節”，據行文改爲“蔀”（bù）。

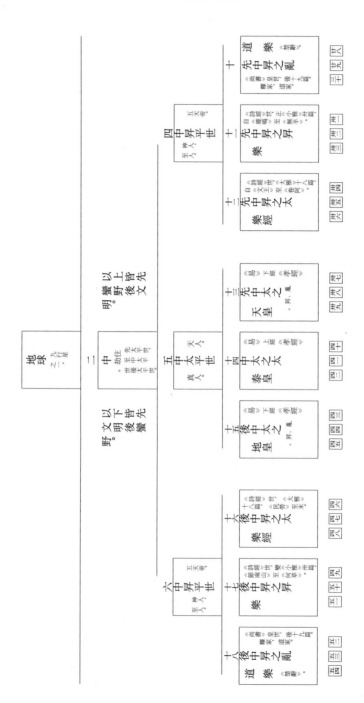

世界進化退化總表（二）

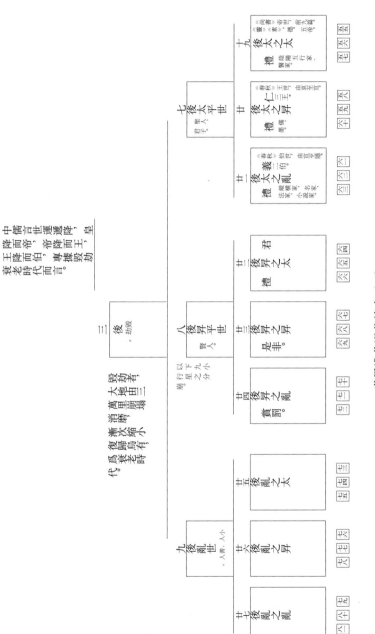

中間主幹（右）：
遞降，皇世運遞降，儒言世運遞降，皇降而帝，帝降而王，王降而伯，伯而言。專據劫毀衰老時代而言。

主幹（左）：
大地由三毀劫者，崩塌，萬里縮小，漸消磨，復歸烏有，代為衰老時。

三　後　劫毀。

八　後昇平世　賢人。
崩行以下星九之分小

七　後太平世　聖人君子。

九　後亂世　小人，人鬼。

太平世諸格：
十九　後太之太　《尚書》帝世，前九世，五帝。《素》，德。　禮　醫隱陽開五行家。　五五　五六　五七

廿　後太之昇　《春秋》王世，由衰至盛。　禮　隱儒。　五八　五九　六十

廿一　後太之亂　《春秋》伯世，由盛至衰。　禮　法縱橫家。小說名家。　六二　六三

昇平世諸格：
廿二　後君之太　禮　六四　六五　六六

廿三　後昇之昇　是非。　六九

廿四　後昇之亂　賞罰。　七十　七一　七二

亂世諸格：
廿五　後亂之太　七三　七四

廿六　後亂之昇　七五　七六

廿七　後亂之亂　七九　八十　八一　八二

六七　六八

災異論

[題解]該文刊於《四川國學雜誌》1913年第10期。廖平在文中認爲陰陽五行家爲皇帝學說，秦漢以後，流爲災異之説。天變即《月令》之春行夏政、行秋政、行冬政，記載此類事件是倡導人當法天，不當違天而行。記災是爲了修民事，譏國政不修。既錄其常以示法，又錄其變以明誤。今之學堂講科學，即以災異爲科學，經書所載，可歸入人種科、動物科、植物科等實用科學。曆數天文，甚至地動地圓學說，西方人考明不過百年，中國早在二千年前已經提及，動輒懷疑經傳不及西方精確，實爲疏於考古。

《春秋》三傳之言災，雖雜見于各書，大抵尤滙萃于班書《五行志》（即《漢書·五行志》）。陰陽五行家爲皇帝學說。秦、漢之學者，以附會于中國，遂流爲災異，以致中儒多所齟齬（比喻意見不合，相互抵觸），西士尤倡言攻諆（qī，欺也）。《古教彙参》、《經學不厭精》等書，攻此條尤烈。不知所謂天變者，即《月令》之春行夏政、行秋政、行冬政（語出《禮記·月令》。如："孟春行夏令，則風雨不時，草木蚤落，國時有恐；行秋令，則其民大疫，猋風暴雨總至，藜莠蓬蒿並興；行冬令，則水潦爲敗，雪霜大摯，首種不入。"），説者不以爲"人謀不臧"（人謀，人的謀劃；臧，善。事情之所以不成，或失敗，是由於人沒有謀劃好，與天時、地利無關），而以爲"昊天不弔"（謂蒼天不憐憫保佑。語本《詩·小雅·節南山》："不弔昊天，亂靡有定。"），以人當法天，不能謂人敢于違天而行（違背天意行事），必天變（指天象的變異，如日蝕、星隕等）于上，而後有此非時之政事，此記異之本例也。詳《井研藝文志·春秋彙災異説》。

記災爲民事，譏國政不修，政成偏災，所以備災之道不具，不必言占驗亦可也。《春秋》記三十六日食，大抵爲曆法設。環世界同時頒二十曆法，内八宮八政，外十二州十二月，旋相爲本，因同在地球，則朔望當全同。《左傳》所以言日官、日御(古代掌天文曆數之官。《左傳》桓公十七年："天子有日官，諸侯有日御。日官居卿以底日，禮也。日御不失日，以授百官于朝。")，二《傳》云"或失之前，或失之後"(《公羊傳》隱公三年)，蓋曆法立朔，當以交會(謂黄道和白道相交)爲定，食在前，則朔遲一日，失之後，則食二日朔早一日。記日食交會，以定朔法，不使失之先後。既録其常以示法，又録其變以明誤，所以詳之，至于三十六。襄之二十一年，則九、十比月日食(《春秋》襄公二十一年："九月庚戌朔，日有食之。冬十月庚辰朔，日有食之。"楊伯峻注："此日不入食限，史官誤記，或司天者誤認。兩月比食雖有之，惟皆爲偏食，而非同一地所能迭見。")，二十四年則七、八比月日食(《春秋》襄公二十四年："秋七月甲子朔，日有食之……八月癸巳朔，日有食之。")。自明于天算者，推玫日限，無比月日食之理，説者遂以《春秋》爲不知曆算，其本義甚深，非立談可了。無已，姑就《左氏》言《左氏》，可乎？

今傳以魯爲再失閏，前之九月日食，苟置閏，則當爲十月矣。後之七月日食，苟置閏，則當爲八月矣。人曆可誤失閏，天道不改其常，後之兩書日食，即所以正兩失閏之弊，此就《左》言《左》之説也。經本以敬天爲主，天變于上，不能不紀。經無占驗之文，即用西人之説以解經，亦不至生疑阻。又，記地震五(《春秋》記載五次地震，分別爲：文公九年九月癸酉，地震；襄公十六年五月甲子，地震；昭公十九年己卯，地震；昭公二十三年八月乙未，地震；哀公三年夏四月甲午，地震)，二百四十年中，地震不知凡幾，特書五事，而日則在子午卯酉未，與"隕石于宋五(《春秋》僖公十六年："正月戊申朔，隕石于宋五。")"

之五相比，又六鷁yì退飛，六六三十六，合日食數，一上一下，一五一六。不得謂經爲據事直書(據實書寫。晉杜預《春秋經傳集解序》："盡而不汙，直書其事。")，別無取義，此等所在，聽人自求。今之學堂講科學，即以災異爲科學攷驗亦可。長狄，人種科。多麋(mí。《春秋》莊公十七年："冬，多麋。"孔穎達疏："麋是澤獸，魯常有。"麋多則害稼，故以災書)，有蜮yù有蜚fēi[1]，鸜鵒qú yù來巢(《春秋》昭公二十五年："有鸜鵒來巢。"鸜鵒，即八哥。杜注："將及禍也。"《春秋》記此，作爲昭公出走之先兆)，動物科。雨，木冰(謂天氣過冷，雨水降在樹上隨即結凍成冰，即氣象學之霧凇。《春秋》成公十六年："春，王正月，雨，木冰。"杜預注："記寒過節，冰封著樹。")，梅冬實，七月雙降，草木不死(見《漢書·楚元王傳》："李梅冬實，七月霜降，草木不死。")，八月殺菽(《春秋》定公元年："冬十月，隕霜殺菽。"周之十月，即夏曆八月，而霜重至于傷害豆苗，乃異常之災害)，爲植物科。地文寒暖，皆爲實用之學。

學者每以西人之所長，傲經傳以不知。無論曆數天文，即西人所得最新最確之地員(即"圓")、地動、地橢，攷明不過百年，中書則于二千年前，早已愷切(懇切)言之，即如曆法，《堯典》，人以爲四千餘年之書，至今西人無以易之，惟用節氣法，閏日不閏月，以致月法與月盈虛(月圓月亏)不合，違天而行，說者猶推之而自貶抑，過矣。何況日月星辰曆象，動疑經傳不及西人之精，亦疏于攷古之過矣。

---

① 蜮，傳說中的一種能含沙射人的害人動物。《說文》："蜮，短狐也。似鼈，三足，以氣躲害人。"《詩·小雅·何人斯》："爲鬼爲蜮。"一說蜮爲食苗葉之蟲。《春秋》莊公十八年："有蜮。"蜚，草螽，昆蟲名。能飛，生草中，好以清旦集稻上，食稻花。《左傳》隱公元年："秋，有蜚。不爲災，亦不書。"又莊公二十九年："秋，有蜚，爲災也。"

天人論

[題解]皇學、帝學之交，即天學、人學之界。王、霸之制，詳於《春秋》，皇帝之制，詳於《尚書》。人學之中，分皇、帝、王、霸四等。以皇統帝，以帝統王，以王統霸。推之天學，《易》爲皇、帝，《詩》爲王、霸。善言天者必驗於人，善言人者亦必驗於天。經學有三派，一曰實行派，二曰哲理派，三曰天人合派。孔子立教，以思學、志行分爲兩大宗。六藝平分天人，以天學爲知，人學爲行。西人所謂哲學思想家，其本源即爲天學之《詩》教。天人合一，因此六經既立人學，又立天學。

未知生而思知死，未知人而思知鬼（語出《論語·先進》：“季路問事鬼神，子曰：‘未能事人，焉能事鬼？’曰：‘敢問死？’曰：‘未知生，焉知死？’”），亦如《中庸》“洋溢乎中國，施及蠻貊mò”，未及其時，不可躐liè等（逾越等級，不按次序。《禮記·學記》：“幼者聽而弗問，學不躐等也。”），既至其時，則又不可自畫。蓋皇學、帝學學①之交，即天學、人學之界也。《論語》曰：“不怨天，不尤人。”（語出《論語·憲問》：“子曰：‘不怨天，不尤人，下學而上達。知我者其天乎。’”）又曰：“不知命，無以爲君子，不知言，無以知人。”（語出《論語·堯曰》：“孔子曰：‘不知命，無以爲君子也；不知禮，無以立也；不知言，無以知人也。’”）《中庸》曰：“質諸鬼神而無疑，知天也。百世以俟聖人而不惑，知人也。”

自是以降，於士之稍具學術者，仍曰“學貫天人”。夫

---

① 據文意，“學”字衍。

由帝推皇，由《尚書》、《春秋》推《詩》、《易》，由人學推天學，其程度次第，即《大學》先後終始本末之説（《大學》："物有本末，事有終始，知所先後，則近道矣。"朱熹《章句》："明德爲本，新民爲末。知止爲始，能得爲終。"），故昭昭在人耳目。使孔子言人不言天，則王、霸之制，既已詳於《春秋》，皇帝之制，既已詳於《尚書》，六合以内，包括無遺，僅作《尚書》、《春秋》，已無餘事，《詩》、《樂》及《易》，雖不作，可也。

考六藝以天人分，各占其半，人學之中，既分皇、帝、王、霸四等，則天學亦必相同。按，西人説日會世界者，以爲八行星與小星，其爲九軌，軌各繞日，則日當爲一恆星。雖他恆星所統行星與月，皆遠不可見。然行星既繞日，日又不能無所繞，西人有日繞昴星之説，雖未能大定，然日之率行星以繞大恆星，則固衆人所公認、無異辭者。劉歆以爲西宮（西方的星座。包括奎、婁、胃、昴、畢、觜、參七宿，總稱白虎）之一宿，西宮以七宿合爲一宮，合數星爲一宿，合數十星爲一宿，西宮以星體計，共爲一百幾十國，四方四宮，以繞三垣。三垣各星，又繞北極之帝星（古星名。也稱天帝，俗稱紫微星，即小熊座β星。古代用來象徵皇帝）。若以人學之皇、帝、王、霸言之，北極爲皇，四宮分居四方，爲四帝，西宿昴星之一爲王，日會所統爲霸，故佛説大千三千世界（佛教名詞，簡稱"大千世界"。以須彌山爲中心，七山八海交繞之，更以鐵圍山爲外郭，是謂一小世界，合一千個小世界爲小千世界，合一千個小千世界爲中千世界，合一千個中千世界爲大千世界，總稱爲三千大千世界），自比恆河沙數。《山經》由五山（即南山、北山、東山、西山、中山）以推十二篇，共爲一十七篇。《天文訓》九天九野（《淮南子·天文訓》將天分爲九野，天有九野，九千九百九十九隅，去地五億萬里。中央曰鈞天，東方曰蒼天，東北曰變天，北方曰玄天，西北方曰幽天，西方曰顥天，西南方曰朱天，南方曰炎天，東南方曰陽天)，以二十八宿分配地九州①。《論語》言"爲政以德，譬如北辰(北極星)，居其所而衆星拱之。"(語出《論語·爲政》)所區天學統系，亦如人學之以皇統帝，以帝統王，以王統霸也。就北辰四宮而言，無極無盡，不可思議。

人學王、霸，不過就一帝所統之一王分言其制，以爲舉一反三之例。以地球論，如《春秋》之王者有百，齊、晉之二霸者，爲二百，魯、衞之八伯者，有八百。以地制合天象，天球(爲研究天體位置和運動，天文學假想天體分布在以觀測者爲球心，以無限長爲半徑的球面上，這個球面叫做天球)星宿，或且千百倍於地球，惟是世界雖多，五宮九野之大綱，則天人合一，故《春秋》之王如昴星，霸如日會。人學既有皇、帝、王、霸，爲三經之主宰，推之天學，無不相同。《易》爲皇、帝，《詩》爲王、霸。善言天者必驗於人，善言人者亦必驗於天。在天成象，在地成形，亦如《淮南子·天文訓》據地之辨方正位以言天。《地形訓》則據天之九宮九野以畫地也。故天人之學，重規疊矩(謂前後相合，合乎同樣的規矩法度)，如表之有影，聲之有響，一而二，二而一，天道遠，人道邇，知人即所以知天。

---

① 《淮南子·天文訓》對九天九野及其對應關係，敍述説："何謂九野？中央曰鈞天，其星角亢氐。東方曰蒼天，其星房心尾，東北曰變天，其星箕斗牽牛，北方曰玄天，其星須女虛危營室。西北方曰幽天，其星東壁奎婁。西方曰昊天，其星胃昴畢，西南方曰朱天，其星觜嶲參東井，南方曰炎天，其星輿鬼柳七星，東南方曰陽天，其星張翼軫。何謂五星？東方木也，其帝太皥，其佐句芒，執規而治，春其神爲歲星，其獸蒼龍，其音角，其日甲乙。南方火也，其帝炎帝，其佐朱明，執衡而治夏，其神爲熒惑，其獸朱鳥，其音徵，其日丙丁。中央土也，其帝黃帝，其佐后土，執繩而制，四方其神爲鎮星，其獸黃龍，其音宮，其日戊己。西方金也，其帝少昊，其佐蓐收，執矩而治秋，其神爲太白，其獸白虎，其音商，其日庚辛。北方水也，其帝顓頊，其佐玄冥，執權而治冬，其神爲辰星，其獸玄武，其音羽，其日壬癸。"

　　或曰"天道遠，人道邇"，學以通經致用爲歸，方今國事日亟，急求人材。所謂天學，遠在數千萬年，當其時天人感應(指天意與人事的交感相應。認爲天能干預人事，預示災祥，人的行爲也能感應上天)，篤生聖神，不慮而知，不學而能(《孟子·盡心上》)。所謂天學者，固無事於表章(同"彰")。

　　曰：經學有三派焉，學者所當因時因地，自審(辨別)所處而爲之者也。一曰實行派，一曰哲理派，一曰天人合派。考孔子立教，以思學、志行分爲兩大宗，《論語》所謂觀志觀行(當爲《論語·學而》"父在觀其志，父没，觀其行"的概稱)，學罔思殆(當爲《論語·爲政》"學而不思則罔，思而不學則殆"的概稱)，即今外國之所謂哲學家、實行家。哲學爲思想派，凡遇實行，皆先假哲理爲耳目，思想家發明其理，實行家實行其事，舊學之所謂知行合一(謂認識事物之理與人之行爲實踐相互貫通)也。至聖六藝之學，原始要終，六藝平分天人，故以天學爲知，人學爲行，即《春秋》説所謂"與其託之空言[1]，不如見諸行事之深切著明"也。

　　言爲詩，詩爲志，"志"字經文或作"思"，所謂"思無邪"、"無思不服"也。《易》曰："思之思之，鬼神通之。"大抵西人所謂哲學思想家，其本源即爲天學之《詩》教。《書》者，如也；《詩》者，志也。大史公(即太史公司馬遷)説《易》與《春秋》，《易》由隱以之顯，《春秋》推見至隱，大抵皆以天人分知行，《書》與《春秋》，爲著明之行事，《詩》、《易》二經，爲隱微之思想。方今去至聖時代，尚在

---

[1] 託之空言，謂寄託所懷於文辭議論。漢趙岐《〈孟子〉題辭》："仲尼有云：'我欲託之空言，不如載之行事之深切著明也。'"按，《史記·太史公自序》作"載之空言"。司馬貞索隱："案：孔子之言見《春秋緯》，太史公引之以成説也。空言謂褒貶是非也。"

萬年之後，學者如欲實行，則專言人學，不言《詩》、《易》可也。惟就人學之皇、帝、王、霸言，《尚書》爲地球一統之制度。先就《春秋》之用夏變夷①，開化南方四州，俾與赤道以北相頡xié頏（即"頡頏"，本指鳥飛上下貌。此指不相上下，相互抗衡。《詩·邶風·燕燕》："燕燕于飛，頡之頏之。"《毛傳》："飛而上曰頡，飛而下曰頏。"），合地球有二十曆法，而後人帝之業成。

方今諸國林立，與春秋時局相同，或者以爲"大春秋"。攷孔子作《春秋》以後，所有糾合（糾，收。糾合即集合，聚集。《左傳》僖公二十四年："召穆公思周德之不類，故糾合宗族於成周而作詩"）諸侯，會盟征伐，中國實無其事。又攷所言九州，不及要、荒，惟九分九州，南方皆以州舉，豫州諸侯，又移封於他州，以爲方伯。所有綱領條例，無不與今世界形勢相合。然則《春秋》者，小爲中國之三千里，大爲全球之三萬里，進退諸侯，就中國言，尚爲述古。撥亂世反之正，就海外言，乃爲俟後。至聖生於春秋，中國之文教政治，都由春秋起點，中外今日始通，海外之文教政治，亦當由今日起點，是孔子之作《春秋》，小行之於中國，至今日，乃大行於天下。

就現在時勢而論，實行家又當分爲二派，以《尚書》爲知，《春秋》爲行，據《尚書》之版圖，實行《春秋》之政畧。蓋就疆域言，固已合四表（指四方極遠之地，亦泛指天下。《書·堯典》："光被四表，格于上下。"）之制，惟政治有三世之等差（等級次序，等級差別。《禮記·燕義》："俎豆、牲體、薦羞皆有等差，所以明貴賤也。"），《尚書》所言皇、帝，多就太平一統立說，其程度尚難驟企（及，趕上）。現在諸國紛爭，南服（古代王畿以外地區分爲五

---

① 用夏變夷，謂以諸夏文化影響中原地區以外的其他民族。夏，諸夏，古代中原地區周王朝所分封的各諸侯國，後泛指中國。夷，指中原地區以外的各族。《孟子·滕文公上》："吾聞用夏變夷者，未聞變於夷者也。"

服，故稱南方爲"南服"）各州，猶在州舉之例。太平之美備，若從亂世躐等求之，必至無所依據。故疆域雖同於太平，程度尚未離乎亂世。通經致用，必先合乎時宜，學者不求致用則已，苟欲速成，以挽救時局，則當專就《春秋》講求作用，蓋皇、王雖有優劣，夾輔用倚二公，桓、文（齊桓公、晉文公）三千里，爲《尚書》之堯、舜，堯、舜三萬里，爲《春秋》之桓、文，故二經有大小先後。

當今學人欲求實效，則天學之專經固在所緩，即人學之《尚書》亦始萌芽，惟專治《春秋》，以爲撥亂反正，此六經大小先後一定之次序也。然欲求《春秋》中記事之學，以《左》、《國》爲先務（首要的事務。《孟子·盡心上》："堯、舜之知，而不遍物，急先務也。"）。蓋《公》、《穀》之經義，寓褒寓貶，《左》、《國》所有自治外交、公法、兵戰、盟會條約四者，二《傳》所未詳。又，《左》、《國》兼說六經，天人羼chàn雜（攙雜，混雜），篇冊繁重，未易貫通，當先舉其切於時務者，分門纂錄，別本單行。如坊間所刻《左氏兵畧》（明陳禹謨撰，三十二卷。取《左傳》之敘及兵事者，加以排比，按照十二公順序，並雜引子、史證明，"非惟無關於《春秋》，併無關於《左傳》，特借以談兵而已"）之類。考前人未嘗不於《左氏》中求致用，而卒無成效者，則以未去中外古今之畛域，刻舟求劍，守株待兔，其結果亦終同於八股之空言。

故當化去陳見，以爲孔子之作經，賢者之作傳，本非述往之成事，特留此篇，引進中外，和平進化，以臻於美善。即如外交一門，當就外史，攷其數百年之程度，與當今之時事，遺貌取神，輾轉互證。西土所有，傳無明文者，當推類以求之，或輯外事，以補傳之所不足，傳之所有，而爲時事所無，亦有其事而公私文野不同者，又當據傳引進之，如桓公葵丘之盟辭（春秋時，齊桓公稱霸，於前651年邀集魯、衛、宋、鄭、許、曹等國國君在葵丘〔今河南蘭考、民權境內〕會盟，約定會盟之國互不攻伐，不阻塞水源，不阻礙糧食流通，不改換嫡子，尊賢育才，選拔賢士等），即爲現在干涉之政策。現今各國主義，多圖自利，假公以濟私。又，所有條約，每近於戰國，求如《左傳》所謂文、襄之治者鮮，而謂先王之制者，更屬少見。此當據現在形勢，徐徐補入，引之進道。當日虎歌所作公法，不備不全，私而少公，諸國猶且奉行，遵爲成憲，果能專心致志，表揚(宣揚)中國先聖之古時公法，各國改良精進，皆有求治之精神，以此引而進之，推孔學於全球，未嘗不可籍(藉助)此一端以爲先導(開道，引路)。惟欲詳傳義，必先考求各國之史事成案(舊例)，論卑而易行，欲裁成於不覺，不可高自位置，是己非人。畧言一端，餘可類推(比照某一事物的道理，推出跟它同類的其他事物的道理)，所有當今經學致用之先務，不可不專心致志，早著成書，以爲晚近之一助也。

則試先言天人合一之學，使天、人不相關，則六經但立人學，而不言天學可也。方今學人見歐美、非、澳開化之初，皆有拜物教(原始宗教信仰的一種形式。指原始人將某些特定的物體，如石頭、樹木、武器等，當做神靈來崇拜)，又因耶教專奉一天，於各種祭祀，皆斥爲神權蠻野之制，故雖中國通人(學識淵博通達之人。《莊子·秋水》："當桀紂而天下無通人，非知失也。")，亦疑《周禮》祀神之官太多，非"遠鬼神務民義"(語出《論語·雍也篇》："子曰：'務民之義，敬鬼神而遠之，可謂知矣。'")之宗旨。攷地球惟中國有天壇(中國古代帝王祭天的高臺)、宗廟(古代帝王、諸侯祭祀祖宗的廟宇。《國語·魯語上》："夫宗廟之有昭穆也，以次世之長幼，而等冑之親疏也。")、社稷(古代帝王、諸侯所祭的土神和穀神。社，土神；稷，穀神。《書·太甲上》："先王顧諟天之明命，以承上下神祇，社稷宗廟罔不祇肅。")、山川(指名山大川之神。《楚辭·九章·惜誦》："俾山川以備御兮，命咎繇使聽直。"朱熹《集注》："山川，名山大川之神也。")諸祀典，此中國所以爲文教開化最早，而又得至聖之經說，以爲之引導，乃能獨占風氣之先。或乃混同一視，比於蠻野之神權，真所謂一齊衆楚[1]，不辨美惡矣。

攷大地洪荒（混沌、矇昧的狀態）開闢之初，莫不有奉物教（即拜物教），不惟海外各國有之，即中國當堯、舜以前，實亦如此。民智進化，則必舉至尊無上之一神，專心崇奉，以掃除各等奉物教。西人推尊一天，專祀上帝，不祀諸神，爲進化自然之階級，非獨泰西諸國爲然。我中國當孔子以前，實已先奉天主教，以掃除各種奉物教，如《穀梁》、董子，皆有以天爲主之說，《論語》王孫賈問媚奧（室內西南隅，古時祭祀設神主或尊長居坐之處。《儀禮·士喪禮》：“乃奠燭，升自阼階，祝執巾席從，設于奧，東面。”）、媚竈（灶神），孔子答之，曰：“獲罪於天，無所禱”（語出《論語·八佾》：“王孫賈問曰：‘與其媚于奧，寧媚於竈。何謂也？’子曰：‘不然，獲罪於天，無所禱也。’”），《春秋》譏“不郊，猶三望”（《春秋》宣公三年：“牛死，乃不郊，猶三望。”魯之三望，指祭東海、泰山與淮水。《左傳》宣公三年：“不郊，而望，皆非禮也。”杜注：“言牛雖傷、死，當更改卜，取其吉者，郊不可廢也。”）。《禮》在喪不祭，惟祭天“越紼fú[2]而行事”（語出《禮記·王制》：“喪三年不祭，唯祭天地社稷，爲越紼而行事。”），此中國以天爲至尊，不敢以諸神與天相比之古義也。是西人專奉一天之教，我中國春秋以前行之數千百年，西人不能獨恃其強，以傲我未能知未

---

① 一齊衆楚，謂一人施教，衆人喧擾。比喻做事不專一，絕無效果。語本《孟子·滕文公下》：“有楚大夫於此，欲其子之齊語也，則使齊人傅諸？使楚人傅諸？曰：使齊人傅之。曰：一齊人傅之，衆楚人咻之，雖日撻而求其齊也，不可得矣。”

② 越紼，謂不受私喪的限制，在喪期參加祭天地社稷的典禮。紼，柩車之繩。《禮記·王制》：“喪，三年不祭，唯祭天地社稷，爲越紼而行事。”鄭玄注：“越，猶躐也。紼，輴車索。”孔穎達疏：“未葬之前，屬紼於輴，以備火災。今既祭天地社稷，須越躐此紼而往祭之，故云‘越紼’。云‘紼，輴車索’者，以停住之時，指其繩體則謂之紼，若在塗人挽而行之，則謂之引。”

能行，明文具在，可攷而知。

蓋中國開闢，自占諸國之先，海外所推至精至美，傲我以不能知、不能行之宗教，而我於二千年前實已實力奉行。《易》曰"帝出於震"（語出《周易·說卦》："帝出乎震，齊乎巽，相見乎離，致役乎坤。"），教化在歐洲一二千年以前。歐之於亞，亦如美之於歐，非、澳之於美，雖同曰五大洲，而出海有早遲，文教有先後，亦如兄弟有五人，雖同父母所生，而年歲有先後，知識有壯稺（同"稚"），此固一定之勢也。

中國雖無孔子，文明已占各國之先，且天獨生至聖於我震旦，改舊教，立新教，精益求精，有不得與列國相提並論者。蓋中國初爲神權，既主一天，行之數千百年，而後孔子生。當時人民，亦如今泰西，人人各自以爲天子，《論語》："天子穆穆，奚取於三家（魯國當權的三卿，即仲孫、叔孫、季孫。三家都是魯桓公的後代，又稱三桓）之堂。"（語出《論語·八佾》："三家者以雍徹。子曰：'相維辟公，天子穆穆'，奚取於三家之堂。"）蓋當時人人自稱天子，季氏故肯歌此詩。孔子制禮，乃以"天子"爲王者之稱，即如"朕"字，古爲上下之通稱，自始皇定爲尊號，後世遂無敢僭用之者。使孔子以前，"天子"亦如"朕"字，爲尊號，季氏雖驕蹇（jiǎn。傲慢，不順從。《公羊傳》襄公十九年："爲其驕蹇，使其世子處乎諸侯之上也。"），亦何取乎此！《穀梁》曰："孤陰不生，獨陽不生，獨天不生，三合爲然後生。"故曰母之子可，天之子可，尊者取尊稱焉，卑者取卑稱焉。此孔子經義以天子屬之至尊，羣下則引爲姓氏譜。孔子以前，人皆主天，一如西人。祖宗姓氏之學，在其所畧。

又，耶教主天，不能不拜耶穌，教皇以下，司鐸[①]、神父、奉教者，亦不能躐等。即以泰西各國君主與總統而論，無不立官以奉職事，而謂上帝獨立於上，遂無僚佐，亦與其教會官制不合。故孔子作經，以天爲至尊，即用西人祭天之説。天之下尚有百神，尊百神，即所以尊上帝。耶教專奉上帝，輒與奉物教爲難，而與義實不相通。諸經祭祀，除天以外，凡有功德勳勞及死事（指死於國事者。《管子·問》："問死事之孤，其未有田宅者有乎？"），亦如教皇之下必有司鐸神甫，君主及大總統之下必有百官。

經義郊天之外，祀典甚嚴，惟中國獨有良法美意。説者不察，乃因奉物教，遂以經傳之祭祀，爲蠻野之神權，真所謂不辨黑白也。官事各有專司（專門負責某項事物的處理及管轄）。神示（同"祇"。見《周禮·天官·大宰》："祀大神示，亦如之。"鄭玄注："大神祇，謂天地。示，又作'祇'。"）五祀（古代祭禮名，即禘、郊、宗、祖、報。一説爲王者在宮中祀五色之帝，分別爲句芒、蓐收、玄冥、祝融、后土），風雨日月寒暑，不能不有神，此可因人事而定之者也。初則多神教，繼乃爲一天教，經義改爲至尊一天，而庶祀百神，仁至義盡，法良意美。

西人奉物教衰息之後，或且改從中國，此又一定之勢也。使鬼神與人無交涉，則孔子亦不必重言祭祀。凡風雨寒暑之得宜，農田豐穰（ráng，即豐收），皆賴神力，惟祭祀之本意，則須人民進化，其精爽不貳，足與鬼神相感格（感應），乃能有效。大約祭祀本旨，皆在靈魂學已精之後。孔子曰："我戰則克，祭則受福。"（語出《禮記·禮器》）經書所言

---

① 司鐸，天主教神父的正式品位職稱，也稱司祭。譯自拉丁文Sacerdotes（單數作Sacerdos）。中國天主教最初音譯"撒責爾鐸德"，簡稱"鐸德"，後來用儒家關於"施政教時振木鐸"的説法，改作"司鐸"。

天命（上天之意旨，由天主宰的命運。《書·盤庚上》：“先王有服，恪謹天命。”）鬼神，受享（接受祭禮）錫福（即“賜福”）之說，至爲詳備，其說豈能盡誣（全爲不實之辭）！即如地球赤道熱，黑道（日月運行的軌道之一。舊說日月運行有九道，即黃道一，青道二，赤道二，白道二，黑道二。《漢書·天文志》：“月有九行者，黑道二，出黃道北。”）寒，欲天下均平，必須鬼神相助，非盡人力所能。又如大禹之開山導水，黃帝之百靈受享，鳥獸草木，咸皆必籍鬼神之力。方今人民程度，尚未進化，祭祀之事，亦援例以行之，而鬼神之受享與否，則付之冥漠（玄妙莫測）不可知之數。

《國語》曰：“祭窮於財，而福不可知。”又如《春秋》之救日蝕（古代遇日食，以爲是陰侵陽，必祈禱鼓噪，張弓射月，稱“救日”。《史記·天官書》：“蓋略以春秋二百四十二年之間，日蝕三十六。”）、大旱之雩yú祭（古代求雨的祭祀。漢代董仲舒《春秋繁露·精華》：“大旱雩祭而請雨，大水鳴鼓而攻社。”），其中別有精意。《荀子》因人之精爽，未能與鬼神相通，於是爲說曰：“雩而得雨，與雩而不得雨同也。”（語出《荀子·天論》，引文有異。原文云：“雩而雨，何也？猶不雩而雨也。”）蓋謂人君大旱不得不雩，亦如現在州縣，以一紙文書虛應故事，不得經義，妄自立說，以致後人疑《春秋》爲虛僞矯誣（矯誣指假借名義以行誣罔虛妄。《書·仲虺之誥》：“夏王有罪，矯誣上天，以布命于下。”）。蓋鬼神靈感相假，亦如人之往來，有求斯報，所以經特重祭祀，而《春秋》於郊天之牛牲（作爲祭品的牛）、食角（《春秋》成公七年：“春，王正月，鼷鼠食郊牛角，改卜牛，鼷鼠又食其角，乃免牛。”）、傷口（《春秋》宣公三年：“春王正月，郊牛之口傷，改卜牛，牛死，乃不郊。”），亦大書特書，至於四五見，蓋以明天意之受享不受享。

《公羊傳》曰：“《春秋》天道備，人事洽。”凡書鬼神時令，皆爲天道。王、霸爲人學之初基（猶初始），因其與天學懸絕，故必記時令、祭事、災異，以存天學之宗旨，故曰：

"人事治於下，而天道備於上。"蓋皇、帝平治天下，亦如今日之中國，必與外國交涉。外交得宜，而後中國安，鬼神受享，而後天下治。天學即所以助人事，使上天下地，可以扞格而可致太平。聖人亦必遠鬼神，而專務民義，此天人合一之說也。其理至爲精微，不過就最粗淺者言之，以見人學必有藉於天，初不敢以爲聖人之天人學，義盡乎此矣。

忠敬文三代循環爲三等政體論

[題解]據《廖季平年譜》，該文作於光緒二十五年(1899)。該文曾刊於《四川國學雜誌》1913年第9期。廖平認爲《禮》中所謂"忠、敬、文"者，即西人所謂專制、民權、共和。古之湯武，即今之法、美。蠻野之君權，尊君謂之忠。平權爲殷之立敬，與忠相反，爲質家。民權積久弊生，弒君殺相，國無寧歲，人心厭亂，於是不得不參用君權，合夏、商、周爲一治，故謂之文。我國革命民權，早在三千年前，已據全球上游，占文明之先步。二次之君統，早已合三質而混化之。我國正當二次共和之時代，故不能謂之爲民權，亦不能謂之爲君權，已變蠻野而文明。三次之三統，當更文明。學者只有推闡三統之宗旨，以明進化之步驟，才能免除隨人俯仰的弊病。

　　《禮》說：夏尚忠，其弊也野，則救之以敬。殷尚敬，其弊也鬼，則救之以文。周尚文，其弊也史，則更循環用忠。古有是說，三"尚"殊難實指，竊以世界時局考之，則所謂忠、敬、文者，即西人所謂專制、民權、共和也。《易》曰："湯武革命，以臣伐君，爲誅一夫。"正如法之大革命，美之獨立。湯武世局，正與今西事相同，則古之湯、武，即今之法、美。

　　今之報局，每以吾國爲專制，以求在下之反動力。及攷西史，見革命國之專制，每云別無法律，君命即爲法律，較土司(元、明、清時期於西北、西南地區設置的由少數民族首領充任並世襲的官職。按等級分爲宣慰使、宣撫使、安撫使等武職和土知府、土知州、土知縣等文職)酋長而有加，人民苦無以聊生，與吾國不免有霄壤之別，因以見古之湯、武，其革命者，大約與今海外同，所謂蠻野之君權。尊君，故謂之忠。

凡人當合羣之初，以與禽獸爭，必立君。君者，羣也。初籍君以合羣，戰勝禽獸，非君不能存立，故奉君以爲聖神不可犯。積久弊生，君暴厲(凶暴乖戾。《説苑・修文》："憂哀悲痛之感不加乎心，暴厲淫荒之動不存乎體。")於上，苛政至猛於虎，民不堪命，乃轟炸以復其仇。

夫欲定精進之法度，必上下皆無所偏，乃得持久。民之隱衷，必盡情發洩xiè，使無餘蘊，而後有公理。當此世界，所謂民權、平等、自由，如虛無黨之必欲盡去政府而後快。今之西人，正如古之湯、武，孟子所有貴民輕君之説(可參看《孟子・盡心下》："孟子曰：'民爲貴，社稷次之，君爲輕。是故得乎丘民而爲天子，得乎天子爲諸侯，得乎諸侯爲大夫。'")，爲此時代而言，論公理不分貴賤，君民交戰，正如水火陰陽，物極而反，變本加厲，如今海外之路索①、孟德斯鳩②等。民爲主人，君爲奴隸各學説，爲時勢所造，彼此是非，不能謂其偏僻。平權以爲殷之立敬，又爲質家，與夏文相反，與忠反之民權也。

吾國湯、武以後，降爲二伯之共和，則以民權積久弊生，弑君殺相，國無寧歲，人心厭亂，天意隨之視聽，雖取民權，不得不參用君權，合夏、商、周爲一治，故謂之

---

① 路索，即讓・雅克・盧梭(1712–1778)，法國啟蒙思想家。他認爲私有制的產生是不平等的根源，主張人們經過協議，訂立契約，成立公民的社會。他的思想對18世紀法國資產階級革命影響很大。著作主要有《社會契約論》、《論人類不平等的起源和基礎》、《懺悔録》、《愛彌爾》等。
② 孟德斯鳩(1689–1755)，法國啟蒙思想家。其著作《法意》(1750)對歐洲和美國的政治思想產生了深刻的影響。書中提倡立法、司法和行政三權分立。

文，物相參雜謂之文。《論語》："周監於二代，郁郁乎文哉！"（語出《論語‧八佾》）此又蠻野之共和，從始至終，自孔子後，則周而更始，再用夏忠。故《春秋》尊君，專明王法，然此爲二次之三統，原因複雜，體質（即"體制"）不一，與前之三統，標幟新異、招人指摘者不同。蓋蠻野之三統，爲三者特異之原質（指元素。章炳麟《五無論》："六十四種原質，析至鄰虛，終無不可復析之量，既可復析，即不得强立原子之名。"），二次之君統，早已合三質而混化之。自其外貌觀，君不似君，民不似民，由春秋至今，細爲分割，以千年爲一周，吾國正當二次共和之時代，故不能謂之爲民權，亦不能謂之爲君權。蓋已變蠻野而文明。

歐美見當初次民權時代，或乃自以爲新理，自以爲曝獻（《列子‧楊朱》："昔者宋國有田夫，常衣縕黂wēn fén，僅以過冬，暨春東作，自曝於日，不知天下之有廣廈隩室，綿纊mián kuàng狐貉，顧謂其妻曰：'負日之暄，人莫知者，以獻吾君，將有重賞。'"後以"曝獻"爲所獻微薄而意誠的謙詞），不知吾國革命民權，早在三千年前，已據全球上游之勢，此吾國所以占文明之先步，爲五洲之伯兄，仲、叔隨行，季則更爲幼稚（即"幼稚"，謂缺乏經驗或智能薄弱）。自後數百年，共和之局又終，則當與全球合並而爲大一統。從周而大夏，從大夏而大殷，從大殷而大周，三次之三統，當更文明，則固非吾輩所及見矣。大抵除初次三統後，其形迹皆隱晦，其原質皆揉雜（混雜），亦如《春秋》之三世例。事文隱微（隱約細微。《管子‧九守》："明知千里之外，隱微之中，曰動姦，姦動則變更矣。"），及久乃覺其變象，不能沾沾（自矜貌，自得貌）以文辭求之也。西人樂利，實由革命而出，其推獎實出誠心，食芹而甘①，欲推之世界，或乃倡言攻之，以爲邪

①　"食芹而甘"，《四川國學雜誌》本作"食芋而甘"。

説惑世誣民，或又以孟子之説，爲大同之極點，崇拜者固失其原理，摧抑者又違其本義，左右佩劍，有如罪人。故推闡三統之宗旨，以明進化之步驟，中外各得其主義，庶無隨人俯仰(任憑別人驅使，完全聽從別人的支配)之獘焉。

《高唐賦》新釋

[題解]據《廖季平年譜》，該文作於民國三年(1914)，有民國四年(1915)存古書局刻本。廖平認爲《高唐賦》應分兩篇，一篇爲宋玉賦，一篇爲楚王賦。所賦爲神游之事，並非男女狎邪事。該賦多有寄託，如朝雲爲十二牧之一，所述皆神游三界、上征、下浮之事。《高唐》爲神遊，道家專門學説，典禮隆重嚴肅，未嘗涉及男女幽會。後人不解託興本旨，誤指爲男女之事。

　　“高唐”即下“高廣”，指天地言，《中庸》“高明配天，博厚配地”(語出《中庸》第二十六章。原文云：“博厚配地，高明配天。”)，“博”與“廣”義同，指上征、下浮，即“鳶飛魚逃”之旨。又，“高唐”，《詩》作“高岡”，《易》作“高尚”，《蠱·上九》曰：“不事王侯，高尚其志，上天元，下地黄。”《詩》曰：“陟彼高岡，我馬元黄。”《易》曰：“其血元黄。”
　　此賦當分爲二篇，王所敘爲一賦，玉所作又爲一賦，彼此詳略互見，王所敘，實即一賦體也。

昔者博士所擬，故曰“昔者”。**楚襄王與宋玉**凡古賦中所有人名，皆屬依託，如子虚、烏有。**游**如穆王與化人游。**於雲**《列子》“乘風御雲”。**夢**《招魂》“掌夢”。**之臺**神游爲夢，《秦本紀》有“雲夢”。**望**海外三神山，可望而不可即。**高**太乙。**唐**即高岡后土，不可作地名解，尤非齊之高唐。**之觀，**下云“上至觀側”，即此觀，神游乃能至。**其上**天。《詩》、《易》之説，上下無常，就一隅分上下，爲天地，互言之，則頂上則爲天。**獨有雲氣，**雲從龍。**崒**（zú，山峰高而險）**兮直上，**飛龍在天，此爲《雲賦》，同《風賦》，雲龍風虎。**忽兮改容，**十二月旋相爲本。**須臾之間，變化**龍德變化。**無窮**。一日之中，四時之氣俱備，即下"始"、"少進"四段。

　　王玉。**問玉王**。**曰：**舊本作"玉問王曰"，後人乃改爲"王問玉"。原本如是，後人不知其義，乃改之。**"此何氣也？"**宋玉不知而問。**玉王**。**對**衍。**曰：**先王之事，王守文，數典自當研悉，非玉外人所知。**"所謂朝雲者也。"**東龍，朝雲。**王玉**。**曰："何謂朝雲？"**朝雲即所謂寅，正月。十二月旋相爲本，月月有寅。《素問》所謂"命其位而方、月可知"，故只見一方。**玉王**。**曰："昔者**昔而又昔。**先王**周穆王也。按，下"試爲寡人賦之"，言其故實者王，作爲詞賦者玉；非玉既言之，又作賦，王如癡人也。**嘗遊高唐，**穆王神游，見《列子》、《穆天子傳》，即神游事。如《楚辭》，當作"雲夢"，神游六虛。**怠**字出《列子》。**而晝寢，**即神游，非真夢。宰予晝寢同。**夢**雲夢，即夢朝雲。**見**以夢之所見爲真。**一**十巫之中，一巫爲己，如和公也。**婦人**《論語》：有婦人焉，九人而已。十巫之中，己爲婦人。**曰："妾巫山**巫、靈古字通，巫山即靈山。靈氛與巫咸，同爲巫字，《山海經·大荒西經》："有靈山十巫，巫咸等所從上下。"**之女也，**十巫之一，當爲巫咸。射姑山神如處子，至觀側即見西皇，巫女即掌夢之事，來招王魂往游。**爲高唐**《素問》："上下者，陰陽之道路。"**之客**。上下相通，飛相往來，以天地爲傳舍（古時供行人休息住宿的處所）。**聞君游高唐，**如封禪。經："十三載大會同。"託之夢，所以爲"雲夢"。**願薦**（jiàn，進獻，送上）**枕席**（枕頭和席子，也指男女媾歡）。**"**《封禪書》：上泰山之車以蒲薦（襯，墊），懼傷草木也。**王因幸**臨幸。**之**。之，指高唐觀側。巡守封禪，即下"當年遨游"之説，舊以狎邪解之，大誤，始于《神女賦》、《襄陽耆舊傳》。

　　去歸寧（一般指女子出嫁後，回娘家向父母請安。《詩·周南·葛覃》："薄汗我私，薄澣我衣。害澣害否？歸寧父母。"）。**而辭曰：**此在封禪以後，如《覲禮》之"歸寧乃邦"。**"妾**朝雲爲十二牧之一，東七宿，青龍北，爲雨，在寅，故爲朝。**在巫山之陽，**寅宮。《山經》："大荒之中有山，名曰豐珇zǔ玉門，日月所入。有靈山十巫，於此升降，百藥爰在。"○《楚辭》天學，全用《山經》典故，不應下至南夷僻遠之一小山，知當作靈山。**高丘**即高唐。南曰丘陵。《孟子》："爲高必因丘陵。"**之岨**qū，爲之外牧。**旦朝寅。爲朝雲，**隨時變化，爲十二舍。**暮**暮指夜半子、丑二宮。**爲行雨，**北方坎水爲雨。**朝朝**始于寅，終于丑。**暮暮，**己土，寄王于四時。十二舍分十二時，各有朝暮不同。**陽臺**高，明。**之下。**""**殷其雷，在南山之下**"，與此同。周維六合十二宮。

旦朝視之，反，神既覺之後。**如言，**即下王所説之"四節"。**故爲立廟，**立明堂泰乙祠，並爲朝雲立十二戶，以象十二次。**號曰"朝雲"。**如青陽總章，此乃立神號，非廟名。**王玉。曰："朝雲其始出，狀若何也。"**内服，始出。**玉王。曰："其始出也，**直正從寅出。**嶵**duì**兮若松榯**shí；即"崒兮直上"四字，昇於天。**其少進也，**卯、辰二時，皆屬東方雲龍。○外服，少進。**晰兮若姣姬。**八千爲八才子，十二牧爲十二女。土寄於四時，皆得司之。**揚袘鄣**zhāng**日，而望所思。**十二月旋相爲宮之初，斗柄所指者，當爲朝雲。**忽兮改容，偈兮**由東龍至朱雀，南方七宿。**若駕駟馬，**午馬。**建羽旗，**朱雀。**湫**（qiū，涼）**兮**西方七宿屬。**如風，**風從虎。**淒兮如雨；**北方。○箕好風，畢好雨。好謂對沖，邊鄙之方六情，北方之情好，是也。**風止雨霽，**秋，冬。雲雨風雷露，合爲四時。○南方。**雲無處所。"**謂無定處定所也。○十二月一周，所謂朝朝暮暮。

王玉。曰："寡人二字衍。**方今**今爲見在。**可以遊乎？"**法古俟後，經説之"古昔"，爲後聖立法。**玉王。曰："可。"王玉。曰："其何如矣？"**如《天問》。**玉王。曰："高矣，**即高尚之高。**顯矣，**《中庸》"高明"，與"顯"同。**臨望**途望高唐。**遠矣，**上登天，《易》之乾。**廣矣，**唐、尚、岡皆同音字。《中庸》"博"與"廣"同義。**普矣，**《中庸》作"厚"。**萬物**地。**祖矣。**《易》之坤。此乃大地之稱，一山何足當之。**上**九天上。**屬於天，**所謂高、顯。**下**九淵下。**見於淵，**所謂廣、普。**珍怪奇偉，不可稱論。"**《山海經》所語神靈所生，非世界所有。**王曰：**二字衍。**"試爲寡人賦之。"**王言其故實，玉著文辭，合成此篇。**玉曰："唯唯。"**序爲王言，以下乃玉賦。

惟高唐《詩》高岡，《易》高尚，即《序》高、顯、廣、普。之大體兮，天大地大，爲兩大。殊無物類山不過比于拳石，水不過比于一勺。之可儀比(比擬)。巫山豐沮玉門，爲靈山。赫其無疇兮，如《大言賦》，非賦一山。〇以二十八宿分配十二次。道互折而層累。《天問》"九重"，《地形訓》："其中五爲上帝，天不一天，故九折周遊而上，十巫從之升降。"登上涉爲登高，夢鳥。巉chán巖(高聳險峻的山崖)而下下望爲臨淵，所謂唐。望兮，下浮無地，此段爲賦地之九淵，即《楚辭》下浮，《招魂》下遊之事。臨大坻之稸xù水。即下見于淵。遇天雨北方玄武，爲雨。之新霽jì兮，新霽，又一朝雲。觀百谷百川。之俱集。《莊子·秋水》篇，海若自謂九牛一毛，太倉一粟。潷(bì，形容水流洶湧奔至所發出的聲音)洶洶(xiōng，水波騰涌貌)其無聲兮，海不揚波，有聖人。潰(kuì，亂流，漫溢)淡淡(同"澹澹"，水波動貌)而並入。此無風之時。滂(pāng，水廣大貌)洋洋凡"洋洋"，皆天學名辭，《中庸》屢言之(《中庸》第十六章，"洋洋乎！如在其上，如在其左右"；第二十七章，"大哉聖人之道！洋洋乎")。而四施兮，四海九淵。蓊(wěng，草木茂盛貌)湛湛(聚集貌)而弗止。寒、熱二流，互相灌注。〇以下爲風景。長風萬里長風。至而波起兮，雲從龍，風從虎，寅與申對衝。《孟子》："觀海者觀于瀾。"有風則爲東西交并。若麗山之孤歍。《中庸》："今夫山，一拳石之多。"(《中庸》第二十六章，"今夫山，一卷石之多")勢薄(逼近，靠近)岸而相擊兮，東西衝。隘交引而卻會。交會即合和。崒(zú，山峰高而險)中怒而特高兮，九淵之中，有高在其中，如陸之以高爲京師。若浮海而望碣石(山名。在河北省昌黎縣北。碣石山餘脈的柱狀石亦稱碣石，該石自漢末起已逐漸沉沒海中)。以世界比神游。礫(lì，小石)礧礧(lěi，石磊積貌)沙礫比于世界。而相摩兮，《易》"往來井井"，又，"陰陽相摩"。嶸(róng，象聲詞，形容巨大的聲響)震天上下無常，下亦有天。之礚礚(ke，兩石相擊聲)。高在天中。巨石水中之山，亦如四岳。溺溺(沉沒)之瀺灂(chánzhuó，狀聲詞。形容水流聲)兮，沫《詩》："沫爲地中。"潼潼(高貌)而

高屬[1]。所謂九洛。**水澹澹**(蕩漾貌)**而盤紆**(回繞曲折)**兮，**八干十二支羅旋。**洪波淫淫**(遠去貌)**之溶滴**(yì，水波蕩漾的樣子)。**奔揚踴而相擊**jī**兮，**六合即六衝，以衝爲合。**雲**當作"雷"。**興聲之霈霈**(pèi pèi，波浪相擊聲)。雲無聲。風雲雷雨，以配四時。**猛獸驚而跳駭**(驚駭逃竄)**兮，**水中之獸。**妄奔走而馳邁**。風雷之變。**虎豹豺兕，失氣**地獄亦如天堂，各有五蟲。**恐喙；雕鶚鷹鷂，飛揚**(飛舉，飛騰)**伏竄**(藏匿逃竄)。人間所有，上下與同。就世間以譒譯之。**股戰**(大腿發抖，形容十分恐懼)**脅息**(斂縮氣息)**，安敢妄摯**zhì。以上皆摯鳥摯獸。**于是水蟲盡暴，**譯書所謂風劫，海枯石爛。**乘渚**zhǔ**之陽，**水中可居曰渚。**黿鼉**(yuán tuó，大鱉和豬婆龍)**鱣鮪**zhān wěi**，交積縱横，**以水言之。如世界之倮luǒ蟲爲靈物。**振鱗奮翼，蜲蜲**wēi**蜿蜿**。以上皆風劫，爲唐賦。

中阪bǎn此以四時言。**遥望，**中望。平視分三望，此在中間，先下而後上。**玄木**(傳説中的一種常緑樹，謂食其葉，可成仙)**冬榮**(草木冬季茂盛或開花)**，**四時不同。**煌煌熒熒，**上爲天，下爲地，中則四荒四極，皆在六合外。《爾雅》言四海四荒四極四海爲本世界。荒、極皆在恆星天。**奪人目精**。此賦植物。**爛兮若列星，**《山經》亦詳草木，爲天上所有。**曾不可殫形**(謂使人或物的狀貌完全顯現出來)。以上總，以下分。**榛**zhēn**林**(榛木林，亦泛指叢林)**鬱盛**(郁茂，茂盛)[2]**，葩葉覆蓋。雙椅垂房，糾枝還會。徙靡澹淡，隨波闇藹**(枝葉茂盛貌)**；東西施翼**(張開翅膀。形容伸展，散布)**，**四旁之星辰。**猗狔**(猗婀娜。柔美貌)**豐沛**(衆多貌)。**緑葉紫裹，丹莖白帶**。以五色分五方。**纖條**(纖細的枝條)**悲鳴，聲似竽籟**(竽和簫)。《莊子》所謂天籟，亦賦風也。**清濁相和，**此爲樂説。**五變四會**。四旁。**感心動耳，**説詳《樂記》。**迴腸傷氣**。六情説下方哀，此寫哀字。**孤子寡婦，寒心酸鼻**。**長吏隳官，賢士失志；愁思無已，歎息垂淚**。**登高遠望，**下視。**使人心瘁**(cuì，

---

① "屬"，《文選・高唐賦》作"厲"。

② 此句原脱，據《文選・高唐賦》補。

憂愁）。此言聲樂之感人，即人樂也。**盤岸**（盤曲的崖岸）**巑岏**（cuán wán，山高銳貌），以下賦四荒方域。**裖**zhěn**陳磑磑**（wéi wéi，高峻貌）。**磐石險峻**，四岳九山。**傾崎**（傾側，傾斜）**崖隤**tuí。流于四表。**巖岠**^①**參差**，《詩》："參差荇菜。"**從橫相追**。《詩》："蓺麻如之何？橫從其畝。"**陬**zōu**互橫牾**wǔ，即犬牙相錯之義。**背穴**（太陽周圍的雲氣）**偃蹠**（zhí，阻塞行路）。向背互異。**交加絫**lěi**積**，如《禹貢》導山導水之交互。**重疊增益**。**狀若砥柱**（山名。又稱厎柱山、三門山。在今河南省三門峽市，當黃河中流。以山在激流中矗立如柱，故名。因整治河道，山已炸毀），凡言"若"者，以地謾天例。**在巫**"巫""皆讀作"靈"。**山下**。凡三才說，以本世界爲中爲人，此爲賦四荒四極事。**仰視**由中望上，《易》"仰以觀乎天文"。**山顛，**天，顛也。凡人頂上皆天，北與南並同。**蕭何芊芊**（qiān qiān，蒼翠，碧綠），**炫燿**（yào，照耀）**虹蜺**（ní，即蠕蝀。爲雨後或日出、日沒之際，天空中所現的七色圓弧。虹蜺常有內外二環，內環稱虹，也稱正虹、雄虹；外環稱蜺，也稱副虹、雌虹或雌蜺）。讀"蝃蝀"（dì dōng，虹的別名，《詩·鄘風·蝃蝀》："蝃蝀在東，莫之敢指。"），此略下詳。**俯視**由中俯視。《易》所謂"俯以察夫地理"。**崝嶸**（zhēng róng，深貌），**窒寥**（空深貌）**窈冥**（深遠渺茫貌）。下臨無地。**不見其底，**冥冥在下。**虛聞松聲**。無聲無臭。虛聞，亦不聞也。**傾岸洋洋，**謂洋洋盈耳。**立而熊經**（如熊攀樹而懸。形容人臨危恐懼之狀）。《詩》之"如臨深淵"，危崖不能立足，學熊經乃能立。**久而不去**，形可暫，不可久。**足盡**憊急。**汗出**。人怯則汗出。**悠悠忽忽**，無所聞見。**怊**chāo**悵**（猶惆悵）**自失**。《列》、《莊》黃帝炫惑（迷亂，困惑），亦同此。**使人心動，無故自恐**。心如懸旌（掛在空中隨風飄蕩的旌旗），自生顛倒。**賁、育**（戰國時勇士孟賁和夏育的並稱）**之斷，不能爲勇**。《列子》學射事，所謂非射之射。**卒愕異物**，忽有所見，此法眼，非肉眼。《山經》所見。**不知所出**。來去無蹤。**縱縱**（xǐ xǐ，眾多貌）**莘莘，若生於鬼，**《中庸》："鬼神之爲德，其至矣乎！"（《中庸》第十六章，"鬼神之

---

① "岠"，《文選·高唐賦》作"岠"。

爲德，其盛矣乎”)**若出于神**。上下無常。**狀似走獸**(泛指獸類)**，或象飛禽**。如《招魂》，如《天問》。**譎詭**(變化多端)**奇偉**(奇特壯美)，地獄變相。**不可究陳**。上段已賦唐，爲實賦；此則從人間世視，爲虛寫望景。

上高也，高唐之觀。**至觀側，**即序所謂“王因幸之”。如穆王神游化人之宫，如封禪之登泰山頂，非“幸御婦人”之“幸”也。○以下爲高唐賦，由下而中，由中而上，由遠自邇，升高自卑之義也。**地**天之上仍有地。**蓋底平**。如昆侖之上平，萬五千里。**箕踵漫衍**(綿延伸展貌)**，芳草羅生**。以下植物。**秋蘭茝蕙**(chǎi huì，香草名)**，江蘺**(lí，一種香草)**載菁**。**青荃、射干，揭車、包并**(四種香草名)。**薄草**(叢生之草)**靡靡**(草隨風倒伏貌)**，聯延**(連綿，連續)**夭夭**(美盛貌)。**越香**(散發的香氣)**掩掩**(形容香氣濃郁)**，衆雀嗷嗷**(哀鳴聲)。以下動物。**雌雄相失，**西皇，以鳥名官。**哀鳴相號**。**王雎**雎鳩。**鸝黄，**黄鳥。《爾雅》：“皇，即皇祖、鳳皇。”**正冥楚鳩**。鳲鳩。**姊歸思婦**(鳥名)**，垂雞高巢**。《詩·鵲巢》以比七十二候。**其鳴喈喈，**《詩·葛覃》“其鳴喈喈”，即《大雅·卷阿》二之“鳳皇”章。○以上爲高賦。**當年遨遊**。即《序》之“王因幸之”，當年即“昔者”之變文。**更唱迭和，赴曲隨流**。如《帝謨》賡歌，又如《九歌·天皇太乙》。**有方之士，**封禪，方士所條陳。**羨門高谿**。王注：《史記》始皇使羨門高誓，“谿”，疑是“誓”。○《漢書·郊祀志》曰：“元尚、羨門高最後，皆燕人，爲方仙道形解銷化也。”**上成鬱林，公樂聚穀**。**進純犧**(古時用於祭宗廟的純色全體牲畜)**，禱琁室，**如《洛誥》“王入太室”。**醮**(jiào，祭神)**諸神，禮太一**。封禪儀。《史記》曰：“宜立太一，而上親郊之。”**傳祝已具，**太祝，爲天官。**言辭**天辭，如梵咒，人不能解。**已畢**。太史、太祝，事神之官，與鬼神言語相通。

王先王。**乃乘玉輿**(玉飾的車，多指帝王的車)**，駟蒼螭**(chī，猛獸名)**，**《詩》之四牡。**垂旒旌**(有垂旒的旌旗)**，旆合諧**。**紬大弦而雅聲流，**雅樂。**洌風過而增悲哀**。《詩》“上方樂，下方哀”。**于是調謳，令人惏悷**(lán sàn，悲傷貌)**憯悽**(cǎn qī，悲痛，感傷)**，脅息**(斂縮氣息)**增欷**(zēng xī，更加悲傷)。**于是乃縱獵者，基趾如皇**①，**傳言羽獵**(帝王出獵，士卒負羽箭隨從，故稱"羽獵")，終以射獵爲喻。詞如《釣賦》，與《戰國策》"弋説"。**銜枚無聲**，不言。**弓弩不發**，無爲。**罘**(fú，古代一種設有機關的捕鳥獸的網)**罕**(hǎn，同"罕"捕鳥用長柄小網)**不傾**。**涉漭漭**(水廣遠貌)，**馳苹苹**(草聚生貌)。**飛鳥未及起，走獸未及發**。"一發五犯bǎ"之"發"。**何節奄忽**(疾速，倏忽)，**蹄**tí**足灑血**。**舉功先得，獲車已實**。萬國來朝。以上所序，皆夢中先王之事。

王今王。**將欲往見之**，所謂封禪也。**必先齋戒**。**差時擇日**，如封禪大典，無神女邪侈事可知。**簡與玄服，建雲旆**(有雲紋圖飾的大旗)，**蜺爲旌，翠爲蓋**。儀仗與先王同。**風起雨止**，十二月由寅起，由丑止，如歲星一周。**千里而逝**。一日千里。**蓋發蒙**，王注引《素問》"發蒙解惑"。**往自會**。十三年大會同，又如穆王神游。**思萬方**，以下如《大招》末段。**憂國害**，《大招》，賞罰當先威後文。**開賢聖**，舉賢才，如十六族。**輔不逮**《大招》尚賢士。**九竅**(指耳、目、口、鼻及尿道、肛門的九個孔道)**通鬱**，《素問》"四氣調神"。**精神察滯**，《素問》"上古"。**延年益壽千萬歲**。真人神化，與《大招》結同。

王賦中詳朝雲，玉賦中遂不一及神女，神女如掌夢，一招以往，其事即畢。下、中、上三望，皆神游三界、上征、下浮之事也。中，所謂四旁，亦不在本世界中。

《古文苑》②與嚴選《上古文》(即嚴可均所輯《全上古三代秦漢三國六朝文》，嚴可均，字景文，號鐵橋，清浙江烏程人，精通考據學)

---

① "皇"，《文選·高唐賦》作"星"。
② 《古文苑》，古詩文總集。編者不詳。相傳爲唐人舊藏本，北宋孫洙(1032–1080)得於佛寺經龕中。所録詩文，均爲史傳與《文選》所不載。南宋淳熙六年(1179)，韓元吉(1118–1187)加以整理，分爲9卷。紹定五年(1232)，章樵又加增訂，並爲注釋，重分爲21卷。録周代至南朝齊代詩文260餘篇，分爲20類。雖編録未爲精核，然而唐以前散佚之文，間或賴此書流傳。

皆引《襄陽耆舊記》，《記》即鈔撮此賦敘，而附會以帝之季女瑤姬（女神名。相傳爲天帝的小女，即巫山神女）等語，遂以薦幸爲狎邪實事，不知託興本旨。《耆舊》晚出，不足據。

《文選·神女賦》亦後人擬《高唐》而作，其附會與《耆舊》同。《高唐》爲神遊，道家專門學說。"醮百神，禮太乙"，典禮何等隆重嚴肅！初何嘗涉及男女幽會。後人誤解，乃至于此。

《神女賦》序全摹此賦序，竟以稱天說地之語，全歸之一婦人之身，此後世《幽會記》、《雜事秘辛》之所祖。妄相模擬，真屬唐突。

《神女賦》五百字，並無寄託，專賦一婦人邪狎之事，汙人齒頰。《高唐》本出於《詩》，擬賦至於如此鄙陋，無怪朱子《集傳》（指朱熹《詩集傳》）直以《詩》多淫辭，孔子之作《詩》，不過如時俗之戒淫文。吾則謂《詩》中絕無一真男女，或以華夷分，或以卑賤分。神游之文，已超出色界之外，猶以畜生魔道說之，可不謂汙澤太清乎！畫眉深淺（畫眉，以黛描飾眉毛。唐朱慶餘《近試上張水部》詩："妝罷低聲問夫婿，畫眉深淺入時無？"朱氏意在言外，借問"畫眉深淺"是否合時，了解其文辭是否合乎規矩），洗手羹湯（唐王建《新嫁娘詞》："三日入廚下，洗手作羹湯。"），言在此，意在彼。不以文害辭，乃足以言《詩》。

《詩》爲辭章之祖，因有此誤解，稍事風雅，便染輕薄，且謂古人已然，詞章之士，遂與德行相叛。因以是救其敝，知我有人，定助張臂也。舊賦說解，一神女也，楚襄幸之，楚懷幸之，宋玉又夢之，不啻狐鬼傳，專以惑人爲事，乃轉相祖述，真可謂不知人間羞恥事。不知此道家神化之說，可一不可再。後來《離魂》、《幽會》等小說，皆誤相祖襲。季平自識。

佛學考原《子史精華^①·釋部》

[題解]據本文緒言，劉師培曾在民國四年(1915)來函質疑廖平以經統釋之說，廖平因抄成此文以贈之。廖平詳讀內典，參求其宗旨，認爲佛教與老氏則如同秦越不相合，與《列》、《莊》則實如伯仲相關。他列舉《列子》、《莊子》中與佛教相關的典故加以證明。如《列子》中暗合佛經《楞嚴經》"觀流"、"圓通三摩地"，以及"吾手何如佛手，吾腳何如驢腳"之説者。《莊子》中合於佛經中芥子、須彌、閻浮、棗葉者，禪那波羅蜜，刊落第八識，截體稱髓，頭頭無取捨，處處無爭乖等。

昔年立經統老、釋之説，曾抄《子史精華·釋道》一卷，以明釋、老相同之證，去年申叔(即劉師培)自京來函，頗疑釋非經所能統^②，因抄此冊遺之，不知其同異何如也。乙卯(1915)二月，四譯記。

原　序

按：周、秦、西漢以上，無言佛者。《魏書·釋老志》

---

① 子史精華，清代一部重要類書，由允禄、吳襄等編纂，全書160卷，分30部類，係採集子部、史部及少量經部、集部書中的文字，分類彙編成冊。

② 劉師培在《與廖季平書》中對以經統釋，表達了不同意見，認爲此行不僅不利於崇孔，反而有損孔教真義。"竊以淵旨所寓，在極聖功，妙統三才，足章無外。至内典要歸，惟詮出世，譬之月不知書，日不知夜，部居既别，内外有歸。引爲同法，無資崇孔，括囊空寂，轉蠹孔真，正恐《夷夏》、《化胡》之論，復見於今耳。"（《廖平全集》，第15冊，第359–360頁）

云："劉歆志①《七畧》，班固志《藝文》，釋氏之學所未曾紀。"《隋書·經籍志》云："推尋典籍，自漢以上，中國未傳，或云久已流布，遭秦堙没。"（《隋書·經籍志》所述與引文詞句有異，爲："推尋典籍，自漢已上，中國未傳，或云久已流布，遭秦之世，所以堙滅。"）而辭而闢之者，則如北魏世祖詔云："漢人劉元真、吕伯疆②之徒，乞胡之誕言，用老、莊之虚假，附而益之。"（語出《魏書·釋老志》）唐傅弈云："孅xiān兒（猶小兒。對人的蔑稱）幼夫，摹擬莊、老。"（語出《新唐書·傅弈傳》，原文爲："佛，西胡黠人爾，欺誑夷狄以自神。至入中國，而孅兒幼夫，摸象莊、老以文飾之，有害國家，而無補百姓也。"）宋宋祁作《唐書·李蔚傳》贊云："華人之譎誕者，又攘莊周、列禦寇之説佐其高。"皆以爲釋氏本於莊、老，然自白馬馱經（據《廣弘明集》卷一載，東漢明帝永平十年〔67〕，迦葉摩騰〔攝摩騰〕與竺法蘭攜帶佛像經典，乘白馬從西而來，止住洛陽，此爲佛教最早傳入我國之事蹟）以來，貝葉（古代印度人用以寫經的樹葉，亦借指佛經）流傳，於今具在，皆本橫行梵字（古印度文字），譯爲震旦（即中國）之文，非剽竊老、莊以成篇句也。顧嘗詳讀内典（佛經），參求宗旨，與老氏則秦越（春秋時秦在西北，越居東南，相距極遠。後常并舉以喻疏遠隔膜，互不相關），與列、莊實伯仲，豈所爲三代之時，"久已流布，遭秦堙没"之説信歟！抑是法不二，不隔華戎（華戎，即華夏與戎狄，不隔華戎，指不分中外），有自然而合者歟！今周、秦、西漢，既無言佛之書可編録，輒擇列、莊之語同於宗門者著於篇，而每語各著其所以同者焉。

---

① "志"，《魏書·釋老志》作"著"。
② "疆"，《魏書·釋老志》作"彊"。

釋　上

　　《列子》：粥熊曰：“運轉亡已，天地密移，疇(chóu，誰)覺之哉？故物損於彼者，盈於此，成於此者，虧於彼。損盈成虧，隨世隨死，往來相接，間不可省，疇覺之哉？凡一氣不頓進，一形不頓虧，亦不覺其成，不覺其虧，亦如人自世至老，貌色智態，亡(即“無”)日不異，皮膚爪髮，隨世隨落，非嬰孩時，有停而不易也。間不可覺，俟至後知。”(語出《列子·天瑞》)注：“世”皆當作“生”。

　　　按：通[①]此即《楞嚴》(大乘佛教經典，經中闡述心性本體)“觀河”(佛教故事。謂波斯匿王觀看恒河，自傷髮白面皺，而恒河不變。佛謂變者受滅，不變者原無生滅。見《首楞嚴經》卷二。後用以比喻佛性永恒)之謂。

　　《列子》：有神巫自齊來，處於鄭，命曰季咸，知人死生、存亡、禍福、壽夭，期以歲、月、旬、日，如神。鄭人見之，皆避而走。列子見之而心醉，而歸以告壺丘子，曰：“始吾以夫子之道爲至矣，則又有至焉者矣。”壺子曰：“吾與汝無其文，未既其實，而固得道與？衆雌而無雄，而又奚卵焉？而以道與世抗，必信。夫故使人得而相汝，嘗試與來，以子[②]示之。”明日，列子與之見壺子，出而謂列子曰：“譆(xī，表驚歎、悲痛等，通“嘻”)！子之先生死矣。弗活矣，不可以旬數矣。吾見怪焉，見濕灰(氣如濕灰)焉。”列子入，

────────────

①　據《子史精華》及後文格式，“通”字衍。
②　“子”，楊伯峻《列子集釋·黃帝篇》作“予”。

涕泣沾衿，以告壺子。壺子曰："自[1]吾示之以地文，罪乎不諆(同"震")不止，是殆見吾杜德幾也。嘗又與來！"明日，又與之見壺子，出而謂列子曰："幸矣，子之先生遇我也，有瘳(chōu，治，救)矣，灰然有生矣。吾見杜權(謂閉塞中有所變動)矣。"列子入告壺子，壺子曰："向吾示之以天壤，名實不入，而幾發於踵，此為杜權，是殆見我善者幾也。嘗又與來！"明日，又與之見壺子，出而謂列子曰："子之先生坐不齋，吾無得而相焉，試齋，將且復相之。"列子入告壺子。壺子曰："向吾示之以太沖(謂極其虛靜和諧的境界)莫勝(同"朕"，徵兆)，是殆見吾衡氣幾也。鯢ní旋之潘(通"蟠"，迴旋。下同)為淵，止水之潘為淵，流水之潘為淵，濫水之潘為淵，沃水之潘為淵，氿guǐ水之潘為淵，雍水之潘為淵，汧qiān水之潘為淵，肥水之潘為淵，是為九淵焉。嘗又與來！"明日，又與之見壺子，立未定，自失而走，壺子曰："追之！"列子追之而不及，反以報壺子，曰："已滅矣，已失矣，吾不及矣。"壺子曰："向吾示之以未始出吾宗，吾與之虛而猗移(委曲順從貌)，不知其誰何。因以為茅靡，因以為波流，故逃也。"然後列子自以為未始學而歸，三年不出，為其妻爨cuàn，食豨(xī，豬)如食人，於事無親，雕琢復朴，塊然獨以其形立，紛fēn然而封戎，壹以是終。(語出《列子·黃帝》)

按，《酉陽雜俎》曰："相傳云：一公初謁華嚴，嚴命坐，頃曰：'爾看吾心在何所？'一公曰：'師馳白馬過寺門矣。'又問之，一公曰：'危乎，師何為處乎剎末也。'華嚴曰：'聰明果不虛，試復觀我。'一公良久，泚顙(cǐ sǎng，額頭出汗)，面赤，作禮曰：'師得無入普賢(佛

---

① "自"，《子史精華》作"向"。

教菩薩名。梵名爲Samantabhadra，也譯爲"遍吉"。與文殊菩薩並稱爲釋迦牟尼佛之二脇士。寺院塑像，侍立於釋迦之右，乘白象。以"大行"著稱)地乎？'《集賢校理》鄭符云：'柳中庸善《易》，嘗詣普寂公(唐代一位高僧的法號，俗姓馮，師事神秀，中宗時，代神秀統領徒衆，在長安傳教二十餘年，世稱華嚴和尚，華嚴尊者)，公曰："筮吾心所在也。"柳曰："和尚心在前簷第七題(指物體的前端或頂端)。"復問之在某處，寂曰："萬物無逃於數矣，吾將逃矣！嘗試測之。"柳久之，瞿qú然(驚駭貌)曰："至矣！寂然不動，吾無得而知矣。"'又，《誸shēn禪師本傳》云：'日照①三藏(佛教法師之美稱)詣誸，誸不迎接，直責之曰："僧何爲俗入罨湫(qiū。塵罨湫隘)處。"誸微矉(pín，皺眉)，亦不答。又云："夫立不可過人頭，豈容摽piāo身(高揚)烏外。"誸曰："吾前心於市，後心剎末，三藏果聰明者，且復我。"日照乃彈指數十，曰："是境空寂(無諸相曰空，無起滅曰寂，謂事物了無自性，本無生滅)，諸佛從是出也。"'又按，《大藏》振字函第四卷云：'西京光宅寺慧忠國師，肅宗待以師禮，有西天大耳三藏到京，云得他心(佛教六通之一，謂能洞見衆生心中所思的神力)、慧眼(佛教用語，指能認識過去未來的眼力)，勅令與師試驗。師問曰："汝得他心通耶？"對曰："不敢。"師曰："汝道老僧即今在什麼處？"曰："和尚是一國之師，何得卻去西川看競渡？"師再問："汝道老僧即今在什麼處？"曰："和尚是一國之師，何得卻在天津橋看弄猢猻。"師第三問，語亦同前，三藏良久罔知去處。師叱

---

① 日照(613–687)，唐代僧人，梵名Divakara，音譯地婆訶羅，中印度人。廣通三藏，兼善五明。高宗儀鳳(676–678)初年至唐，介紹印度中觀派之新學說，稱新三論。至武后垂拱年間，共譯出《華嚴經入法界品》、《佛頂最勝陀羅尼經》、《大乘顯識別經》等十八部，三十四卷。

曰："這野狐精(禪林用語。原指野狐之精神魅能作變幻，以欺誆他人。此指自稱見性悟道而欺瞞他人者)！他心通在什麼處？""
此數公案，皆與季咸相壺子一例，段成式亦云："恐諸書皆點竄《列子》事也。"

《列子》：陳大夫聘魯，私見叔孫氏。叔孫曰："吾國有聖人。"曰："非孔子①邪？"曰："是也。何以知其聖乎？"叔孫曰："吾嘗聞之顏回曰，孔子能廢心而用形。"陳大夫曰："吾國亦有聖人，子弗知乎？"曰："聖人孰謂？"曰："老聃之弟子，有亢倉子者，得聃之道，能以耳視而目聽。"魯侯聞之大驚，使上卿厚禮而致之。亢倉子應聘而至，魯侯卑辭請問之。亢倉子曰："傳之者妄。我能視聽不用耳目，不能易耳目之用。"魯侯曰："此增異矣，其道奈何？寡人終願聞之。"亢倉子曰："我體合於心，心合於氣，氣合於神，神合於無。其有介然之有，唯然之音，雖遠在八荒之外，近在眉睫之內，來干我者，我必知之，乃不知是我七孔四支之所覺，心腹六藏之所知，其自知而已矣。"(語出《列子・仲尼》)

按，此即所爲圓通(佛教語。圓，不偏倚；通，無障碍，謂悟覺法性。《楞嚴經》卷二二："阿難及諸大衆，蒙佛開示，慧覺圓通，得無疑惑。")三摩地(三昧。佛教謂修行者將心集中在一點的狀況。《楞嚴經》卷六："彼佛教我，從聞思脩，入三摩地。")也。

《列子》：龍叔謂文摯曰："子之術微矣。吾有疾，子能已乎。"文摯曰："唯命所聽，然先言子所病之證。"龍

---

① "孔子"，《列子集釋・仲尼》，作"孔丘"，下同。

叔曰："吾鄉譽(鄉里的讚譽)不以爲榮，國毀(國人毀謗指責)不以爲辱。得而不喜，失而不憂，視死如生，視富如貧，視人如豕，視吾如人。處吾之家，如逆旅之舍，觀吾之鄉，如戎蠻之國。凡此眾疾，爵賞不能勸，形罰不能威，盛衰利害不能易，哀樂不能移，固不可事國君、交親友、御妻子、制僕隸，此奚疾哉？奚方能已之乎？"文摯乃命龍叔背明而立，文摯自後向明而望之，既而曰："嘻！吾見子之心矣。方寸之地(指心)虛矣，幾聖人也。子心六孔流通，一孔不達(指一竅不通)，今以聖智爲疾者，或由此乎。"(語出《列子·仲尼》，引文有異)註：文摯，春秋時宋國良醫。

按，此即"吾手何如佛手，吾腳何如驢腳"之說也。

《列子》：孟孫陽問楊子曰："有人於此，貴生愛身，以蘄(qí，祈求)不死，可乎？"曰："理無不死。""以蘄久生，可乎？"曰："理無久生。生非貴之所能存，身非愛之所得厚。且久生奚爲？五情好惡，古猶今也，四體安危，古猶今也，世事苦樂，古猶今也，變易治亂，古猶今也。既聞之矣，既見之矣，既更之矣，百年猶厭其多，況久生之苦也乎？"孟孫陽曰："若然，速亡愈於久生，則踐鋒刃、入湯火(滾水和烈火，比喻極端危險的事物或處境)，得所志矣。"楊子曰："不然。既生，則廢而任之，究其所欲，以俟於死，將死，則廢而任之，究其所之，以放於盡，無不廢，無不任，何遽遲速於其間乎？"(語出《列子·楊朱》，引文有異)

按，此即貴捨生，而又禁自賊(自己傷害自己，自殺)其生之旨也。坐脫立亡，於師有分，祖師的的意，未夢見在，謂其不能廢而任之也。

《莊子》：天下莫大於秋毫(鳥獸在秋天新長出來的細毛。喻細微之物)之木，而太山(即泰山)爲小，莫壽乎殤子(未成年而死者，短命的人)，而彭祖(傳說中的人物。因封於彭，故稱。傳說他善養生，有導引之術，活到八百高齡)爲夭。天地與我並生，而萬物與我爲一。(語出《莊子·齊物論》，引文有異)

按，芥子(芥子，原係芥菜之種子，顏色有白、黃、赤、青、黑之分，體積微小，故於經典中屢用以比喻極小之物)、須彌(即須彌山。芥子、須彌，謂廣狹、大小等相容自在，融通無礙。語本《維摩詰經·不思議品》："以須彌之高廣内芥子中，無所增減。")、閻浮(亦作"閻扶"。梵語的音譯，大樹名。《長阿含經》："閻浮提，有大樹王，名曰閻浮，圍七由旬，高百由旬。")、棗葉，此其義也。

《莊子》：顏回曰："回之家貧，唯不飲酒，不茹葷者數月矣。若此，則可以爲齋乎？"曰："是祭祀之齋，非心齋(謂摒除雜念，使心境虛靜純一)也。"回曰："敢問心齋？"仲尼曰："若一志，無聽之以耳，而聽之以心，無聽之以心，而聽之以氣。聽，止于耳，心，止于符。氣也者，虛而待物者也，惟道集虛。虛者，心齋也。"(語出《莊子·人間世》)

按，此即禪那(佛教用語。梵語音譯。簡稱爲禪，六度之一。義譯爲思維修，靜慮即禪定)波羅蜜(亦作"波羅密"。梵語音譯。意爲到彼岸，即由此岸〔生死岸〕度人到彼岸〔涅槃、寂滅〕。《大智度論》卷十二："此六波羅蜜，能令人渡慳貪等煩惱染著大海，到於彼岸，以是故名波羅蜜。")也。日觀、水觀，皆聽之以氣，俾道集于虛也。

《莊子》：聞以有翼飛者矣，未聞以無翼飛者也。聞以有知知者矣，未聞以無知知者也。(語出《莊子·人間世》)

按，此即刊落(刪除)第八識(阿賴耶識之異名。大乘所説八識中，居於第八，爲諸識之根本，此識爲宇宙萬有之本)，方得真實諦之旨也。

《莊子》：物視其所一，而不見其所喪，視喪其足，猶遺土(丟棄泥塊)也。(語出《莊子・德充符》)

按，釋氏所以截體稱髓也。

《莊子》：老聃死，秦失弔之，三號而出。弟子曰："非夫子之友邪？"曰："然。""然則弔焉若此，可乎？"曰："然。始也吾以爲其人也，而今非也。向吾入而弔焉，有老者哭之，如哭其子，少者哭之，如哭其母。彼其所以會之，必有不蘄言而言、不蘄哭而哭者，是遁天倍情(違背天性與真情)，忘其所受。古者謂之遁天之刑(謂違背自然規律所受的刑罰)，適來，夫子時也，適去，夫子順也，安時而處順，哀樂不能入也。古者謂是帝之縣解(謂解除束縛)。指窮於爲薪，火傳也，不知其盡也。(語出《莊子・養生主》)

按，此即《列子》"廢而任"(《列子・楊朱》)之謂也。安時處順(謂安於時運，順應變化)，猶云廢而任之，現在，如來也，縣解、火傳，過去與未來也。

《莊子》：有人之形，無人之情，有人之形，故羣於人，無人之情，故是非不得於身。眇乎小哉，所以屬於人也。謷(áo，高大貌)乎大哉，獨成其天。(語出《莊子・德充符》)

按，"有人之形，無人之情"，至此，則五波羅蜜①已究竟，而般若波羅蜜(爲六波羅蜜之根本，一切善法之淵源)在其中。圓而通之，則形、情多忘，而有、無胥泯(全部消除)也。

《莊子》：古之真人，不知説(通"悅")生，不知惡死。其出不訢(xīn，欣喜)，其入不距，翛xiāo然(無拘無束貌，超脱貌)而往，翛然而來而已矣。不忘其所始，不求其所終，受而喜之，忘而復之，是之謂不以心捐道(犧牲所願來成全道)，不以人助天，是之謂真人。(語出《莊子·大宗師》)

按，頭頭無取捨(選擇)，處處無爭乖(紛爭)，其斯之謂歟！

《莊子》：無趾曰："吾唯不知務而輕用吾身，吾是以亡足，今吾來也，猶有尊足者存，吾是以務全之也。"(語出《莊子·德充符》)

按，截指、豎指，尊指者存也，斷臂求道，務全尊臂也。

《莊子》：特犯人之形，而猶喜之，若人之形者，萬化而未始有極也，其爲樂可勝計耶？(語出《莊子·大宗師》)

---

① 五波羅蜜，指檀那(佈施)波羅蜜、屍羅(戒)波羅蜜、羼提(忍辱)波羅蜜、毗梨耶(精進)波羅蜜、禪(靜慮)波羅蜜。即六波羅蜜中，除般若(智慧)波羅蜜外之其餘五者。此五種波羅蜜與般若波羅蜜有主從關係，由般若之功德，可得其他五種波羅蜜。

按，即狗子皆有佛性①。又，所爲下地獄，即下者也。

《莊子》：南伯子葵曰：“道可得而學邪？”曰：“惡，惡可。子非其人也。夫卜梁倚有聖人之才，而無聖人之道，我有聖人之道，而無聖人之才，吾欲以教之，庶幾其果爲聖人乎？不然，以聖人之道，告聖人之才，亦易矣。吾猶守而告之，參日（即三日）而後能外天下。已外天下矣，吾又守之，七日而後能外物。已外物矣，吾又守之，九日而後能外生，已外生矣，而後能朝徹，朝徹而後能見獨，見獨而後能無古今，無古今而後能入於不死不生。殺生者不死，生生者不生，其爲物，無不將也，無不迎也，無不毀也，無不成也。其名爲攖（yīng，擾亂）寧。攖寧也者，攖而後成者也。”南伯子葵曰：“子獨惡乎聞之？”曰：“聞諸副墨之子，副墨之子聞諸洛誦之孫，洛誦之孫聞之瞻明，瞻明聞之聶許，聶許聞之需役，需役聞之于謳，于謳聞之元冥，元冥聞之參寥，參寥聞之疑始。”（語出《莊子·大宗師》）

按，外物、外生，朝徹、見獨，則戒定慧（佛教語。指戒律、禪定與智慧。防非止惡爲戒，息慮靜緣爲定，破惑證真爲慧）之義也。副墨以下云云者，則實無所得，不可思議之謂也。

《莊子》：子祀、子輿、子犂、子來四人相與語曰：“孰

① 狗子佛性，禪宗公案名。古來即爲禪徒難以參破之問答。《從容録》第十八則：“僧問趙州：‘狗子還有佛性也無？’州云：‘有。’僧云：‘既有，爲甚麼卻撞入這個皮袋？’州云：‘爲他知而故犯。’”“又有僧問：‘狗子還有佛性也無？’州曰：‘無。’僧云：‘一切衆生皆有佛性，狗子爲什麼卻無？’州云：‘爲伊有業識在。’”此則公案中，趙州藉狗子之佛性有無，以打破學人對於有無之執著。

能以無爲首，以生爲脊，以死爲尻（kāo，脊骨末端，臀部），孰知死生存亡之一體者，吾與之友矣。"四人相①視而笑，莫逆於心，遂相與爲友。俄而子輿有病，子祀往問之，曰："偉哉！夫造物者，將以子爲此拘拘（拘攣不伸貌）也。曲僂lǚ發背，上有五管，頤隱於齊，肩高於頂，句贅zhuì指天。"陰陽之氣有沴lì，其心間而無事，跰𨇸（pián xiān，步履蹣跚貌）而鑑於井。曰："嗟乎。夫造物者，又將以子爲此拘拘也。"子祀曰："女惡之乎？"曰："亡。予何惡。浸假（假令，假如）而化予之左臂以爲雞，予因以求時夜（即司夜，指雞），浸假而化予之右臂以爲彈，予因以求鴞xiāo炙（謂炙鴞鳥爲食），浸假而化予之尻以爲輪，以神爲馬，予因而乘之，豈更駕哉？且夫得者時也，失者順也。安時而處順，哀樂不能入也。此古之所謂縣解也。而不能自解者，物有結之，且夫物不勝天久矣。吾尤②何惡焉？"俄而子來有病，喘喘（呼吸急促，氣息微弱）然將死，其妻子環而泣之，子犁往問之，曰："叱！避，無怛dá化（郭象注："夫死生猶寤寐耳，於理當寐，不願人驚之，將化而死，亦宜無爲怛之也。"意謂人之死乃自然變化，不要驚動他）。"倚其戶，與之語曰："偉哉！造化又將奚以汝爲？將奚以汝適？以汝爲鼠肝乎，以汝爲蟲臂乎？"子來曰："父母於子，東西南北，唯命是從。陰陽於人，不翅（不啻）於父母。彼近吾死而我不聽，我則悍矣。彼何罪焉。夫大塊（大自然，大地）載我以形，勞我以生，佚我以老，息我以死，故善吾生者，乃所以善吾死也。今大冶鑄金，金踊躍曰：'我且必爲鏌鋣（mò yé，又作莫邪。傳說春秋吳王闔廬使干將鑄劍，鐵汁不下，其妻莫邪自投爐中，鐵汁乃出，鑄成二劍。雄劍名干將，雌劍名莫邪）。'大冶必以爲不祥之金。

① "相"字原脫，據《莊子集釋·大宗師》補。
② "尤"，《莊子集釋·大宗師》作"有"。

今一犯人之形，而曰：'人耳，人耳。'夫造化者，必以爲不祥之人。今一以天地爲大鑪，以造化爲大冶，惡乎往而不可哉。"成然(片刻，頃刻)寐，蘧qú然(驚喜，驚覺)覺。

　　按，無爲首，生爲脊，死爲尻，究竟此義，則常樂我淨[1]矣。由是而充之，以至於雞、彈、輪、馬、鼠肝、蟲臂，則蛣中一佛二菩薩，勿第作感應(衆生有善根感動之機緣，佛應之而來，謂之感應。感屬於衆生，應屬於佛)因緣(因與緣的並稱，因，指引生結果之直接內在原因；緣，指由外來相助之間接原因。指事物賴以存在的各種關係)觀也。

　　又按，羅大經(宋代廬陵〔今江西吉安〕人，字景綸，生卒年不詳)《鶴林玉露》(羅大經撰，十八卷。主要記述南宋中期的歷史掌故和文壇軼聞。《四庫全書總目》稱"其體制在詩話、語錄、小說之間"。書中涉及文人交往，詩文評論資料較多)曰："禪家有觀白骨法。謂靜坐澄慮，存想自身血肉腐壞，唯存白骨，與吾相離，自一尺以至尋丈(泛指八尺到一丈之間的長度)，要見形神(形骸與精神)元(本來，向來)不相屬，則自然超脫矣。"

　　余觀《莊子》"浸假而化予之左臂以爲雞，予因以求時夜，浸假而化予之右臂以爲彈，予因以求鴞炙，浸假而化予之尻以爲輪，以神爲馬，予因而乘之，豈

---

[1]　常樂我淨，佛教術語。其義有二：第一，四顛倒。佛教認爲，世間是生死法，一切有爲法(有生、住、變異和消失的事物)，都是由衆多因緣條件而生滅變化的，它的本性皆是無常、苦、無我和不淨，但"凡夫"不明此理，相反地認爲是常、樂、我、淨，顛倒妄執，因稱之爲四顛倒。《俱舍論》卷十九稱："應知顛倒總有四種，一于無常執常顛倒，二于諸苦執樂顛倒，三於不淨執淨顛倒，四於無我執我顛倒。"第二，涅槃四德。大乘佛教認爲，一旦證入涅槃，就會具有真正的常樂我淨。因涅槃的體性有四種功德。恒常不變而無生滅，名之爲常德；寂滅永安，名之爲樂德；得大自在，是主是依，性不變易，名之爲我德；解脫一切垢染，名之爲淨德。

更駕哉"。浸，漸也，假，借也。蓋積漸假借，化此身爲異物，則神與形離，超然無所往而不可矣。又何疾，又何病於拘拘哉。視白骨之法，蓋本於此，佛法出於老、莊，於此尤信。

《莊子》：東郭子問於莊子曰："所謂道，惡乎在？"莊子曰："無所不在。"東郭子曰："期而後可。"莊子曰："在螻蟻(螻蛄和螞蟻，泛指微小的生物)。"曰："何其下耶。"曰："在稊稗(tí bài，一種形似穀的草)。"曰："何其愈下耶。"曰："在瓦甓(pì，泛稱磚瓦)。"曰："何其愈甚耶。"曰："在屎溺(糞和尿)。"(語出《莊子·知北遊》)

按，如何是佛，乾屎橛(即廁籌，拭糞的小竹木片。佛家比喻至穢至賤之物。《景德傳燈録·義玄禪師》："時有僧問：'如何是無位真人？'師便打，云：'無位真人是什麼乾屎橛！'"《會元》十五曰："僧問雲門：'如何是佛？'門云：'幹屎橛。'")，辭旨皆合。

《莊子》：言無言，終身言，未嘗言。終身不言，未嘗不言。(語出《莊子·寓言》)

按，此即擊地公案。

南皮纂輯《左氏春秋説長編三十六門》目録

[題解]據《廖季平年譜》，光緒戊子年(1888)，張之洞電召廖平，命撰《左傳疏》，以配國朝十三經注疏。己丑年(1889)，廖平至廣州，成《春秋古經左氏説漢義補證》十二卷，《左傳漢義補證》十二卷。庚寅年(1890)，以二書稿上張之洞。張不以爲然，令作長編。辛卯年(1891)，廖平約同人分纂《左氏長編》，冬初完成，由李岑秋、施燮夫齎呈張之洞。後書稿不知所終，此目當爲纂輯《左氏春秋説長編三十六門》的目録。

左氏親見聖人受命作傳第一 "受命"二字，與"受命爲素臣"(孔子據魯史修《春秋》，漢儒稱之爲素王。左丘明作《左傳》，述孔子之道，闡明《春秋》之法，後人尊之爲素臣)相混，可否據《史記》，別易二字？

左氏多見諸國史第二

左氏謂經文有筆削第三 原注：不如舊説舊文直書。

左傳攷證駁正第四 駁劉子駿(即劉歆)竄亂之説。

三科九旨大例三傳所同第五 時、月、日。本國、諸夏、夷狄。三世。

五十凡有經例有禮制第六 已有分類審定鈔本。

據傳補例第七 亦有表，近百條。

經與二傳異文第八 除地名、人名音同字異外，有意義者不過十數條。

傳義長於二傳第九

傳中新例足以補正二傳第十 近得十餘條，當再從傳中推考。

經傳小異説第十一

《國語》補正傳義第十二

《論》、《孟》與《左氏》合第十三

《禮記》與《左氏》合第十四案：此以解經説例之，文爲主，所有尊卑、儀制爲舊説所畧者，亦當表張之。

《毛詩》與《左氏》合第十五案：近人以經説出坿益，至于傳文，則自春秋以至哀、平，皆通行於世，毛公無論在漢與先秦，皆用《左傳》，此似當論解經者。

諸子與左氏合第十六《莊子》、《吕覽》、《新序》、《説苑》之類。案：事同不足言，必求合經例者，乃列之。《管子》一條，言凡例，國史似注文。

《史記》與《左氏》合第十七案：此專論經例。

《賈太傅書》證第十八西漢以上，《左氏》通行，證似可爲一篇。

《漢書·五行志》證第十九案：《漢志》所引"説曰"、"劉歆説"，文全不見於今傳，且與傳文小異，劉説似當推而遠之，因其不見傳，與傳異文。又，傳多闕條，足見劉歆無竄改。

東漢師説多失《左氏》意第二十

杜氏解（當指杜預《春秋左氏傳集解》）不盡得傳意第二十一已有辨正。

左氏釋例第二十二案：此例最繁重，詳之固難，畧説則全不明晰，似可別爲一書，此門與杜解合併。

申鄭箴（當爲鄭玄所作《箴左氏膏肓》）第二十三

申異義（即許慎著《五經異義》）本傳説第二十四案：此條數不多，許、鄭多從古文説，可申者少。

微而顯（《左傳》成公十四年。言辭不多而意義顯豁）疏證第二十五

志而晦疏證（《左傳》成公十四年。記載史實而意義幽深）第二十六案：此即前門之反面，或歸併一篇，乃互相起之義。

婉而成章（《左傳》成公十四年。表達婉轉，但順理成章）疏證第二十七

盡而不汙（《左傳》成公十四年。直言其事，盡其事實，無所紆曲）疏證第二十八同上。

懲惡而勸善第二十九即《孟子》"亂臣懼"（《孟子·滕文公下》："孔子成《春秋》，而亂臣賊子懼。"）意。

傳引仲尼曰皆春秋大義第三十引證詳備，再論之，似有小異者。

傳稱君子曰即孔子多就一端立義第三十一同上。

傳言神怪卜筮是非善惡不背經義第三十二案："卜筮"二字，似可酌。

無傳爲闕文第三十三案：此篇爲古文，入秘府中，久而有闕，不以通行本補之。

續經爲左氏作傳是經說非史體之據第三十四案：漢人云《左氏》不祖孔子，此終孔子卒，亦可無此疑。

左氏說《易》、《書》、《詩》、《禮》可補羣經第三十五案：此已有鈔本，未詳說之。

三傳違異闕疑第三十五案：此即《傳疑表》中所例，當折中經義。

非杜（杜預）篇第三十六案：師論別作一篇，詳陳傳文所短，竊以昔人所指摘之條，皆杜誤說，今歸罪杜，不敢斥言攻傳也，傳短皆已救正矣。

案，此三十六題，庚寅年(1890)秋，南皮師相枉鄂，所命編纂者也。辛卯(1891)，約同人分纂，冬初畢業。由李岑秋、施燮夫賫呈師座。原戊子(1888)初，師席在粵電召，命纂《左傳》，以配國朝《十三經義疏》，踰年而成，今經傳本是也。師閱，不以爲然，以爲欲自爲之，先使作長編，待林下優游（退隱），乃自撰錄。因列此

三十六題，作爲長編，呈稿後，聞又續延有人編録，不得其詳也。師席捐館(指抛棄居所。比喻死亡、去世)已五六年，素願未償，此稿家無副本，其存佚不可知，又或爲淺人所塗乙(删改文字。抹去稱塗，勾添稱乙)羼亂，雖存亦失其真。偶檢舊稿，得此紙，補刊於此，以誌鴻爪(宋蘇軾《和子由澠池懷舊》："人生到處知何似，應似飛鴻踏雪泥，雪上偶然留爪印，鴻飛那復計東西。"後比喻往事留下的痕跡)，他年此稿或別出，亦未可知。感念師門，有懷莫副，不勝惘惘。乙卯(1915)重九日，弟子井研廖平識尾。

《荀子·非十二子篇》解

[題解]通過註解《荀子·非十二子篇》，廖平指出孔學廣大，既包括儒家，也包括名家、墨家、法家等。孔子如天，如日月，諸子如星。荀氏此篇宗旨，與列子、莊子同，列、莊之攻孔子，乃爲真正尊崇孔子。荀子爲儒家之一，其駁十二子，亦有一定道理，均是針對後來不善於學習繼承其真諦者而言的。

以十二子分六家，與《莊子·天下篇》、司馬《六家旨要》畧同。

假今之世(指戰國昏亂之世)，**飾邪說，文姦言，以梟**xiāo**亂**(擾亂)**天下，欺惑愚衆，矞**(yù, 同"譎"，詭詐)**宇**(大，放蕩)**嵬瑣**(wéi suǒ, 嵬，《說文》："高不平，指行爲狂險，猶山之高不平也。"瑣，瑣細)，**使天下混然**(無分別之貌)**不知是非治亂之所存者，有人矣。**此在六家十二子之外。**縱情性，安恣睢**(放縱暴戾，言任情性所爲而不知禮義)，**禽獸**二字當有誤。**之行，不足**但云不足，非無用。**以合文通治**(合古之文義，通於治道)。末能大通。**然而其持之有故**(持論有所本)，**其言之成理**，此許之之辭。**足以欺惑愚衆**，六家同有此句，以爲小道耳。**是它囂**(人名。荀子嘗譏其縱放情性、行爲怪誕，但卻振振有辭，欺惑愚衆，以假亂真)**、魏牟**魏公子牟，公孫龍子之徒也。**也。**名家。○狂與過。

忍(違背本性)**情性，綦谿**(qí xī, 猶言極深)**利**(同"離")**跂**(qí, 指故作高深狀，思想、行爲與群衆差異極大)，**苟以分異人爲高**(苟求分異，不同於人，以爲高行，即輕視等級差別，欲使君臣上下同勞苦)，**不足**"不足"下皆有大義。**以合大衆、明大分**(忠孝之大義)，**然而其持之有故，其言之成理，足以欺惑愚衆，是陳仲、史鰌**qiū**也。**

孤高。〇狷，不及。

不知壹天下建國家之權稱(不知齊一天下，建立國家之權稱，即不知輕重)，**上**(同"尚"，尊尚)**功用，大儉約**(言以功利爲上，而過於儉約)，**而慢**(mán，輕視，怠慢)**差等**(等級，區別)，**曾不足以容辨異**(上下同等，不容分別)、**縣君臣**(懸隔君臣)，不足，是其短。**然而其持之有故，其言之成理，足以欺惑愚衆**，足，是其所長。**是墨翟、宋鈃**(jiān。宋人，與孟子、尹文子、彭蒙、慎到等同時)**也**。墨家。

尚法而無法，下修而好作(言所著書以法爲上，而自無法，以脩立爲下而好作爲，即自相矛盾)，**上則取聽於上，下則取從於俗，終日言成文典，及紃**xún**察**(循省審察。紃，通"循")**之，則倜**tì**然**(迂遠貌，迂闊貌)**無所歸宿**(雖言成文典，若反覆循察，則疏遠無所指歸)，**不可以經國定分，然而其持之有故，其言之成理**，一家之言。**足以欺惑愚衆**，因欲推至聖，故排斥六家，與《孟子》"願學孔子"同意。**是慎到、田駢**(齊人，游稷下，著書十五篇，其學本黄、老，大歸名法)**也**。法家。

不法先王，不是禮義(不以禮義爲是)，**而好治怪説，玩琦辭**qí(奇異的言辭)，**甚察而不惠**(謂其言甚察而不急於用)，**辯而無用，多事而寡功，不可以爲治綱紀，然而其持之有故，其言之成理**，特以大才聖賢爲別，非全不許六子。**足以欺惑愚衆，是惠施、鄧析也**。名家。

略法先王而不知其統(言其大略雖取法先王，而不知體統。統，謂紀綱也)，小康，小人儒。**猶然**(舒遲貌)**而不①材劇**(繁多)**志大，聞見雜搏**，案往舊好古。**造説，謂之五行**(案前古之事而自造其説，謂之五行。五行，即仁義禮智信)，漢師五行家言耶。**甚僻違**(乖僻不合)**而無類**(没有同類)，**幽隱而無解，案飾其辭而祇**zhī**敬之曰：**荀亦與思、孟同病，此蓋自咎，藉思、孟以標題，非自以爲高出二子。**"此真先**

---

① 據《荀子·非十二子》，"不"字衍。

君子(指孔子)**之言也。**"辨大小深淺。**子思**(孔子之孫，名伋，字子思)**唱之，孟軻和之。**以二子爲得一體，非全體，賢而非聖，乃百世公言，非儒以尊聖，即孟子願學孔子，姑舍顏、閔相同。**世俗之溝**(通"拘"，愚)**猶**(不定之貌)**瞀**(mào，愚昧)**儒，嚾**huàn**嚾然**(喧嚻貌，謂爭辯)**不知其所非也。**儒流爲八，其派多矣。各尊所聞，荀雖極論諸子，實亦與諸子同，不過儒家而已，同爲去聖人遠也。**遂受而傳之，以爲仲尼、子游**即大儒、小儒、聖賢之分。**爲茲厚於後世。**是則子思、孟軻之罪也。儒家。○仲尼如天，如日月，諸子如星，孟子自言顏、閔具體而微，宰我、子貢，但得賢之一體，則謂子思、孟子不足以盡孔子，當亦二子所心許，何嘗自以爲足與孔子抗衡。論學術推重孔子，不得不抑諸賢，世遂以此爲病，即如《中庸》、《孟》推孔子至矣，何敢自謂盡之。蓋讀者皆未詳文義，而妄爲論議耳。○《韓詩外傳》無此一條，是後世所節，不足爲荀子諱。

　　若夫總(統領)**方略，**一家爲一方。**齊言行，壹統類，**合九家。**而羣**(會合)**天下之英傑，而告之以太古，**皇帝。**教之以至順，**以順天下。**奧窔**(yào，西南隅謂之奧，東南隅謂之窔，指堂室之內)**之間，簟**diàn**席**(竹席)**之上，歛然**(聚集之貌)**聖王之文章具焉。**《書》、《禮》：堯、舜煥乎文章。**佛然**(興起貌)**平世**新世，大同。**之俗起焉，**《詩》，《易》。**則六說者不能入也，十二子者不能親也。**與"農山言志"同。**無置錐之地**(安放錐子的地方。比喻極狹小的地方。亦比喻賴以安身立命之地)，孔子在庶。**而王公不能與之爭名。**春秋王侯。**在一大夫之位，**爲魯司寇。**則一君不能獨畜，一國不能獨容**(言王者之佐，雖在下位，非諸侯所能畜，一國所能容。另有一說認爲：時君不知其賢，無一君一國能畜者)，**成名**爲天下，不爲一國。**況乎諸侯，莫不願以爲臣，是聖人之不得勢者也。**獨推孔子，而抑思、孟，以思、孟非孔子，後世不知此旨。**仲尼、子弓**荀書屢以子弓與仲尼並列，上文子游，"游"字疑"弓"之誤，抑或"弓"爲"游"字誤。**是也。**推尊至聖，固非自以爲及之。

　　一天下，財萬物，帝德。**長養人民，兼利天下，**皇道。**通達**

之屬（謂舟車所至，人力所通者），莫不從服。天人交服。六説者立息，十二子者遷化（遷而從化），則聖人之得勢者，舜、禹帝王是也。今夫仁人也，將何務哉！上行者帝王。則法舜、禹之制，下則下之元聖素王。法仲尼、子弓之義，以務息十二子之説，小術，退歸其位。如是則天下之害除，仁人之事畢，聖內。王外。之跡著矣。孔子六經乃大明。十二子中不及老、莊。荀氏此篇宗旨，與列、莊同，尊孔爲至聖。荀亦儒家之一，不能加於思、孟，亦所謂知而不能行。然則思、孟之非荀，亦自在其內，特以此明至聖宗旨，非自以其學高出於思、孟。

信信（信其可信者），信也；疑疑（疑其可疑者），亦信也。貴賢，仁也；賤不肖，亦仁也。言而當，知也；默而當，亦知也。故知默猶知言也。故多言而類（言雖多而不流湎，皆類於禮義），聖人也；少言而法（言雖少而皆守典法），君子也；多言無法，而流湎（放縱無度）然，雖辯，小人也。故勞力而不當民務（四民之務），人學。謂之姦事；勞知而不律（法）先王，王學。謂之姦心；辯説譬諭、齊給便利（謂言辭敏捷）而不順禮義，伯君。謂之姦説。此三姦者，聖王之所禁也。知而險，賊而神（雖有才智而其心險如山川，賊害於物，而其機變若鬼神），爲僞。詐而巧，言無用而辯，辯不惠而察，治之大殃也。行辟（同"僻"）而堅，飾非而好（即工於飾非），玩奸而澤（習奸而使有潤澤），言辯而逆（乖於常理），古之大禁也。與《王制》同。知而無法，勇而無憚（輕死），察辯而操僻（能察能辯，而所操皆僻淫之術），淫大而用之（以前數事爲大而用之），好姦而與衆（好姦，而與衆人共之），利足而迷（苟且求利，而迷惑不顧禍患），負石而墜（謂申徒狄負石投河，言好名至此），是天下之所棄也。

兼服天下之心：高上尊貴不以驕人（在貴位不驕人）；聰明聖知不以窮人；齊給速通不爭先人；剛毅勇敢不以傷人；不知則問，不能則學，雖能必讓，然後爲德（聖賢之德）。遇君則修臣下之義，遇鄉(在鄉黨之中)則修長幼之義，遇長則修子弟之義，遇友則修禮節辭讓之義，遇賤而少者則修告導(勸告誘導)寬容之義。無不愛也，無不敬也，無與人爭也，恢然如天地之苞萬物，如是，則賢者貴之，不肖者親之。如是而不服者，則可謂訞(同"妖")怪狡猾之人矣，雖則子弟之中，刑及之而宜(妖怪狡猾之人，雖在家人子弟之中，亦宜刑戮及之)。《詩》云："匪上帝不時，殷不用舊。雖無老成人(指伊尹、伊陟、臣扈等)，尚有典刑(常事，故法)。曾是莫聽，大命以傾。"(《詩·大雅·蕩》)此之謂也。此爲《詩》説。

古之所謂士仕者(謂入仕之人)，厚敦(寬厚誠樸)者也，合群者也，樂富(王先謙認爲"富"字當是"可"字之誤，見《荀子集解》卷三)貴者也，樂分施者也，遠罪過者也，務事理者也，羞獨富者也。今之所謂仕士者，汙漫(污穢，卑污)者也，賊亂(爲非作歹，製造混亂)者也，恣孳①者也，貪利者也，觸抵者(觸犯罪過，與上文"遠罪過"相對而言)也，無禮義而唯權埶之嗜者也。古之所謂處士(不仕者)者，德盛者也，能靜(謂安時處順)者也，修正者也，知命者也，箸是者也。今之所謂處士者，無能而云能(自言其能)者也，無知而云知者也，利心無足(不知足，不滿足)而佯無欲者也(好利不知足，而假裝無欲)，行僞(行爲詐僞)險穢而彊高言謹愨què者也，以不俗爲俗、離縱(謂離於俗而放縱)而跂訾(qǐ zǐ，違俗自高之貌)者也。

士君子之所能不能爲：君子能爲可貴(謂道德)，不能使人必貴己；能爲可信，不能使人必信己；能爲可用(謂才能)，不能使人必用己。故君子恥不修，不恥見汙(爲人所污穢)；恥不信，不恥不見信；恥不能，不恥不見用。是以不誘於譽，不恐於誹(虛譽不能誘惑，毀損誹謗不能打動)，率道(遵

---

① "恣孳"，《荀子·非十二子》作"恣睢"。

循正道)**而行，端然**(端正、不偏斜貌)**正己，不爲物傾側，夫是之謂誠**(實也，謂無虛僞)**君子**。《詩》云："**温温恭人，維德之基。**"(《詩·大雅·抑》)**此之謂也**。此爲《詩》説。

士君子之容：其冠進(謂冠在前)，**其衣逢**(大)，**其容良**(樂易)，**儼然**(嚴肅莊重的樣子)，**壯然**(不可犯之貌)，**祺**qí**然**(安詳貌，安泰無憂貌)，**蕼**sì**然**(寬舒之貌)，**恢恢然**(寬宏大度貌)，**廣廣然**(空曠貌，空虛貌)，**昭昭然**(明顯之貌)，**盪盪然**(心胸寬廣貌)，**是父兄之容也**。**其冠進，其衣逢，其容愨**(què，謹敬)，**儉然**(自謙貌)，**侈**shì**然**(恃尊長貌)，**輔然**(相親附之貌)，**端然**(端正、不偏斜貌)，**訾然**(未詳，或曰：與"蕼"同，柔弱之貌)，**洞然**(恭敬貌)，**綴綴然**(不乖離之貌，謂相連綴)，**瞀**mào**瞀然**(垂目謹視，不敢正視之貌)，**是子弟之容也**。

吾語汝學者之嵬容：其冠絻(miǎn，謂太向前而低俯)，**其纓禁緩**(言其纓大如帶而緩)，**其容簡連**(傲慢不前貌)；**填填然**(滿足貌)，**狄狄然**(跳躍貌)，**莫莫然**(莫，靜，不吉貌)，**瞡**guī**瞡然**(見識淺陋貌)，**瞿**jù**瞿然**(左右顧望之容)，**盡盡然**(消沉沮喪貌)，**盱**xū**盱然**(張目直視貌)。**酒食聲色之中，則瞞瞞然**(閉著眼睛的樣子)，**瞑瞑然**(昏暗迷亂的樣子)；**禮節之中，則疾疾然**(憎惡之甚貌)，**訾訾然**(詆毁，誹謗)；**勞苦事業之中，則儢**lǚ**儢然**(懈怠，不盡力)，**離離然**(不親事貌)，**偷儒**(苟且懶惰，避事之勞苦者)**而罔，無廉恥而忍謑訽**(xǐ gòu，辱罵)，**是學者之嵬**(狂妄，險詐)**也**。**弟陀其冠，神襢**(zhòng dàn，謂其言淡薄)**其辭，禹行而舜趨**(禹行而舜趨，謂僅模仿聖賢之外表，而不注意内在的品德修養，即但宗聖人之威儀，而不重視實質)，**能莊而不能約。是子張氏之賤儒也**。流弊在賤，非斥子張，下同。

正其衣冠，齊其顏色，嗛qiàn**然**(自得貌)**而終日不言，是子夏氏之賤儒也**。學子夏而失其真者。**偷儒憚事，無廉恥而耆**(同"嗜"，愛好)**飲食，必曰君子固不用力**，此大同之流弊。**是子游氏之賤儒也**。儒分爲三，是學子游而誤者。**彼君子**君子儒，非小人儒。

則不然。三子之本旨。**佚而不惰**（雖逸而不懈惰），**勞而不侵**（雖勞而不弛慢），**宗原**（根本）**應變**（奉行根本原則，順應變化），**曲得其宜**（應萬變而不離其宗，各得其宜），**如是然後聖人也**。聖人則非儒所敢望。

　　《經解》於六經亦有利弊，不僅如班氏之於諸子。無論聖學帝王學派政治，年久傳多，必失其精微，徒襲其糟粕。論者多歸咎於始師，亦立言不得不如此。如東漢以後以六經爲古史，皆堯、舜、湯、文、武、周公之舊文，不惟今日中外同相菲薄，即列、莊去孔未遠，已倡言芻狗履跡，《史記》以爲攻仲尼之徒者是也。列、莊之攻孔子，乃真能尊崇孔子，則荀之駁十二子，亦言各有當，統指後來不善學者之流弊而已。不惟無傷於二子，即十子，亦何嘗不藉此以去弊存真！

中小學不讀經私議

[題解]據《廖季平年譜》，該文作於民國元年(1912)。該文曾刊於《國學薈編》1914年第11期。廖平指出清代變法，雖然小學、大學的名稱出自經學，但因爲不能分清大學、小學的差異，茫茫然以外國制度爲尊，導致人才缺少，國家不能自立，以致清代滅亡。經學旨義宏大精深，不適用於幼童。但傳記的一些内容及《朱子小學》，明白淺易，不傷腦力。《容經》本爲古代修身課本，係古代小學專門教材，如加以整理，亦利於施行。他指出：要對經學内容加以區分，不可概以"不準讀經"來涵蓋。總之，廢經之名不可立，尊經之旨不可移。

《書·大傳》曰："古之帝王，必立大學、小學……十三年，始入小學，見小節焉，踐小義焉。年二十，入大學，見大節焉，踐大義焉。"(語出《尚書大傳》卷三，引文有異)劈分大小，以爲二派，此經例也。前清變法，創立大學、小學各種學堂，其名目仍用經説，乃不求大、小二學之所以分，茫茫然唯異邦之是崇，國無人焉，其誰與立？亡也宜矣。

嘗讀《莊子》，孔子對老子曰："吾繙十二經以教世。"(語出《莊子外篇·天道》，原文爲："(孔子)往見老聃，而老聃不許，於是繙十二經以説。老聃中其説，曰：'大謾，願聞其要。'孔子曰：'要在仁義。'")舊以六經、六緯説之，非也。考六經漢以前亦稱六藝，而《周禮》別有禮、樂、射、御、書、數之六藝(語出《周禮·地官司徒》："以鄉三物教萬民而賓興之。一曰六德，知、仁、聖、義、忠、和。二曰六行，孝、友、睦、婣(同"姻")、任、恤。三曰六藝，禮、樂、射、御、書、數。"），竊以六經六藝合爲十二，此即大節大義、小節小義之所以分也。

六經以《春秋》爲始基。皆治人之事，所謂"修齊治平"者是也。其高遠之《詩》、《易》、《尚書》更無待言，朱子《章句》(即朱熹撰《四書章句集注》)云："大學，大人之學。"(語出朱熹注《大學章句》)天子之元士，諸侯之適子，與凡民之俊秀焉爲。其學制(國家對各級各類學校的組織系統和課程、學習年限的規定)遠如漢之博士，近之法政，所謂學焉然後入官者也。其未入大學之前，必先入小學以治六藝，此如海外普通科學，凡士農工商，必小學通，而後人格足。畢業已後，各就家學以分職業。所謂士恆爲士，農恆爲農，工商從同。其大較也。其有出類拔萃者，妙選(精選)資格，然後入之大學，以備仕宦之選。

《論語》云："《詩》，《書》，執讀作"藝"。《禮》，皆雅言也。"(語出《論語·述而》)《詩》、《書》爲六經，執《禮》爲六藝。禮爲六藝之首，故云藝禮。雅言者，即繙爲十二經之繙。小學主六藝，大學主六經。凡入大學者，必先入小學。不入仕宦者，不入小學治經。此其科級之分，嚴肅判決，不可蒙混者也。

海外無六經，所教不出六藝範圍，禮、樂二門，經與藝名目相同，而以大、小分之。凡灑sǎ掃應對(灑水掃地，酬答賓客)視聽言動，小禮，與《禮經》之大禮異。琴瑟磬鎛(pán bó，古代樂器，青銅製，形似鐘而口緣平，有紐，單獨懸掛，以槌叩之而鳴，盛行於東周時代)，小樂，與《周禮》之大樂異。語言、繙譯、算法、測量各種實業專門，則以射御、工伎爲標目。前清大學科目，幾幾乎全爲六藝，既未先立小學，何立大學？爲小學治科學，確爲古法，而於古小學專書，則以其屬《四庫》經部，而一切廢之。

夫經恉宏深，義取治人，不適用於幼童普通知識，因科舉而必責之課讀，此其失也。然傳記之中，如《禮》之九容，足容重，手容恭，目容端，口容止，聲容靜，頭容直，氣容肅，立容德，色容莊(語出《禮記・玉藻》)。《論語》之九思，視思明，聽思聰，色思溫，貌思恭，言思忠，事思敬，疑思問，忿思難，見得思義(語出《論語・季氏》)。又《曲禮》、《少儀》、《內則》等篇及朱子所輯録之《小學》，明白淺易，不傷腦力也。又如《容經》(《容經》又稱《容禮》，古時專門記載儀容規範的典籍。據廖平《容經凡例》，《容經》爲《禮經》之緯，相傳爲漢初徐生所傳，其部分内容保存在賈誼《新書・容經篇》中)爲古修身之課本，緯以六儀(謂祭祀、賓客、朝廷、喪紀、軍旅、車馬等六種禮儀，《禮・地官・保氏》："養國子以道……乃教之六儀：一曰祭祀之容，二曰賓客之容，三曰朝廷之容，四曰喪紀之容，五曰軍旅之容，六曰車馬之容。")，最利施行。循名核實(按照名稱或名義，去尋找實際内容，使得名實相符)，原爲小學專門，宜別立科目，標舉舊書，課督髫tiáo齡(髫，指古時兒童下垂的髮式，髫齡指童年，幼年，此指兒童)，乃不分別，概曰不許讀經。童子無知，不自以爲程度不足，反倡言經不足學，堤防一潰，洪水滔天(暴漲的水流就會瀰漫天際，此指一旦不尊經，就會造成禮壞樂崩的局面)矣。

夫經猶飲食、衣服也。膏粱(膏爲肥肉，粱爲細糧，膏粱指肥美的食物)可以適口，脱粟(糙米，只去皮殻、不加精製的米)未嘗不可救饑，錦繡可以章身(章，有圖文作爲等級標誌的禮服或官服，此指可以表明或顯示身份)，縕yùn袍(以亂麻爲絮的袍子。古爲貧者所服。《論語・子罕》："衣敝縕袍，與衣狐貉者立，而不恥者，其由也與？")未嘗不可以禦寒。童蒙不敢望高卓，是也，乃並其平易者而亦奪之，幾何不凍餒而死也。部章之未實行者多，何必獨以此事見長。總之，廢經之名不可立，尊經之旨不可移。

試觀兩漢，崇獎儒術，置五經博士[1]，其時户誦孔子，

---

[1] 五經博士，學官名。博士源於戰國。秦及漢初，博士的職務主要是掌管圖書，通古今以備顧問。漢武帝設五經博士，教授弟子，從此博士成爲專門傳授儒家經學的學官。漢初，《易》、《書》、《詩》、《禮》、《春秋》每經只有一家，每經置一博士，各以家法教授，故稱五經博士。到西漢末年，研究五經的學者逐漸增至十四家，所以也稱五經十四博士。

人知大義，名臣循吏，多出其中。《記》曰："少成若天性，習慣如自然。"（語出《禮記·學記》）博士弟子非可驟隮（jī，登上，升上）。若凡民之俊秀，雖在童年，一日千里，自不可與中才一視。必拘年齡，循資格，使英才短氣，志士傷時。且博采輿論，其所以令小學讀經者，幼小悟性絀（chù，短缺，不足）而記性優，長則悟性優而記性絀，故成誦貴在初年。分經誦讀，一人初讀一經，不過數千字。耗時不多，至於傳記，不在禁例，且趨向不歧，則成就自易。經既爲孔教，縱使先後齟齬（jǔ yǔ，本指上下牙齒不相對應，此指不相投合，相互抵觸），儘可存而不論。

今之説者皆以始皇爲專橫，當其焚書焚字母書。坑儒，策士（本指戰國時代游説諸侯的縱横之士，後泛指出計策、獻謀略的人）托名儒生。諸策士犯法相引，太子扶蘇諫曰："諸生皆誦法孔子，陛下以法繩之，太過。"案諸生犯罪有據，扶蘇猶以誦法孔子之故，欲要寬典。今之教經、讀經，雖近於欲速，不能不謂之非誦孔子也，乃即以讀經見斥，此如律令，凡有明法律爲人解説者，雖有罪，免一次，而後來酷吏，乃專以明律爲其罪，不謂之賞罰顛倒乎？

質而論之，以年齡分大小者，其常也。因材施教，資格貴於早分，等級難以年定。如前清部章，駿駑同棧，鈍利取齊，兩敗俱傷，同歸廢墜。故自學部有定章，而師保無教術。以今之學生，較前之成材，優劣固可指數。況以讀經言之，不成，不失爲良民。不讀經言之，新法實多流弊，故整齊畫一之法，朝廷且有時而窮，何能以繩束庠序。畫圖以索驥，刻舟以求劒。前清以興學而宗社（宗廟和社稷的合稱，此處借指國家）亡，當今學術關係，其問題不區區在中小學讀經不讀經一節也已。

牛羊成羣，一牧人收放之而有餘。堯牽一羊，舜鞭而驅之，復使皋陶、大禹執其角，握其尾，徒見其僨耳。或曰："教育無法，可乎？"曰："法不徒法，須得法意（法令的精意）。"孟子曰："此其大畧，若夫潤澤之，則在君與子。"（語出《孟子·滕文公》）總其成者，但持大綱，愼選師傅，疎節濶目。齊削、魯斤，因地爲良，男粟、女布，交相爲用。使教者得盡所專長，學者各成其性近，鑄鎔材器，方足以濟時用。若以一二人私見，定一理想範圍，牛毛繭jiǎn絲（形容過於精細周密），紙上經濟（在字面上經世濟民，而無實際效果），而欲使全國學堂之書籍教授必出一途，人材必成一律，黃茅白葦（連片生長的黃色茅草或白色蘆葦。形容齊一而單調的情景），終亦何益。大抵譯書已悮（同"誤"，錯，謬，亦可當"欺"解），讀者又誤，人盲馬瞎，半夜深池（即"盲人騎瞎馬，夜半臨深池"，語出《世說新語·排調》，形容亂闖瞎撞，危險至極）。前清之成效，已昭揭如日月，前車之覆，後車之鑒，主其事者，如能改絃（同"弦"）更張，是爲祝禱。

洪氏《隸釋》①跋

[題解]據《廖季平年譜》，該跋成書於丙子年(1876)。洪适《隸釋》所著錄的碑文，現存者不及其十分之二三，所闕之碑，可通過洪氏所著錄者加以考訂，有裨經史；所存各碑，其闕文亦可藉洪氏摹文補足；佚而復出之碑，全者可藉洪書斷其是否確爲舊物，闕者亦可藉其與《隸釋》文字相同者，定其爲何碑。洪适之學，有非後人所及者三事：一爲承歐、趙之後，爲功甚易；二爲身位臺閣，收藏最盛；三爲宋代漢物存者，較歐、趙尤多，後人更所不逮。廖氏盛推該書全摹碑文，有功金石，可爲經史之助。

　　洪氏(即洪适)之書，其所以見重於學人者，以其全摹(描摹)碑文也。《集古錄》②原一千卷，蓋原有各碑全文，自跋

---

① 《隸釋》，宋代金石學著作，現存年代最早的一部集錄和考釋漢魏晉石刻文字的專著，共27卷，洪适撰。洪适，字景伯，饒州鄱陽(今江西省波陽縣)人。在洪适以前，北宋歐陽修的《集古錄》和趙明誠的《金石錄》，都僅有漢碑的目錄和跋語，不收錄碑文。收錄碑文則始於洪适。他把隸書體的漢碑碑文用楷書寫出，故書名爲《隸釋》。此書連同後來成書的《隸續》，共著錄漢碑碑文、碑陰等258種，魏和西晉碑17種，又收集漢晉銅、鐵器銘文及磚文20餘種。書中還用圖來表示漢碑的不同式樣，又著錄了不少漢畫石像。這是在其他金石書中所少見的。每種碑文之後，又都附有較好的論考。《四庫全書總目》認爲，"自有碑刻以來，推是書爲最精博"。
② 《集古錄》，中國現存最早的金石學著作，即《集古錄跋尾》，共10卷，作者歐陽修。該書是歐陽修對家藏金石銘刻拓本所作題跋的彙集，收錄周秦至五代金石文字跋尾400多篇。其中碑刻跋尾占絕大多數，銅器銘文僅20多篇。跋尾內容多偏重於史事評論，其目的在補正史傳之闕謬，以傳後學。因跋尾是隨題隨錄，無一定次序，所以《集古錄》僅有卷帙次第，而未按拓本時代先後排列。後世刻本對原書次序進行了調整，將拓本按時代先後加以排列，並且在每條標題之下，注明原來卷帙的次第。與《集古錄》並行的還有《集古錄目》一書，是熙寧二年(1069)歐陽修命其子歐陽棐編錄的。

尾十卷行，而一千卷之本，轉以多而見廢，惜哉！洪氏所著錄之碑，今其存者，不及十之二三，然所亡諸碑，尚可因原文攷其文義，以爲經史之助。而所存諸碑，較洪氏所摹，闕文尤甚，亦可因其摹文以補足之。又，佚而復出之碑，全者得藉洪書以知其確爲故物，其有零碣(jié,殘碑)殘字，款識全無，莫知誰何，則尚可以因其有與《隸釋》文字偶同，而定其爲何碑。其書之有功於金石若此，固非歐(即宋人歐陽修，著《集古錄》)、趙(即宋人趙明誠，著《金石錄》三卷)區區跋尾數卷之可得而埒(liè,等同)者也，則人之稱其精審，其義猶後矣。

又，漢人隸古，其見於諸碑，有假借者，有通用(某些寫法不同而讀音相同或意義相通的漢字，彼此可以換用，如"由"與"繇")者，有奇古者，有變易偏旁以減省者。奇文異字，鱗次(像魚鱗那樣依次排列)滿紙，學者殊苦難讀。自洪氏創立條例，各於異體(異體字)詳其本字，然後學人乃無難讀之歎。此其所以明《隸釋》之故，抑又其功也。

後人因其書見重於時，糾彈(舉發，彈劾)不遺餘力。按，金石之事，其難數端：藏本之早遲，搨(tà,用紙、墨從鑄刻器物上捶印出其文字或圖畫)者之工拙，紙墨之隱現，毫釐不同，頓致歧異。同爲一碑，而諸家所見，各爲異字。又，其識字皆由諸家學業所分，深於經者以經釋，深於史者以史釋，深於小學者以小學釋，深於詞章者以詞章釋，深於金石者以金石釋，見仁見智，言各異端，比而同之，固其難也。又況偏旁泐(lè,同"勒"，刻)損，點畫毫茫(比喻極細微的差別)，摸籥捫mén燭(籥，古代管樂器。古代寓言故事，稱有個生來就眼睛瞎的人，不知道太陽的樣子。有人告訴他太陽光像蠟燭，他摸了摸蠟燭，後來摸到籥，也以爲是太陽。後以"捫籥"比喻只憑片面瞭解或局部經驗就對事物妄加判斷)，各由肊(yì, 同"臆")測，此尤異說之所叢雜(聚集)也。

洪氏書中，所釋之字，將近千條，智者之失，固所難免，吾則謂洪氏之學，有非後人之所及者。承歐、趙之後，踵事增華(南朝梁蕭統《〈文選〉序》："若夫椎輪爲大輅之始，大輅寧有椎輪之質，增冰爲積水所成，積水曾微增冰之凜，何哉？蓋踵其事而增華，變其本而加屬，物既有之，文亦宜然。"後以"踵事增華"指繼續以前的事業並更加發展)，爲功甚易，一也；身位臺閣(漢時指尚書臺。後亦泛指中央政府機構)，收藏最盛，窮鄉僻隅，無不能致，二也；爲時尚早，漢物存者，共《隸續》二百餘種，較歐、趙尤多，後人更所不逮，三也。凡此三事，今之金石家得其一端，已爲盛事，洪兼而有之，而其三事，則斷非後人之所能及者，則洪所獨也。必謂己所見之本爲全，而洪所見者爲闕，己所見之本最顯，而洪所見之本偶泐，遂力相攻訐，此豈足以爲據者哉！

今人得藏一宋搨舊碑，羣以爲至寶，而洪氏所見，則皆宋本，或且在宋以前，則必當得其眞，則今日所見之異字，雖不無實爲古跡，然其中恐不無或出於修屬，或出於重刊之過。嘗病諸家於洪氏吹毛相求(即"吹毛求疵"，吹開皮上的毛，尋找裡面的毛病。比喻刻意挑剔過失或缺點。語出《韓非子·大體》："古之全大體者……不吹毛而求小疵，不洗垢而察難知。")，時有過者，用敢摭(zhí, 摘取)其數事，以相糾正，庶足以見古人之未必全非，而今人之未必全可信也。

如《史晨後碑》"飲酒畔pàn宮(即"泮宮"，古代諸侯王所設的大學。《隸釋·漢魯相史晨祠孔廟奏銘》："臣以建寧元年到官，行秋饗，飲酒畔宮，畢，復禮孔子宅。")"，《隸釋》訓爲"泮pàn宮"，《授堂金石跋》(爲清代學者武億所撰。武億〔1745–1799〕字虛谷，又字授堂，河南偃師人。乾隆進士，任博山知縣，創辦範泉書院，親自講授。治經史，精於考訂金石文字。著有《經讀考異》、《群經義證》、《偃師金石記》、

《授堂詩鈔》等）謂此碑"宮"又作"官"，顯鑿（恣意不求合乎義理謂之鑿，即穿鑿附會）非訛（訛誤，差錯），"官"與"館"通，謂當作"畔官"，詆洪氏未審。按前碑云"飲酒畔宮"，此碑亦當爲"宮"，碑作"官"者，隸體"宮"字多書作"官"，《北海景君碑陰》"營陵"並作"管陵"，則因碑偶作"官"，而謂當作"官"，是未知隸法（謂隸書的筆法），非洪氏之誤。又，《韓勑chì碑》"旁伎ì皇代"，洪氏釋爲"暨"，《隸辨》以爲洪誤。按《堯典》數言"暨"，義皆作"及"。又，《帝堯碑》"暨於亡新"，《華嶽碑》"暨夏殷周"，《張納功德敍》"暨其先攷"，凡諸"暨"字，皆與"旁伎皇代"同文，讀"伎"爲"暨"，於義甚允（恰當）。若讀爲"伎"，其説轉迂拘不明（迂闊拘束，意義難明），失其義矣。

　　《韓勑造孔廟禮器碑》聖妃詩"喪其妃偶"，洪氏釋爲"配"。按《史記·外戚世家》"妃匹之愛"，音"配"，匹也，與碑同。《虛舟題跋》（清代學者王澍著），以"妃"爲女子通稱。據《漢曹全碑》（全稱《郃陽令曹全碑》。東漢碑刻，隸書。靈帝中平二年〔185〕立，記曹全爵里行誼及爲西域戊部司馬時與疏勒交戰事。碑陰岐茂等題名，分書）"大妻姚①斐fēi"，"斐"即"妃"字，《魏書·刑法志》"阿陰②縣民張知壽妹容妃"，詆洪爲誤。按，妃子雖爲古人女子通稱，然碑以"聖妃"、"妃偶"連文，則"妃"字斷非名字可知。若以爲名，則"聖妃"、"妃偶"殊非文義，王氏因《曹全碑》、《魏書·志》之文而剙爲此説，亦好奇之過。

　　《郎中鄭固碑》"造郄xī佹guǐ詞"，洪氏釋"佹"爲"詭"，"詭詞"即譎諫（jué jiàn，委婉地規諫）意，故與"造郄"

---

① "妻姚"，顧炎武《金石文字記》作"女桃"。
② "阿陰"，《魏書·刑法志》作"河陰"。

連文合義，本非誤釋。《山左金石記》(應即畢沅、阮元編《山左金石志》)因《玉篇》"俔"有"戾"訓，遂以"俔"爲本字，謂與"犯顏謇諤(jiǎn è，正直敢言)"之義合(《山左金石志》云："《玉篇》：'俔，戾也。九委切，此與上文"犯顏謇諤"之意正合'")。按碑云"犯顏"，美其能直諫，"造郤"，美其能婉諫(曲折含蓄地陳説)。義各有在，況義在匡君，何取乖戾！苟以新異爲能，不顧義例之所安矣。

又，如《沛相楊統碑》"百僚歎傷"，今本洪跋云"遼"作"寮liáo"，《金石萃編》①云：碑"百僚嘆傷"，"僚"字"明從人旁，而洪氏誤釋作'遼'，且跋云，以'百條爲百寮'②爲不可解"。(王昶《金石萃編》卷十二)按，《隸釋》言"寮"異字最多，如《石門頌》作"遼"，《武班》作"遺"，《祝睦後碑》作"寮"，《魏元丕碑》作"寮"，《夏湛碑》作"遺"，重見者亦多，碑至今猶可辨其偏旁，則洪氏所見，當更明白，斷不至誤反誤在洪氏之理。

《隸釋》明以後無善本，今汪刻本以《漢隸字原》較之，誤脱尤甚。王氏所譏，蓋刻本之誤，非洪氏之舊也。凡此之類，雖頗見糾彈，終不足爲洪氏之累，其中大約宏綱巨目，皆爲洪氏所有。諸家習與相詆，凡有異文(凡同一書的不同版本，或不同的書記載同一事物而字句互異，包括通假字和異體字，都

---

① 《金石萃編》，中國清代金石學重要著作，是一部以石刻文字爲主，兼收少量銅器磚瓦銘文的彙編。作者王昶(1724–1806)，字德甫，號蘭泉，江蘇青浦(今上海市松江縣)人。全書共160卷，所收資料達1500多種。石刻年代上自周秦，下迄宋、遼、金，突破了當時一般金石學著作只收到五代的舊例，提高了該書的資料價值。全書所收資料按時代先後順序排列，每件銘文都注明原器物尺寸、出處等。晉以前銘刻文字，多爲篆書、隸書，依照原文摹寫，並加以訓釋，以保存原貌。南北朝以後的銘文，則以楷書寫定。凡碑陰、碑側以及碑後題識，一一詳録，收羅無遺。録文之後，附録有關金石書及各家別集中的有關題跋論述，最後爲作者按語，頗多精闢獨到之見。

② "以百條爲百寮"，《金石萃編》作"以百寮作百僚"。

稱異文）別訓，不顧義理安否，但可以爲洪氏相難，輒摭之以爲説，故異議雖多，而實足以補正洪氏，寥寥無幾也。

又，洪氏《隸續》、《隸韻》、《隸圖》、《碑式》本與《隸釋》共行，今惟《隸釋》爲完書，以外皆散佚。今通行《隸續》本，乃近人取各藏書家零篇賸shèng簡（剩餘的片斷）合刻者，故中雜《隸圖》、《碑式》等殘頁。《隸續》亦非全書，蓋自元、明以來，其書不甚行於時，故久無善本，而寖致亡佚。即《隸釋》一書，以碑文及《字原》等相校，誤文脱字，所在而有，誠爲憾事。洪氏爲金石最不可少之書，諸家或訛其誤，不知不爲之校理精善，而惟就刊本以爲據，凡所指摘，恐洪氏亦不任其過。如能得精校之本，有明爲洪氏之舊而其誤顯著，乃可以言洪氏之非，誠一快也。朱氏文藻校訂《隸釋存疑》，未見全書，江寧刊附校勘本未見，不知其精審果若何。他日得一讀之，挑燈煮茗，如與洪頫卬（頫，同“俯”，低頭。卬，同“仰”，指左右周旋，相互交談）一室，共爲商酌，不誠快事耶！

《隸釋碑目表》自序

[題解]該文曾刊於《國學薈編》1914年第4期。廖平撰寫《隸釋碑目表》，以《隸釋》爲主，《水經注》次之，《集古録》次之，《金石録》又次之，《集古録目》、《天下碑目》又次之。考其碑目差異及存亡，使各書異名，並碑目存亡，瞭如指掌，源委俱在。

漢石著録之盛，未有如洪氏者也。由《酈注》至《集古》、《金石》而有加，洪氏則更有加，洪氏以後，收藏無過之者。至於今日，乃毀泐幾盡矣。《隸釋》自十九卷以下八卷，皆收各家碑目，而《目録》於各碑下，凡經三家收著者，亦皆注明，豈不以金石之學目録綦重，詳其碑之見收，可以辨其真贗yàn，資其攷證，又可以見碑之存亡，以自計其收藏之效，誠爲金石家所重者。

特是諸家藏本，各異名字，由酈至洪，蓋數變焉。別號既繁，殊難記憶，三家各以得碑早遲爲序，後先互易，不便檢閲。又碑所立之時地，並其存亡，亦不可不知也，因撰爲此表，以相統屬，以《隸釋》爲主，故居首，《水經》次之，《攷古録》①次之，《金石録》又次之，《集古録目》、《天下碑目》又次之。以上五目，皆洪書所有。《字書》②爲釋隸之書，又次之，攷碑目存亡者殿焉。凡同名者，但依原書，注"有"字，異名，則各爲標出。諸家碑目，均仿《字原》之

---

① 依文章内容，應爲《集古録》。
② 依下文，當爲《漢隸字源》或《字原》。

例，詳其數於下方，趙氏無跋諸碑，《隸釋》附録於後，則又加"後"字，以相別異。洪書所無，則取原書之數，以附益之，務使各書異名，並碑目存亡，瞭如指掌，源委俱在，共爲一卷，目曰"碑目表"，或亦讀《隸釋》不可少之作也。至於諸碑異名，頗有得失，彙加攷訂，以俟異時。

《隸釋》碑目表

《隸釋》	《水經注》	《集古録》	《金石録》	《天下目録》①附《集古録目》	《漢隸字原》	
濟陰太守孟郁修堯廟碑	堯廟碑五	堯祠祈雨碑七十八	堯廟碑後二十七		永康元年(167)立,在濮pú州。	
帝堯碑		堯祠碑六十五	有。六十二		熹平四年(175)立,在濮州。	
成陽靈臺碑	堯陵碑	堯母碑三十四	有。五十四		建寧五年(172)立,在濮州。	
靈臺碑陰			有。後六十			
益州太守高联zhèn修周公禮殿碑		文翁石柱碑七	周公禮殿記一百二		初平五年(194)立,今碑在成都府學。	

---

① 表中又稱《天下録目》,即《自序》中《天下碑目》。

孔廟置守廟百石孔龢碑		吳雄修孔子廟碑二十九	孔子廟置卒吏碑十九		永興元年(153)立,在兗州仙源縣。	今在曲阜縣廟中。
魯相韓勑造孔廟禮器碑		修孔廟器表①二十七	韓明府孔子廟碑二十二		成帝中年立,在兗州闕里。	同前。
韓勑碑陰			韓府君孔廟碑陰後五十六			同前。
韓勑修孔廟後碑			韓府君孔廟後碑二十一		成帝中年立,在兗州。	
魯相史晨祠孔廟奏銘		魯相晨孔子廟碑	魯相晨謁孔子冢文四十四		建寧二年(169)立,在兗州。	今在曲阜廟中。
史晨饗孔廟後碑			史晨孔廟後碑後十八		今石作建寧元年(168),在兗州闕里	同前。
西嶽華山廟碑	華山祠堂碑三十三	有。六十九	有。四十		延熹八年(165)立,華州華陰縣。	石今毀,重刊本。

① "表",四庫本《集古錄》作"碑"。

西嶽華山亭碑		樊毅華嶽碑五十八	華嶽碑原百五十二		光和二年(179)立,在華州。	
弘農太守樊毅復華山民租碑		復西嶽廟後民賦碑①十四	西嶽復民賦碑後三十八	《集古録目》作《西嶽廟復民頌》。	光和二年立,在華州。	
樊毅修華嶽廟碑		樊毅修華嶽碑二十三	樊毅西嶽碑七十三		光和二年立,在華州。	
東海廟碑			東海相桓君海廟碑二十		熹平元年(172)立,在海州。	
桐柏淮源廟碑	淮源廟三碑九十七	桐柏廟碑十三	同上②。後二十四	《録目》云在,《天下録目》云在唐州。	延熹六年(163)立,或云在隨州棗陽桐柏鎮。	今在濟源縣
殼阬kēng君神祠碑		有。二十七			光和四年(181)立,在華州。	
殼阬碑陰			殼阬君神祠碑陰七十九			

---

① 四庫本《集古録》作"修西嶽廟復民賦碑"。
② 因版式改變,此處應作"同左",下同。

老子銘	老子廟碑四十九	有。十	有。四十一	《天下録目》云在衛真縣。		
楚相孫叔敖碑	孫叔敖廟碑九十九	孫叔敖碑二十一	同上。後二十一		延熹三年(160)立,在光州固始縣。	顧云拓本
孫叔敖碑陰			有。二十九			
仙人唐公房碑	唐公房碑八十六	公昉fǎng碑四十五	仙人唐君碑後五十三		在興元府。	今在成固縣。
唐公房碑陰						同前。
張公神碑			張公廟碑後十一	《天下録》云在通利軍衛壩。	和平元年(150)立,在衛州黎陽。	
三公山碑		北嶽碑五十九	三公碑百一十三		光和四年立,在真定州①	
無極山碑		無極山神廟碑三十七	有。八十		光和四年立,在真定府。	

----

① 四庫本《漢隸字源》作"真定府"。

白石神君碑			有。 八十九		光和六年(183)立,在真定府。	今在無極縣。
蜀郡太守何君閣道碑					建武中元二年(57)立,在雅州。	
青衣尉趙君羊竇道碑					永和六年(141)立,在眉州。	
司隸校尉楊君石門碑	石門銘六				建和二年(148)立,在興元府。	今在褒城縣。
廣漢長王君石路碑					建和二年立,在漢州。	
成都①太守李翕西狹頌			成都太守李翕碑五十二		建寧二年(169)立,在成州。	今在成縣。
李翕黽miǎn池五瑞碑			李翕碑陰後五十八		在成州。	

---

① "成都",疑作"武都"。

李翕析里橋郙fǔ閣頌		郙閣頌八十	同上。後三十三		建寧五年(172)立，在興州磨崖。	顧云重刻，在畧陽。
桂陽太守周憬jǐng功勳銘		桂陽周府君碑八十	桂陽太守周府君頌五十八		熹平三年(174)立，在韶州樂昌廟內。	
周憬碑陰		周府君碑陰五十九	周府君碑陰五十九			
藁gǎo長蔡湛頌		藁長蔡君碑四十六	有。八十二		光和四年(181)立，在真定府。	
溧lì陽長潘乾校宮碑					光和四年立，在建康。	今在溧水縣。
梁相孔耽dān神祠碑			碭dàng孔君神祠碑八十六		光和五年(182)立，在亳州永城縣。	
成陽令唐扶頌		唐君碑七十三	成陽令唐君頌八十七		光和六年(183)立，在濮州雷澤縣。	

巴郡太守張納功德敍			巴郡太守張君碑百一十九		中平五年(188)立,在重慶府。	
張納碑陰						
酸棗令劉熊碑		俞鄉侯李平碑			在東京酸棗縣。	
劉熊碑陰						
謁者景君墓表		景君碑七十九	謁者景君表四		元初元年(114)立,在濟州。	
孝廉柳敏碑			柳孝廉碑四十七		建寧二年(169)立,在忠州。	
淳于長夏承碑				有。五十	建寧三年(170)立,在濟州州衙。	今在永年縣,顧云重刻本。
郎中馬江碑				有。五十一	建寧三年立,在濟州。	
愼令劉脩碑		愼令劉君墓碑六十一	劉修碑後三十二		建寧四年(171)立,在南京。	

博陵太守孔彪碑			有。五十三		建寧四年(171)立。在兗州。	今在曲阜縣。
孔彪碑陰			有。後五十九			同前。
北軍中候郭仲奇碑			郭中侯碑三十一	北軍中侯郭君碑三十二	建寧五年(172)立，在孟州濟源縣。	
故民吳仲山碑			故民吳公碑五十六		熹平元年(172)立，在東京。	
司隸校尉魯峻碑	魯公碑十四	魯峻碑四十四	有。五十七		熹平二年(173)立，在濟州州學。	
廣漢屬國侯李翊碑					熹平二年立，在渠州。	
元儒先生婁壽碑		元儒婁先生碑九	婁壽碑後三十四		熹平二年立，在光化軍。	今在濟寧州儒學。
婁壽碑陰						

繁陽令楊君碑		有。五	有。後三十五		熹平五年(176)立,在陝府閿wén鄉。	今石亡。
楊君碑陰		有。後三十六			
堂邑令費鳳碑	費鳳碑八十一		堂邑令費君碑六十六		熹平二年立,在湖州。	
費鳳別碑			費君碑陰六十七		在湖州。	
太尉陳球碑	陳琳①三碑八十一	有。四十八	有。六十八		光和二年(179)立,在淮陽軍。	
陳球碑陰			有。後三十八			
陳球後碑	同前。		有。後三十七		光和二年立,在淮陽軍。	
童子逢盛碑	同前。		逢童碑七十六	《天下錄目》云在濰州。	光和四年(181)立。	
逢盛碑陰			逢盛碑陰七十七			

---

① "陳琳",疑作"陳球"。

安平相孫根碑			有。 八十四		光和四年立,在密州。
孫根碑陰			有。後六十三		
涼州刺史魏元丕碑			涼州刺史魏君碑八十五		光和四年立,在湖州。
景君碑陰			有。五		
郎令景君闕銘		景君石椁七十九	有。六		元和四年(87)立,在濟。
國三老袁良碑	袁梁碑四十二	袁良碑六十三	國三老袁君碑七		在東京扶溝。
北海相景君碑		有。四十九	有。九		漢安二年(143)立,在濟州任城縣。	顧云今在濟寧州儒學,漫漶。
敦煌長史武斑碑		斑碑四十三	有。十一		建和元年(147)立,在濟州任城縣。	今在嘉祥縣。
從事武梁碑			有。十七		元嘉元年(151)立,在濟州任城縣。

平都侯相蔣君碑			有。十八		永興元年(153)立,在道州。	
孔謙碣	孔德讓碣七十	同上。後九	《集古》、《金石》作"孔德讓碣"	永興二年(154)立,在兗州。	今在曲阜孔廟。
郎中鄭固碑			郎中鄭君碑二十六	延熹元年(158)立,在濟州任城縣學。	今在濟寧州儒學。
議郎元賓碑			有。二十八	延熹二年(159)立,在亳州。	
中常侍樊安碑	樊安碑九十六附	樊常侍碑八	樊安碑後十	延熹三年(160)立,在唐州。	
冀州刺史王純碑	王紛碑九		有。三十二	延熹四年(161)立,在鄆yùn州中都縣。	顧云拓本。

山陽太守祝睦碑		祝睦碑二十四	同上。後五十三		延熹七年(164)立,在應天府虞城縣。	
泰山都尉孔宙碑		泰山都尉孔君碑二十八	有。四十		延熹七年立,在兗州。	今在曲阜廟中。
孔宙碑陰		孔宙碑陰題名七十一	有。四十一			同前。
祝睦後碑		有。二十五	有。後二十六		延熹九年(166)立,在應天府虞城縣。	
荊州刺史度尚碑	度尚碑七十八		有。四十三		永興元年(153)立,在徐州荒野。	
車騎將軍馮緄gǔn碑			有。四十一		永康元年(167)立,在渠州。	
沛相楊統碑		沛相楊統碑一	同上。四十九		建寧元年(168)立,在陝府閿鄉農墓側。	

楊統碑陰		楊君碑陰題名二	沛相楊君碑陰後五十九			石今毀。
竹邑侯相張壽碑		有。五十三	張壽碑後二十九		建寧元年立,在鞏gǒng州。	顧云在城武縣。
衛尉衡方碑		衡方碑七十六	衛尉卿衡方碑四十八		建寧元年立,在鄆州。	今在汶上縣。
冀州從事張表碑		有。三十二	張表碑後三十		建寧元年立。	顧云拓本。
金鄉長侯成碑		金鄉守長侯君碑五十	同上。四十六		建寧三年(170)立,在鞏州單父縣墓側。	顧云拓本。
司隸從事郭究碑		有。三十二	郭究碑後四十	《天下錄》云在濟源縣。	中平元年(184)立,在河陽。	
幽州刺史朱龜碑	朱龜碑五十七	同上。十八	有。九十		中平二年(185)立,在亳州。	
外黃令高彪碑					中平二年立。	
太尉劉寬碑		有。十九	有。九十三			

劉寬後碑		太尉劉寬碑陰四十	有。九十四		碑在西京。	
小黄門譙qiáo敏碑		小黄門譙君碑	譙敏碑後四十三		中平四年(187)立，在冀州。	
圉yǔ令趙君碑			有。百一		初平元年(190)立，在鄧州。	
巴郡太守樊敏碑			巴郡太守樊君碑百三		建安十年(205)立，在雅州。	今在盧山縣。
益州太守高頤碑					建安十四年(209)立，在雅州嚴道縣。	
綏民校尉熊君碑		熊君碑七十九	有。四百		建安二十一年(216)立，在道州。	
梁相費汛碑		費府君碑五十七				
高陽令楊著碑		高陽令楊君碑六	同上。十七		在陝府。	今毀。

楊著碑陰		高陽令楊君碑陰百七		
光禄勳劉曜碑	劉曜碑三十八	有。百九		在鄆州須城縣。
太尉楊震碑	楊震碑四	同上。四十五		在陝府閿鄉。	今亡。
楊震碑陰	楊震碑陰題名七十二	有。後四十六		
荆州從事范鎭碑		有。百十一		《金石》不載，或云在襄州。
執金吾丞武榮碑	武榮碑四十一			在濟州。	今在濟寧儒學，殘缺。
督郵斑碑		有。後五十四		在徐州。
浚儀令衡立碑	元節碑五十一	浚儀令衡君碑百八		在鄆州。
戚伯著碑	周伯著碑六十二	有。百二十三	《集古録目》作“周伯著”，《金石》作“戚伯”。	在宿州。

趙相雍勸闕碑			趙相雍府君碑百十二		在劍州。	
先生郭輔碑	郭先生碑九十一	同上。三	同上。百二十六		在襄陽穀城縣。	
相府小吏夏堪碑			有。百二十五		在亳州鄼cuó縣。	
李翊夫人碑					在渠州。	
雒陽令王稚子闕二	王稚子闕六十四		王稚子闕銘三		在成都府。	今存其一,在新都。
交阯zhǐ都尉沈君神道二					在梁山軍。	今在渠縣。
益州太守高頤闕二			高君墓闕銘,武陰令高君墓闕銘後四十九、五十		建安十四年(209)立,在雅州嚴道縣。	今在雅州。
幽州刺史馮煥神道			馮使君墓闕銘百六		永寧二年(120)立,在渠州。	
馮煥殘碑					在渠州。	

馮煥碑陰				在渠州。	
鉅鹿太守金君闕				在雲安軍。	
益州太守楊宗墓道		益州太守楊宗墓祠銘百一十七		在嘉州。	
清河相張君墓道					
不其令董恢闕		有。後五十二		在濟州。	
緜竹令王君神道		廣漢縣令王君神道四十五		建寧元年(168)立,在涪fú州。	
江原長進德碣				延熹三年(160)立,在忠州。	
上庸長司馬孟臺神道				在漢州。	今在。
高直闕				在雅州。	
處士金恭闕				在雲安軍。	
金恭碑				在雲安軍。	
韋氏神道				在均州。	

張賓公妻穿中二柱文				建初二年(77)立,在眉州。	
石經尚書殘碑	石經二十八		石經遺字六十	熹平四年(175)立,在西京。	
石經魯詩殘碑	同前。		同前。		
石經儀禮殘碑	同前。		同前。		
石經公羊殘碑	同前。		同前。		
石經論語殘碑	同前。		同前。	《水經》云光和六年(183)立。	
學師宋恩等題名					
賜豫州刺史馮煥詔				元初六年(119)立,在渠州。	
費亭侯曹騰碑陰	曹騰碑五十一	費亭侯曹騰碑十一	費亭侯曹騰碑十三	延熹三年(160)立,在亳州。	
廣漢屬國辛通達李仲曾造橋碑				延熹七年(164)立,在雅州。	

廣漢太守沈子琚jū縣竹江堰碑				熹平五年(176)立,在漢州。	
鄭子真舍宅殘碑				熹平四年(175)立,在雲安軍。	
金廣延母徐氏紀產碑				光和元年(178)立,在雲安軍。	
都鄉正衛彈碑	衛彈勘碑 九十四		都鄉正街彈街① 九十二	中平二年(185)立,在汝州。	
舜子巷義井碑				在隨州。	
義井碑陰			魏殘碑陰		
武梁祠堂畫像			武氏石室畫像 百二十二	在濟州。	今在嘉祥縣。
四老神坐神祚机			四皓神位刻石 百二十四		
麒麟鳳凰碑				在濟州。	

① 據《金石錄》,當作"都鄉正衛彈碑"。

劉讓閣道題字				建寧元年(168)立,在涪州。	
詔賜功臣家五字				在成都府。	
中部碑				在均州。	
趙相劉衡碑			有。九十六	中平四年(187)立,在齊州歷城縣。	
富春丞張君碑			有。後五十一	在亳州。	
郎中郭君碑					
廣漢屬國都尉丁魴碑				元嘉元年(151)立,在巴州。	
南陽太守秦頡碑	秦頡二碑八十八			中平三年(186)立,在襄陽宜城縣。	
魯相謁孔廟殘碑			魯相謁孔子碑後十	在兗州。	
平原東郡門生蘇衡等題名				在兗州孔里駐蹕bì亭。	

益州太守 無名碑				成帝中 立。	
益州太守 碑陰					
吉成侯州 輔碑	侯苞碑 百四		有。 二十三	成帝中 年立， 在汝 州。	
州輔碑陰			有。十四		
司空宗俱 碑			有。一百	熹平二 年(173) 立，在 鄧州。	
大丘長陳 實壇碑			陳仲弓 壇碑一百	在亳州 永城 縣。	
縣三老楊 信碑				和平元 年(150) 立，在 忠州。	
益州太守 城壩碑				在渠 州。	
是邦雄桀 碑				在渠 州。	
仲秋下旬 碑				在緜 州。	
故吏應酬 殘題名				在成都 府。	
魏大饗碑	有。 五十六		有。 百二十七		

魏公卿上尊號奏		魏公卿上尊號表八十三	百官公卿奏上、下，洪目無。原二百六十二三		延康元年(220)立，在潁昌府。	按：碑今在許州繁城鎮。
魏受禪表	受禪碑四十	魏受禪碑八十三			黃初元年(220)立，在潁昌府臨潁縣。	今在許州繁城鎮。
魏修孔子廟碑	魏孔廟碑七十七		魏孔子廟碑百二十八		黃初元年立，在兗州。	今在曲阜縣。
魏橫海將軍呂君碑			有。洪目無。原二百六十五		黃初二年(221)立，在鄧州。	
范式碑			有。百二十九		在濟州。	
張平子碑	有。百五		有。按，入晉碑。		永初四年(110)立，在鄧州。	

《公羊春秋傳例》序

[題解]廖平認爲經書有例,《春秋》尤爲例藪,若不以例來解說《春秋》,不明其寓意,則《春秋》就僅爲勸善書,孔子之書,斷不如此。《春秋》每字,皆有特別取義,非好學深思,心知其意,則難爲淺見寡聞者道。郝懿行《春秋比》,依經類例,爲七十六門,深得比事之旨,然門類不過數十,不足以盡經例,其中仍不免存在混淆之處。只有逐例縷晰,方足以得《春秋》之要。他計劃撰成《公羊春秋傳例》一書。

說《春秋》者,自西漢而上,皆不外於例。董子(董仲舒)所謂"其旨數千"(《史記·太史公自序》引董仲舒的話說:"《春秋》文成數萬,其指數千")是也。下逮唐、宋,病(批評,指責)其太繁,不能悟其領要(猶要領),遂有"《春秋》三傳束高閣"(語出韓愈《寄盧仝》:"《春秋》三傳束高閣,獨抱遺經窮始終。")之語。至明陸粲,乃謂"不以正大之情觀《春秋》",而以例言,則有時而窮,謂《春秋》無達例(通例,常例),乃辭窮之言,又謂《春秋》褒善貶惡,不易之法。今用此說以誅人,又用此說以貶人,是直舞文吏(歪曲法律條文,徇私舞弊的官吏)所爲云云。① 是

---

① 語出明人陸粲著《春秋胡氏傳辨疑》。廖平文中所引,當來自三段文字,其一作"不以正大之情觀《春秋》,而曲生意義也,將焉所不至矣",出自《春秋胡氏傳辨疑》卷上;其二作"昔之君子,有言《春秋》無達例,如以例言,則有時而窮矣",出自《春秋胡氏傳辨疑》卷上;其三作"先正有言,聖人作《春秋》,褒善貶惡,以示萬世不易之法也,今用此說以誅人,又忽用此說以賞人,使天下後世求之,而莫識其意,是直舞文吏之所爲",出自《春秋胡氏傳辨疑》卷下。

皆謂《春秋》當明白平易，如白香山(白居易)詩，老嫗可解。
若此，則程、朱可據孔子之坐，而象山、陽明(王守仁)輩升堂
入室，《春秋》便可廢置，不如令學者習《語錄》，更爲平易
近人。此如門外人遽臧否室中美惡，亦大不自量矣。且凡
人著作，必有凡例[1]。朱子《綱目》[2]自稱學《春秋》(朱熹在
《綱目‧凡例》中曾提及仿照《春秋》，"凡正統全用天子之制，以臨四方，書
法多因舊文，略如《春秋》書周魯事")，其中亦自有例。蓋無不例之
書，而《春秋》尤爲例藪。若除卻以例説《春秋》，則聖經只
如坊間《陰騭文》(即《文昌帝君陰騭文》，是一種以因果律爲準繩的勸
善書)勸人爲善，孔子之書，斷不如此。

　　《公》、《穀》所載，尚不及十之二三。《春秋》每字，
皆有特別取義，非好學深思，心知其意，固難爲淺見寡聞
道。此如沙金藏在地中，小淘小得，大淘大得，不淘不得。
唐、宋人皆不肯淘金之人，一無所得，便謂地無粒金，並以
之律一切，説經者皆作如是，其不知物類亦甚矣！

　　近人郝氏[3]《春秋比》(郝在《自敘》中稱："蓋比者例也，立文

---

[1] 凡例，晉杜預《春秋經傳集解序》："其發凡以言例，皆經國之常制，周公之垂法，
史書之舊章。"又《左傳》隱公七年："凡諸侯同盟，於是稱名，故薨則赴以名，
告終、稱嗣也，以繼好息民，謂之禮經。"杜預注："此言凡例，乃周公所制禮經
也。"后因以"凡例"指體制、章法或內容大要，今多指書前説明本書內容或編纂
體例的文字。

[2] 《通鑑綱目》，宋朱熹據司馬光《資治通鑑》、《資治通鑑目錄》、《資治通鑑舉要
歷》，并參考胡安國根據司馬光遺稿所作《通鑑舉要補遺》而作，由其門人趙師淵
助編而成，共59卷。大書爲綱，分注爲目，其義例詳於自序，又有凡例一卷，以闡
明褒貶進退之旨。凡例包括：統系、歲年、名號、即位、改元、尊立、崩葬、篡賊、
廢徙、祭祀、行幸、恩澤、朝會、封拜、征伐、廢黜、罷免、人事、災祥。

[3] 郝氏指郝懿行(1757–1825)，字恂九，號蘭皋，山東棲霞人，清嘉慶四年(1799)進
士，官户部主事，爲清代著名學者。長於名物訓詁及考據之學，於《爾雅》研究尤
深。所著有《爾雅義疏》、《山海經箋疏》、《易説》、《書説》、《春秋説略》、《竹
書紀年校正》等書。

於此，取則於彼。今懿行治《春秋比》，亦因於古也。"），依經類例，爲
七十六門，深得比事之旨，然門類不過數十，曷足以盡經
例。故其中仍不免混淆，自非逐例縷晰，固不足以得《春
秋》之要也。今姑仍其本，以《傳》彙鈔，其有重者節之。一
門中有少異者，以類相從，或加"坿"字以別之，其或有與
本門不類者，間爲移隸他處。然目力所及，門類尚嫌過少，
聊録成之，固不能謂《春秋》之例，盡在是也。

　　《傳》中間有誤解處，略舉一二。如祭(zhài)仲稱字，本
從天子大夫例(廖平認爲《春秋》無賢者不名例，祭仲稱字，當用天子大
夫不名例)，《公羊》初解爲鄭相，以漢諸侯王相解春秋監大
夫，最爲適當。乃後又以季子、孔父例之，謂稱字爲賢(廖
平認爲"稱字爲賢"係後師誤答)，而仲本惡人，無善可紀(祭仲廢君
爲大惡，無可賢之理)，遂以意造行權(改變常規，權宜行事。《公羊傳》
桓公十一年："祭仲者何？鄭相也。何以不名？賢也。何賢乎祭仲？以爲知權
也……權者，反於經然後有善者也……行權有道，自貶損以行權，不害人以
行權。")之説。注又不辨正，後人謂爲非常可駭之論，此當
日先師誤答(廖平認爲後師因爲誤答"稱字爲賢"，爲自圓其説，故以權
釋祭仲之賢)，學者固當知之。

　　又如紀履緰[①]來逆女不稱使(《公羊傳》隱公二年："何以不稱
使？婚禮不稱主人。然則曷稱？稱諸父兄師友。宋公使公孫壽來納幣，則其
稱主人何？辭窮也。辭窮者何？無母也。然則紀有母乎？曰：有。有則何以不
稱母？母不通也。外逆女不書，此何以書？譏。譏始不親迎也。")，本爲小
國正例。昏禮不稱主人，乃使臣納幣(古代婚禮六禮之一。納吉之
後，擇日具書，送聘禮至女家，女家受物復書，婚姻乃定)，口中辭命，託

---

① "緰"，《公羊傳》隱公二年作"綸"。

諸父兄師友，以爲養廉遠恥。若《春秋》書之，則非稱主者
不可，如宋公是也。先師誤以口中辭命說經，致弟子逐層
問難，遂隨意應付，不知有母當稱使，今有母而母又不通，
則有母無母，與稱使全無關係，此其自生荊棘（指自己在解經
時製造紛亂。廖平認爲《公羊傳》據"不稱主人"爲說，乃後師誤答，故《傳》
辭委曲難通，見氏著《公羊春秋經傳驗推補證》第一）也。

　　又"在塗稱婦"（《公羊傳》隱公二年："女曷爲或稱女，或稱婦，
或稱夫人？女在其國稱女，在塗稱婦，入國稱夫人。"），亦是後師羼入，
（廖平認爲"在塗稱婦"此句爲後師誤衍，理由爲：在國稱婦，如逆婦、求婦，
未行可知；夫人、婦姜，入國可知。桓以下娶于齊，多于入國言婦："公子結
媵陳人之婦"，陳人娶夫人婦者，經畧之，並無在塗明文。且彼此兩國，一父
母一夫家，亦不須言在塗。見氏著《公羊春秋經傳驗推補證》第一）他處言
稱婦是"有姑之辭"（《公羊傳》僖公二十五年："宋蕩伯姬者何？蕩氏
之母也。其稱婦何？有姑之辭也。"）。逆女但分國境，在父母國境，
稱女，在夫國境，稱夫人，不分在塗不在塗。如"遂以夫人
婦姜至自齊"（《春秋》宣公元年），既稱夫人，又稱婦，如其所
言，此爲何說？"蕩伯姬來逆婦"（《春秋》僖公二十五年），"杞
伯姬來求婦"（《春秋》僖公三十一年），皆尚在父母國即稱婦，
可見稱婦的是有姑之辭，"或稱婦"、"在塗稱婦"二句，
爲後師所加，明也。

　　又如弟子問"離不言會"，師答以"鄧與會"（《公羊傳》
桓公二年："離不言會，此其言會何？蓋鄧與會爾。"）。此又誤以會爲
"會於某"之會，不知此乃致公專例，如夾谷之會書"公至
自夾谷"（《春秋》定公十年），不言"公至自會"（《春秋》僖公十五
年）是也。此上皆先師誤答。

　　其餘有《傳》文本自明顯，而注誤釋者，如三世無大

夫、三世内娶（《公羊傳》文公七年："何以不名？宋三世無大夫，三世内娶。"），何注謂宋公内娶於其國之大夫，不臣妻父，故避見大夫。按《春秋》魯乃曰内，三世内娶，明明指娶於魯，《傳》乃專就蕩氏言，伯姬之夫與子孫見殺，諱而不言名氏，爲避蕩氏，皆因三世内娶之故，非謂自娶於其國也。若然，則紀女爲王后，紀便不當見經，可乎？又如伯于陽，注"謂是截"三字爲問，按，"伯于陽者何"乃是據上，"出奔"名，此何以但稱伯爲問，答以"公子陽生也"（《公羊傳》昭公十二年："伯于陽者何？公子陽生也。"）。"子"字當爲"于"，"陽"字讀斷，陽爲燕邑，公即指燕伯，燕伯至陽而卒，諸侯死皆稱"公"，生稱本爵，謂書曰"伯于陽"，是以生禮待之。燕不在記卒之例，於其死而稱名，則如吳子遏嫌於爲門卒而發，故此但稱伯不名，乃不得已，以生禮待之。上出奔名，爲諸侯失地名，此不名，乃經託之諸侯不生名，以別於記卒之國。《傳》稱公，即明其已死，注以爲齊之陽生，無論相去尚遠，即"納北燕公子陽生"（《春秋》昭公十二年："齊高偃帥師納北燕伯于陽。"），成何文義乎？

又如三世例，何注以高曾祖父恩義深淺，分紀事詳畧，不知《春秋》世變迭更，書法（古代史官修史，對材料處理、史事評論、人物褒貶，各有原則、體例，謂之"書法"。《左傳》宣公二年："董狐，古之良史也，書法不隱，趙宣子，古之良大夫也，爲法受惡。"）亦由之而異。此如《論語》諸侯、大夫、陪臣三世，（語出《論語·季氏》："孔子曰：'天下有道，則禮樂征伐自天子出，天下無道，則禮樂征伐自諸侯出。自諸侯出，蓋十世希不失矣。自大夫出，五世希不失矣。陪臣執國命，三世希不失矣。天下有道，則政不在大夫。天下有道，則庶人不議。'"）初治諸侯，繼治大夫，終治陪臣。每一世中，又各分三異，故三云"異辭"，如三科九旨①，注亦都爲三世，亦其誤也。

又有傳注不誤，而後人非之者，如衛輒拒父（衛輒，即衛出公輒，爲衛靈公之孫，太子蒯聵之子。太子蒯聵因冒犯衛靈公夫人南子而出逃晉國。衛靈公逝後，衛輒爲君，不願父親蒯聵歸國即位），尤宋人所最攻之條，不知此條三《傳》皆同，非獨《公羊》也。《公羊》意至明顯，自後人不明道理耳。如不以王父命辭父命，以父命辭王父命，即謂王父有命，父猶當從之，何况於子！蓋父於王父，仍是子也。若已通私情於父，是父已有逆命之罪也。又不以家事辭國事，以國事辭家事，雖引作比喻，靈公主國，則是君也，禮尊成於一。蒯聵kuǎi guì世子，乃是臣也。故以爲輒之義，可以拒之也。蓋處此地步，必不能兩全，兩害相形，取其輕者，故何注曰："念母則忘父，背本之道也。故絶文姜不爲不孝，拒蒯聵不爲不順也。"况《春秋》非獨是輒，《論語》孔子不爲衛君是也（語出《論語·述而》："冉有曰：'夫子爲衛君乎？'子貢曰：'諾，吾將問之。'入，曰：'伯夷、叔齊何人也？'曰：'古之賢人也。'曰：'怨乎？'曰：'求仁而得仁，又何怨？'出，曰：'夫子不爲也。'"）。故於圍戚申父得有子之説，所

---

① 三科九旨，漢代公羊學家謂《春秋》書法有三科九旨，即於三段中寓九種旨意，有何休、宋衷二説。《公羊傳》隱公元年"隱公第一"唐徐彦疏："問曰：'《春秋説》云：《春秋》設三科九旨，其義如何？'答曰：'何氏（何休）之意以爲三科九旨，正是一物。若摠言之，謂之三科，科者，段也；若析而言之，謂之九旨，旨者，意也，言三個段落之内，有此九種之意。故何氏作文謚例云：三科九旨者，新周、故宋，以春秋當新王，此一科三旨也。又云：所見異辭，所聞異辭，所傳聞異辭，二科六旨也。又内其國而外諸夏，内諸夏而外夷狄，是三科九旨也。'問曰：'案宋氏（宋衷）之注《春秋説》，三科者：一曰張三世，二曰存三統，三曰異外内，是三科也；九旨者，一曰時，二曰月，三曰日，四曰王，五曰天王，六曰天子，七曰譏，八曰貶，九曰絶。'"按，三世指夏、殷、周；三統指夏爲人統，殷爲地統，周爲天統；時、日、月，指記述的詳略；王、天王、天子，指稱謂的遠近親疏；譏、貶、絶，指書法的輕重。

以責輒，下明祖尊於父之義，所以責蒯瞶。仁至義盡，並行不悖也。唐宋人放卻一節，便謂爲非常之論，此但知父爲尊，而不知父乃祖之子也。他如此類，尚不僅此，雖《傳》間有誤答，注有誤解，後人顧不能辨正，反以不誤爲怪，不據情以求，動訾先賢，習氣如此，是可怪也。

治學大綱

[題解]欲明經學，必先知聖與制作六經之本旨。廖平撰寫《知聖編》、《制作考》等書後，掇其精華，分門別類，加以推闡。他指出學者必先知聖，而後可以治學，必先知經，而後可以治中西各學。他將自己的治學途轍，分淵源門、世界門、政事門、言語門、文學門、子學門加以分析。淵源門方面，他認爲講學者當以祖學爲主，新學爲輔。談理言學之書，貴於滙通中外，語句明白。世界門方面，他指出欲明三五大同之學，不得不先言輿地；欲明皇帝之學，不得不先考疆域與王伯大小之不同。政事門方面，他指出經學以平治爲歸，所言皆政治典章，不尚空理禪宗。欲通經治事，當盡祛誤解，獨標捷徑，勿蹈經生誤國之覆轍。言語門則指出言語科爲外交外務主義。文學門則指出騷、賦發源《詩》、《易》，神游六合，爲道家宗旨。列、莊比肩，爲皇帝學之嫡派，故《楚辭》稱述，全出《山海》、《道經》、《詩》、《易》之博學士。子學門則認爲非了解泰西新事，不足以證明闡發古子。非古子無以統括西書，子學爲六經之支裔，爲西書之根原。

至聖生知、前知、俟後諸名義，久失其傳，諸儒不得其解，遂以古文、考據、義理、八比爲孔子。欲明經學，必先知聖與制作六經之本旨。近有《知聖編》、《制作考》等書，今擬掇其精華，分門別類，更加推闡，學者必先知聖，而後可以治學，必先知經，而後可以治中西各學。試先將治學之途轍，分析如左。

淵源門

講學者當以祖學爲主，新學爲輔，混而爲一，不可歧而爲二。維新者牴舊，守舊者牴新，皆拘虛之見（形容見識狹隘短淺）也。嘗見近世著新學者，往往於經師家法（漢初儒家傳授經學，都由口授，數傳之後，句讀義訓互有歧異，乃分爲各家。師所傳授，弟子一字不能改變，界限甚嚴，稱爲家法。至唐代家法已基本消亡）、諸子源流，未能洞悉，以致所論迷罔，如塗塗坿（出自《詩·小雅·角弓》："毋教猱升木，如塗塗附。"塗爲泥，坿爲著，原謂猿本會爬樹，毋須再教，如污泥之上又著污泥，後用以比喻惡上加惡）。竊以言學之書，務須理明辭達，不尚幽深迂曲，使讀者不能知意旨所在。蓋以各學宗旨，本既繁難，初學綜核（綜合概括的能力）未周，不易領會，非言簡意賅，直切了當，殊難領取，故談理言學之書，貴於滙通中外，語句明白。

世界門

皇、帝、王、伯之分，由疆域大小而出。欲明三五大同之學，不得不先言輿地。蓋風土政治，皆由輿地而出。欲明皇帝之學，不得不先考疆域，與王伯大小之不同。此學人用功本末次第之級。皇帝政教，調和陰陽，化育萬物，其説多爲師儒所詫怪，惟地球既通，世界之説，言皆徵實。先考定皇帝疆域，然後政教之説有所附麗，此經傳子緯，所以於此門獨詳。自中士以中國爲天下，爲俗説所蒙晦（蒙蔽），亦惟此條最深，故先立此門，以爲大同學基礎，如土圭輻員、九疇（疇，類。指傳説中天帝賜給禹治理天下的九類大法。《書·洪範》："天乃錫禹洪範九疇，彝倫攸敘。初一曰五行，次二曰敬用五事，次三曰農用八政，次四曰協用五紀，次五曰建用皇極，次六曰乂用三德，次七曰明用稽疑,次八曰念用庶徵,次九曰向用五福、威用六極。")**五福**(《書·洪範》:"五福:一曰壽,二曰富,三曰康寧,四曰攸好德,五曰考終命。")、**五運六氣**(中醫學名詞。古代醫家根據金、木、水、火、土五行的運行和陰、陽、風、雨、晦、明〔《素問·至真要大論》以風、熱、濕、火、燥、寒爲六氣〕六氣的流轉〔即所謂"氣運"〕,以推斷氣候變化與疾病發生的關係)、**日月星辰、陰陽四時、天地五行、上下四旁、六合六宗**(六合指天地四方;六宗指古代尊祀的六種神靈,具體説法不一)、**衣裳車馬之類**,經傳皆爲疆域而言,非立此專門,畫圖立説,不能化朽腐爲神奇。蓋皇帝之説,本詳於王伯,而王伯爲皇帝所包,如經傳所言天子、天下義,全爲皇帝説。"世界"二字,雖出於佛書,而《周禮》"一轂三十輻"、"世一見",即世界也。

政事門

經學以平治(治理,整治。《孟子·公孫丑下》:"如欲平治天下,當今之世,舍我其誰也?")**爲歸**,所言皆政治典章,不尚空理禪宗。中學自《王制》、《周禮》二書,小大不分,學術政治,其影響遂及國家。蓋自二派交鬨,政書、經學,從無一明通(明白通達,清楚而流暢)之條,以致老師宿儒,故以經學爲幽深,原不欲明白,可使人鑽仰(深入研求。語本《論語·子罕》:"仰之彌高,鑽之彌堅。"),故凡治經之事,愈專則愈愚,吾人欲通經治事,當盡袪誤解,獨標捷徑,勿蹈經生誤國之覆轍也。

言語門

聖門之言語專科(《論語·先進》:"德行:顏淵、閔子騫、冉伯牛、仲弓。言語：宰我、子貢。政事：冉有、季路。文學：子游、子夏。"），是今日之外務外交主義，即《周禮》大、小行人之專司，與政事內外相埒，秦漢以後，失之游說，唐宋以後，失之空疎，無怪乎數千年之中土，日就微弱，不能雄視强鄰，殆外交之才乏矣。

文學門

騷、賦發源《詩》、《易》，神游六合，爲道家宗旨。列、莊比肩，爲皇帝之學之嫡派，故《楚辭》稱述，全出《山海》、《道經》、《詩》、《易》之博學士也。舊失此旨，故解說《詩》、《易》，無一完美之書，又兼聖門文學、言語兩科之事，歷史幃幄秘謀，軍書露布，旋乾轉坤，實爲政學之代表。一自浮靡流連，貽譏無用。談新學者，幾仇視古聖先賢之學。今故專言實用，於黄帝學則徵求師說，以輔翼經傳，而萬世之亢言（高談闊論）政事，動分新舊者，與之排難解紛，融疆化界，言之無文，行而不遠，此講經學關鍵也。

子學門

泰西藝學（指技藝之學。如應用科學、自然科學等），時人詫爲新奇者，實在皆統於諸子家，非泰西新事，不足以證發古子。非古子，何以統括（總括）西書，子學爲六經之支裔，即爲西書之根原，蓋六家者流，道與陰陽，專爲三五，餘四家爲四方，分方異宜，古所謂方術也。

答江叔海論《今古學考》書并序

[題解]據《廖季平年譜》及本信自敘，光緒十一年(1885)，廖平與江瀚間曾對經學問題定難解紛。後江瀚又於1888年寫信質難，刊登多處。廖平本欲面譚，但苦於不得時機，於癸丑年(1913)六月初二日針對江瀚批評其《今古學考》，寫信作答。信中稱今、古之分，原爲東漢學派，本原出於《五經異義》，他只是重申其説，著爲專書，明顯區別周公和孔子。今、古之分，并非由他首倡。今、古之分，除去文字異同，取舍異趣外，尚有地域、制度的差别，還有孔子早年、晚年學説之異。廖平還對西漢的師法、家法進行了闡釋，指出八儒分立，宗孔則同。今古之爭，分界在對孔子、周公的不同認識。孔爲新經，周則爲舊史。他還對自己的一些觀念變遷作了説明，并對鄭玄混合古今的經學思想提出了自己的看法，認爲鄭玄一生致誤之由，皆在於以《周禮》爲古史、爲周公之陳迹的觀點。孔子所作，爲俟後聖之新經，并非已行古史及周公之舊作。

叔海(江瀚)作此書，在二十五年之前，郵寄浮沈(指書信未送達)，久忘之矣。六七年前，祝彦和云有學生自上海歸，得黎氏①《續古文辭彙纂》改訂本，中有鄙人與叔海書，久之，持原書相示，方晤告者主客顛倒(指

---

① 黎氏，指黎庶昌(1837–1898)，字蓴齋，貴州遵義人。光緒二年(1876)，隨郭嵩燾出使歐洲，任駐英、法、德、西班牙四國參贊，遊歷了比、瑞、葡、奥等國，寫成《西洋雜誌》一書。論學爲文，力主"因文見道"。嘗編《續古文辭類纂》，闡發桐城義法，推演《經史百家雜鈔》的宗旨。著作主要有《拙尊園叢稿》6卷，《丁亥入都記程》2卷，《西洋雜誌》8卷，《黎氏文集》12種36卷(附4種6卷)等。

將作者和答者的姓名弄錯)耳。"南北天涯，未及覆答，非敢有不屑之意"，語出原書。今年春，于成都得《學報》第二冊①，再讀校改之本。二十年老友，規過訂非，一再刊布，其愛我可謂至矣! 行裝倉卒，未及作答。憶在京師，二老白鬚對談，酒酣耳熱，擊碎唾壺(語出《晉書·王敦傳》："每酒後輒詠魏武帝樂府歌曰:'老驥伏櫪，志在千里。烈士暮年，壯心不已。'以如意打唾壺爲節，壺邊盡缺。")形容對言論或學說極度贊賞)，固人生一樂也。又，叔海在成都時，常約聚于草堂別墅，主人張子苾(bì。即張祥齡)，當時各有徒衆，定難解紛，每至達旦連日。子苾已故，叔海不還，吾舌雖在，久如金人之三緘其口矣。到京，急欲從叔海縱談別後十數年甘苦，以相印證，乃寓京月餘，晤叔海不及半日，又生客滿坐，言不及私，避囂(喧嘩)隱遯(dùn，隱居遠避塵世)，今又月餘。津門咫尺，飛車往還，本擬直搗大沽，流連彌月，小事牽掣，未獲如願。長夏多暇，相思尤切，由愛生慍恨，欲有所以感觸之，適原書在案，率意口占，命姪子錄之，以志吾二人交情，留之兩家子孫，作爲矜式(猶示範)，更藉抒離情，豈非一舉而三善哉。時癸丑(1913年)夏六月初二日，井研廖平作於宣武門外皮庫營四川館東院，時年六十二，《四變記》刊本初成之時也。

叔海先生老棣(dì。老棣指兄弟。《詩·小雅·常棣》是周公歡晏兄弟的樂歌，後借"棣"爲"弟")足下: 戊子(1888)大作，重入耄眸，恪(恭敬，謹慎)誦把玩，不忍釋手，老兄博采規箴，逼成四

---

① 江瀚於《中國學報》1912年第2期，發表《與廖季平論〈今古文學考〉》書，江瀚稱此函於戊子年(1888)作於成都。

變。凡屬疏遠，莫不慶歡，況四十年舊交，不吝牙慧。既刊
文選，又改登報章，誨我之誠，有加無已者乎。具呈數端，
以當談笑，無慍焉。惟亮(原諒)之，一切繁文，皆不致覆。

　　《今古學考》(指廖平著《今古學考》，該書初版刻於清光緒十二年
〔1886〕，體現了廖平"平分今古"的學術見解。他以制度爲標準來分辨今古
文經，指出《王制》爲今學之主，《周禮》爲古學之主，並指出今古學禮制不
同，"實孔子一人之言前後不同")之作，原爲東漢學派，本原出於
《五經異義》(漢代許慎著。廖平《今古學考》多篇涉及此書，如《〈五經
異義〉今古學名目表》，《〈五經異義〉今與今同，古與古同表》)，《駁》則
出於鄭氏。足下所推博大精深，兩漢之冠者也。[1]嘉、道以
下，學者皆喜言之，老兄不過重申其說，著爲專書。周、孔
之分，乃大著明耳。

　　足下謂老、墨、名、法諸子雜家，言之踳駁(chuǎn bó, 錯
亂，駁雜)者多矣，而通方之士(通曉道術的人)獨有取焉，奈何皆
爲誦法洙泗[2]，乃妄分畛域，橫相訾謷(zī áo, 攻訐詆毀)，非莊
子所謂大惑不解者歟？[3]

　　按，今、古之分，許(許慎)、鄭(鄭玄)在前，孫、陳、李、
魏在後，明文具在，作俑之罪，端在漢師。足下歸咎於我，
《國粹學報》又以惠、莊二人瓜分之，實不敢貪天之功，以

---

① 江瀚在信中稱："至於力攻鄭君，論亦非是。康成之學，博大精深，爲兩漢冠。自
　　王肅、虞翻、趙匡輩，未嘗深究本原，妄加駁難，其氣力不翅什伯今人，究於鄭君
　　何損毫末乎"
② 洙泗，洙水和泗水。古時二水自今山東省泗水縣北合流而下，至曲阜北，又分爲
　　二水，洙水在北，泗水在南。春秋時魯國地。孔子在洙泗之間聚徒講學。《禮記·
　　檀弓上》："吾與女事夫子於洙泗之間。"后因以"洙泗"代稱孔子及儒家。
③ 江瀚在信中稱："彼夫老、墨、名、法，諸子雜家，言之踳駁者多矣，而通方之士
　　獨有取焉。奈何皆爲誦法洙泗，乃妄分畛域，橫相訾謷，非莊生所謂大惑不解者
　　與？"

爲己力。且足下云漢師皆爲誦法洙泗，斥我妄分畛域。足下書中自云，馬融指博士爲俗儒，何休亦詆古文爲俗學，是猶辭章、科舉更相非笑云云。[①]是漢師冰炭水火，足下已明言之，不能以分今古爲我之妄，固已明矣。

　　昔南皮（張之洞）不喜人出其範圍，斥《地球新義》爲過創，首禍之咎，我不敢辭。至以《今古學攷》爲罪，則許、鄭、陳、魏之書，何嘗不在《書目答問》中？雖投之有北（北方寒冷荒涼的地區。有，詞頭。《詩·小雅·巷伯》：“取彼譖人，投畀豺虎。豺虎不食，投畀有北。”），不敢首肯。即以足下大論言之，通方之士，博取諸子，博采是也，而未嘗盡去老、墨、名、法之舊名而淆混之。《今古學攷》臚列今古各師宗旨書目，亦與《藝文志》同，何嘗有所偏倚！今古之分，亦如諸子，其原質本自不同，不能強合，亦不能強分。今以諸子皆原於諸經，《藝文志》乃妄分畛域，橫相訾謷，可乎。來書所言，毋乃類是！

　　足下謂：“君子之於學也，惟求其是。譬之貨殖（謂經商營利），或以鹽，或以鐵冶（《史記·貨殖列傳》：“猗頓用盬鹽起，而邯鄲郭縱以鐵冶成業，與王者埒富。”），或以畜牧，或以丹穴（丹穴，產朱砂的礦穴。《史記·貨殖列傳》：“烏氏倮畜牧，及眾，斥賣……畜至用谷量馬牛。……而巴寡婦清，其先得丹穴，而擅其利數世，家亦不訾。”），其操術有不同，致富則一也。”[②]按，此爲殊途同歸之説，敬聞命矣。

---

① 江瀚在信中稱：“是以馬融指博士爲俗儒，何休亦詆古文爲俗學，是猶世之工辭章者，與夫科舉之士，更相笑耳。”
② 江瀚信中文字，與此略有差異，“君子之爲學也，唯求其是。譬之貨殖，或以鹽，或以鐵冶，或以畜牧，或以丹穴，其操術有不齊，致富則一也。”

今、古之分，則同途而自相違反，故除去文字異同，取舍異趣，無關門户者不計外，專以地域、制度分。同出一原，自相矛盾，如一《王制》也，或以爲真周制，證之《左》、《國》、《孟》、《荀》而合。盧（盧植）、鄭（鄭玄）師弟，或以爲博士所撰，或以爲夏殷制。同一彊域也，或以爲方三千里，或以爲方五千里，或以爲方三萬里。如“弼成五服，至於五千”（出自《書‧益稷》），經文本自詳明，而鄭注必解爲方萬里，《周禮》九服九千里（《周禮‧夏官‧職方氏》），明文數見，與鄒衍九九八十一之説相同。鄭注《周禮》必以爲方七千里，七七四十九方千里，王占其一，八伯各得方千里者六。一牧之地，倍於天子者五，此可見之實行乎？此非空言所能解釋者。不得已，乃創爲早年、晚年之説，以溝通之。

黄仲韞yùn[1]同年曾疑其説，刊入《古學攷》[2]。按，《列子‧仲尼篇》，告顔子曰：“此吾昔日之言，請以今日之言爲正也。”則孔子且嘗以今、昔分門矣。同法洙泗，旨趣文字異同可解，制度之參差歧出不可解。以《王制》、《周禮》，同爲周制，同有孔説，使朱子之書，自相函矢（《孟子‧公孫丑上》：“矢人唯恐不傷人，函人唯恐傷人。”後以“函矢”比喻互相矛盾）如此，則《晚年定論》（即王守仁著《朱子晚年定論》）奚待陽明而後作[3]，朱子且自判之矣。仲韞如在，攻人易，自立難，就漢師言漢師，必能釋此巨疑，然後可以笑我。不然，

---

①　依據《古學攷》及後文，“黄仲韞”當作“黄仲弢”。
②　《古學攷》稱“舊以魯、齊、古爲鄉土異學，今、古爲孔子初年、晚年異義，同年黄仲弢不以爲然。”（《廖平全集》，第1册，第109頁）
③　江瀚在信中對廖平將經學分爲孔子早年、晚年之説提出批評，他説：“昔王伯安講良知，作《朱子晚年定論》，已爲舞文之書，兹更郵而相效，加諸孔子，可乎哉，可乎哉！”

則如觶dào室主人①論《今古學攷》云：觶室主人論刊入《亞東報》，事在十年前，至今尚不知其人也。②"謹陳所疑，思慮未周，特望作者之自改。"今自改已有明説，負固不服，聊博足下莞wǎn爾。

《王制》之可疑者多矣，足下單舉二事，謂簡不率教者黜歸田里可也，放流之刑，舜所以罪四凶。若庠序造士，何至"屏之遠方，終身不齒"。③攷司徒簡賢黜不肖，即《尚書》之天命、天討、舉賢四等之法，優于後世之科舉。庠序既即有選舉之權，何於放流獨不許之。若以歷代舊制，放流例歸法司，學校選舉，又何嘗有專行之成案。考《王制》選舉之制，亦與公卿共決之，非教官專行放流，文雖未備，可例推也。《書》曰"刑以弼教"，實則選舉亦所以弼教。賢者選舉，不肖者有放流。由教育推言之，不必皆庠序所專行。若以廣義言之，《魯頌》曰"在泮獻馘"（guó。語出《詩·魯頌·泮水》。古代戰爭中割取所殺敵人或俘虜的左耳以計數獻功，此指在學宮論功），征伐之事，尚且干涉，更何疑放流之小者乎。又，四誅不聽者，所以深罪舞文弄法之官吏。《莊子》

---

① 觶室主人即章炳麟，他曾刊布《今古學辨義》於《亞東時報》第十八號（1899年11月23日），文中將廖平的觀點概括為四點："綜廖氏諸說，一曰經皆完書無缺，以爲有缺者劉歆也。一曰六經皆孔子所撰，非當時語，亦非當時事，孔子構造是事而加王心也。一曰四代皆亂世，堯、舜、湯、武之治皆無其事也。一曰《左氏》亦今學，其釋經亦自造事跡，而藉其語以加王心，故大旨與《公》、《穀》同，五十凡無一背《公》、《穀》也。一曰諸子九流皆宗孔子也。"

② 據廖宗澤撰《六譯先生年譜》，廖平門人黃鎔、胡翼等復書答辨，帥鎮華亦有《答觶室主人書》，廖宗澤疑上述文章均爲廖平自作。（《廖平全集》，第15冊，第557頁）文中稱"說經之書，當問與經義忤合如何，流弊有無，初非所計"；"四益心憂之，乃汲汲收殘拾缺，繼絕扶危，以復西漢之舊"；"四益之說，因而非創，與今相合，於古有微。特不喜千年絕學恢復之功出於一人，求其說而不得，則創爲防流弊以阻之"。

③ 江瀚在信中對《王制》提出疑問："而瀚疑《王制》者二事，簡不帥教，黜歸田里可也，放流之刑，舜所以重四凶，若庠序造士，何至屏之遠方，終身不齒。又四誅不以聽，與附從輕赦從重之義不合，非仁人言也，矧曰孔子法乎？"

所謂"大盜負之以趨"，最爲法律之蠹。附從輕，赦從重，別自一義，後世赦文，附十不赦(指十種罪行不得赦免，一曰謀反，二曰謀大逆，三曰謀叛，四曰惡逆，五曰不道，六曰大不敬，七曰不孝，八曰不睦，九曰不義，十曰內亂)，即與此同義，言各異端，不必强同也。

　　足下謂西漢博士勝既非建"章句小儒，破碎大道"，建亦非勝"爲學疏畧，難以應敵"(《漢書·夏侯建傳》："勝從父子建，字長卿，自師事勝及歐陽高，左右采獲。又從五經諸儒問與《尚書》相出入者，牽引以次章句，具文飾説。勝非之，曰：'建所謂章句小儒，破碎大道。'建亦非勝爲學疏略，難以應敵。建卒自顓門名經。")。嚴彭祖、顏安樂(《春秋公羊傳》今文學家，詳見《漢書·儒林傳》)俱事睦孟，質問疑義，各持所見，孰爲師法？①按，西漢博士之弊，舊撰《經話》中，曾列數十條，其中不無小有異同，正如足下所列曾子、子游之前事。②八儒分立，宗孔則同。勝爲嚴守舊聞(嚴格遵守往昔的典籍和傳聞)，建則推擴新義。嚴、彭傅本，偶有出入，更不足計。所謂家法，即足下"洙泗"二字。

　　今、古戰爭，端在孔子、周公。孔則爲新經，周則爲舊史，孰今孰古，一望而知。故古學主周公，凡涉及孔子，即爲破壞家法。今學主孔子，必如古學之主周公，乃爲破壞家法。由是以言，則一爲佛法，一則婆羅門，別有教主，平分兩漢。今學則東漢尚有流傳，若古文，西漢以上全無所

---

① 江瀚在信中説："今文家於西漢皆列學官，然大小夏侯，同受《尚書》，勝既非建'章句小儒，破碎大道'，建亦非勝'爲學疏略，難以應敵'。嚴彭祖、顏安樂俱事睦孟，質問疑義，各持所見，孰爲有師法邪？孰爲無師法邪？"

② 江瀚在信中指出曾子、子游對孔子之教的理解已經產生差異，"周道既衰，孔子以《詩》、《書》、六藝設教，受業之徒，各以性之所近，轉相流衍，其於夫子之道，固已不能無稍歧互，如《檀弓》所記曾子、子游之事是也。二子者，皆門人高弟，尚猶相戾，況後之不及聖人之門，而徒守遺經者，其安能盡合哉！"

見，即《白虎通義》①全書，不過二三條。鄭説大行，乃在魏晉以下。足下乃慮博士之家法不可攷，過矣。

以漢師家法，比今之功令，近于謔矣。至以利禄鄙漢師，更不敢强同。利禄者，朝廷鼓舞天下妙用，古今公私學説，其不爲噉dàn飯地（指就職謀事而得以維持生活的處所）者至尟矣。漢之經，唐之詩賦，宋之心學，明之制義，下至當今新學，同一利禄之心，特其學術不能不有等差。武帝之績，出于《公羊》。宣帝之功，成于《穀梁》。朝廷立一利禄之標準以求士，士各如其功令以赴之。同一利禄之心，而優劣懸殊，不能尊王曾而鄙宋祁（二人均爲進士，王曾爲宋代著名政治家，宋祁爲宋代著名文學家），以沙彌（梵語音譯的略稱，爲初出家的男性佛教徒）乞食爲佛法大乘。史公之歎利禄，蓋深慕武、宣善養人才，不虚擲其利禄之權，預料後來所不及。足下乃因利禄而鄙薄其學術，以爲不足重，恐非史公之本旨矣。

原書稱漢師皆爲誦法洙泗。按，洙泗疑當作周、孔。西漢以上，博士説經，全祖孔子，並無周公作經立教之説。謂博士誦法孔子可也。至東漢，古文家以周公爲先聖，退孔子爲先師。《周禮》、《左傳》爲周公專書，下至《尒疋》（即《爾雅》），亦以爲周公作。其派孤行二千餘年，如兩《皇清經解》，雖取消孔子，大致亦無所妨礙。劉歆所得，以《周禮》、《左傳》爲主，古《書》、《毛詩》，皆由二書推説之，

---

① 《白虎通義》，漢代講論五經同異、統一今文經義的一部重要著作。又名《白虎通》、《白虎通德論》。班固等人根據東漢章帝建初四年(79)經學辯論的結果撰集而成。因辯論地點在白虎觀而得名。《白虎通義》繼承了董仲舒以後今文經學神秘主義思想。它以神秘化了的陰陽、五行爲基礎，解釋自然、社會、倫理、人生和日常生活的種種現象。它認爲天有意志和目的。"天之爲言鎮也，居高理下，爲人鎮也"。又認爲性情來自陰陽。"情生於陰"，"性生於陽"。而仁義禮智信來自五行，"人生而應八卦之體，得五氣以爲常，仁義禮智信也"。這一思想對宋明理學的人性論產生了一定影響。

故凡馬、鄭傳注，于博士明著之條，無一引用，故專詳訓
詁，而不説義，如古文《書》、《毛詩傳箋》，無一引用《王
制》明説者，可覆案也。

足下謂我崇今擯古，以《周禮》、《左傳》爲俗學云云。
案，《學攷》(《今古學考》)平分今古，並無此説。此乃二變(廖
平經學二變的代表作爲《知聖篇》和《闢劉篇》。其學術思想由"平分今古"
變爲"尊今抑古")，康長素(即康有爲)所發明者(指康有爲所撰《新學
僞經考》及《孔子改制考》)，非原書所有。舊説已改，見於《四變
記》中。足下以漢師同爲誦法洙泗，舍周公而專屬孔子，與
扶蘇諫始皇同，專主孔子，不及周公，此説乃與二變尊今
抑古，把臂入林，與鄭學大相反對者也。

足下以康成(鄭玄)之學博大精深，爲兩漢冠。按，兩漢
分道揚鑣，亦如陸車水舟，其道不同，各尊所聞，何足以較
優劣？如謂康成後出，集古文大成，爲古文家之冠，庶乎
不誣。考前人謂康成混合古今，變亂家法，指爲巨謬，我久
不主此説。如謂康成《詩箋》，兼采齊、魯、韓云云。試問何
據？則皆據文字立例，屬魯、屬齊、屬韓，皆是影響(謂傳聞
不實或空泛無據)。不知古今異同，端在制度師説，不指文字。
兩《經解》毛、鄭同異之作最多，枝離依附，枉耗神思。至
于三家制度師説，鄭君實無一字闌入(無憑證而擅自加入)，不
得謂其混合也。

案，鄭君一生安心定命，以《周禮》爲主，《左傳》爲
用，而推廣于《詩》、《書》，其説《詩》、《書》，必牽合于
《周禮》，故經文之五千里，必强説爲萬里，此正其嚴守家
法，不參別派之實據。攷《禮記》一書，多屬博士所主，以
家法言之，鄭君不注此書可也，乃博"徧通羣經"之名，而
牽連注之，故于《王制》，則以《周禮》之故，不得不排爲
夏、殷制，於一切文義，皆必求合於《周禮》，雖與經文顯

悖，亦所不辭。於是以《周禮》之説，羼入博士。博士明條，附會《周禮》，合之兩傷，以致成此迷罔之世界，其罪不在劉歆之下矣。使其果欲旁通，今學之書專用博士，《周書》傳記專詳古文，離之兩美，豈非兩漢經師之冠？惜其忠於《周禮》之心太切，遂致倒行逆施，使其説無一條可通，無一制能行。如《周禮》封建，尤其一生著力之中心點，乃創爲州牧地五倍於王之盲説。大綱如此，其餘可知。此説雖駭人聽聞，然不直則道不見。凡舊所條列鄭誤各件，如有精于鄭學者，實能通之。解釋所疑，則即取銷此説，非敢故與古人爲難也。

足下又謂自王肅（字子雍〔195—258〕，三國時魏東海〔今山東省郯城縣西南〕人）、虞翻（字仲翔〔164—233〕，會稽餘姚〔今浙江餘姚〕人。日南太守虞歆之子。三國時期吳國學者、官員）、趙匡（唐代經學家，字伯循，河東〔郡治今山西永濟蒲州鎮〕人，官至洋州刺史。生卒年不詳，其主要事蹟在大歷年間）輩，妄加駁難，吹毛索瘢（bān。吹開皮上的毛，尋找疤痕。比喻故意挑剔別人的缺點，尋找差錯），本無深解，不揣冒昧，以爲鄭君自無完膚，何但毫毛。今且以《周禮》論之：《大司徒》土圭一尺五寸，以求地中，康成明注爲三萬里者也。日南日北日東日西，鄭君《尚書緯》、《孝經緯》注明。以今西人地球四游説之者，九服九州爲九千里，九畿九州爲方萬八千里，此經之明文，鄭君所深解，乃因蠻、夷、鎮三服合稱，爲要之一孤證，遂改九服爲七服，以七七千里立説。至諸侯大于天子五倍，非喪心病狂，何至如此荒謬！

竊嘗推原其故，而歎鄭君之不幸不生於今日，而生於漢末也。《周禮》本爲《尚書》之傳，爲皇帝制法。《河間獻王傳》以爲七十弟子之所傳（《漢書》卷五十三："獻王所得書皆古文先秦舊書，《周官》、《尚書》、《禮》、《禮記》、《孟子》、《老子》之屬，皆經傳説記，七十子之徒所論。"），孔子俟後聖之新經，非已行古史

周公之舊作，故經傳師説，與今地球相合者，不一而足。古
文家法不主孔子，不用立言俟後宗旨，皆以史讀經，指爲
前王之陳迹。春秋之時，地不足三千里，用夏變夷，乃立
九州，海禁未開，地球未顯，就中國言中國，何處得此三萬
里、九千里之地以立九州乎？故明知經文實指三萬里，實
爲地球四游而言，不敢據以説《周禮》，此鄭君一生致誤之
由，皆在以《周禮》爲古史、周公之陳迹誤之也。《周禮真解凡
例》已詳，今不具論。

　　近代宏博（知識宏偉博大者），以紀（紀昀）、阮（阮元）二文達推
首，二公皆不信地球周員（同"圓"）四面有人之説，今日則
乳臭童子，執地儀而玩，周游地球者，日不乏人。就此一事
言，二文達其智未嘗不出童子下，然不能因此一事，而謂
童子之學勝於二公。鄭君使生於今日，再作《周禮注》，地
球得之目見，于以發揮其舊日之所聞，必不肯違經反傳，
舍目見之明證存而不論，而向壁虛造此無稽之誣詞，此固
可信者也。鄭君不幸不生於今日，然我之撥正，必爲鄭君
所深許。蓋今日之形勢，鄭君非不知之，而無徵不信。鄒衍
徒得荒唐之譏，故不敢不遷就當時而言，不能爲鄭君深咎
者，此也。

　　憶昔治三《傳》時，專信《王制》，攻《左氏》者十年，
攻《周禮》者且二十餘年，抵隙蹈瑕（攻擊別人的缺點和錯誤），
真屬冰解。後來改《左傳》歸今學，引《周禮》爲《書》傳，
今古學説，變爲小大，化朽腐爲神奇，凡昔年之所指摘，皆
變爲精金美玉。於二經皆先攻之不遺餘力，而後起而振救
之。伍氏曰："我能覆楚。"申氏曰："我能興楚。"合覆、
興於一身，以成此數千年未有之奇作，説詳《二變》、《三
變》，無暇縷述。

　　每怪學人不求甚解，以迷引迷，如兩《經解》者，大抵

諛臣媚子，不顧國家安危，專事逢迎，飾非文過，盲人瞎
馬。國事如此，經術亦何獨不然。古今學者，大抵英雄欺
人，一遇外邦偵探，未有不魚爛瓦解者。琴瑟不調，必須更
張。竊謂自有《周禮》以來，綢繆彌縫（比喻事前作好準備工作，
事後縫合補救），未有如今日者。嘗欲挑戰環攻，以判堅脆（區
別、分辨脆弱及堅實），舊事已矣，再約新戰，特不可自蹈不屑
之教誨。量有大小，不能不愠，且並以此外交情，前呈《四
變記》，即作爲二次戰書可也。

　　足下云：決別羣經，悉還其舊，誠一大快事。雖然，吾
生也晚，冥冥二千餘載，何所承受取信，徒支離變亂，而卒
無益於聖經。[1]又云"務勝人，齗齗（yín yín，爭辯貌）焉以張（張
開、伸展）徽志（標誌），爭門户"云云。羣經事業，其艱巨奚啻
塡海移山。二千年名儒老師，其敗覆者積尸如麻。欲以一
人之身，擔負此任，真所謂以管窺天，以蠡測海，無功有
罪，一定之理，誠爲愛我之深，規我之切，雖至愚，亦必感
動。然足下所云，智叟之見解，老兄所懷，則愚翁之志鄉，
"一意精誠，山神且畏之，而請命於帝"（語出《列子‧湯問》）。
昔孫公[2]譯經，知衆生亦有佛性，倡立此説，而下卷未到，
羣起攻之，乃求之頑石，得此靈感。方今共球大顯，生此時
代，不似文達以前囿於中土，無世界觀念。又，中外互市，

---

[1]　江瀚在信中説："至決別羣經，悉還其舊，誠一大快事。雖然，吾生也晚，冥冥
二千餘載，以迄於兹，何所承受取信，雖欲私行金貨，定蘭台柒書金字，以合其私
文，且不可得，而卒無益於聖經，奚取紛紛爲也。"

[2]　孫公，應爲生公，即道生，亦稱竺道生，東晉、南朝宋間著名僧人。幼依沙門竺法
汰出家。東晉隆安元年(397)，到廬山問學於慧遠，時慧遠已接受小乘説一切有部
之學，道生也受其影響。元興三年(404)偕同慧睿、慧觀、慧嚴等到長安，從鳩摩
羅什受學。針對《大槃泥洹經》經中説除一闡提外皆有佛性。道生認爲：既然一
切衆生悉有佛性，那麼一闡提也是有情，何得獨無佛性？於是倡一闡提皆得成佛
説。此説出後，群情大嘩，認爲道生違經背義，將他逐出建康。

激刺尤多，古人竹簡繁重，一册盈車。今則瀛海圖籍，手握懷卷。前世所謂荒唐之虛言，今皆變爲户庭之實事。此鄭康成求之而不能得者也。

中國歷代尊孔，雖古文主周公，事未實行，反動力少。今則各教林立，彼此互攻，乃逼成一純粹尊孔之學説，此又唐宋以下求之而不得者也。昔因《王制》得珠(喻取得要領)，畧窺宗派，誓欲掃除魔障，重新闕庭。

棄官杜門，四十年如一日，已卯前頭已白，在子苾處，瞿懷亭診脈，云"不可再用心"。至今日頑頓如故，又我之幸也。三《傳》已刊，《詩》、《易》稿十年前已具，因近改入天學，未及修改，見方再改《尚書》、《周禮》舊作。先刊有《十八經凡例》，至於《四變記》成，心願小定，即使今日即死，天心苟欲大同，則必有孀婦、稚子，助我負土。即使事皆不成，説皆不存，行心所安，付之天命。

足下相習已久，初何嘗有求名邀利之見存？所謂"張徽志"者，不得不張，"立門户者"，不得不立。劉申叔以我近論尤動天下之兵(喻引起爭論)，風利不得泊(風勢迅疾，船難以停泊，喻無法改變見解)，亦處于無可如何之勢。昔湘潭師(王闓運)與人書，每云"大人天恩，卑職該死"，借以解紛(排解紛亂，排解糾紛。語出《老子》："挫其銳，解其紛。")，靜候雷霆處分，相見不遠，再容面罄(qìng，當面詳談)。

《重刻日本影北宋鈔本毛詩殘本》跋

[題解]1897年，陳厚菴重刻《日本北宋鈔毛詩殘本》三卷，并索序於廖平。據本文，該序當作於光緒二十五年己亥(1899)。該文還刊於《四川國學雜誌》1913年第9期。廖平在跋中闡述了他對《詩經》的見解，指出賦、比、興爲《國風》小名。賦、比、興三字，於《詩》最爲有功。他還將該本與現存《毛詩箋注》進行對比，發現其中可以改正今本誤字，補正今本脱文者多條。

　　昔余攻《毛詩》，以《序》首六義（《〈詩〉大序》："《詩》有六義焉：一曰風，二曰賦，三曰比，四曰興，五曰雅，六曰頌"）之説，出於《周禮》。賦、比、興三字，爲劉歆羼補，意在攻博士經文不全，與《連山》、《歸藏》、鄒、夾《春秋》，同爲僞造。又駁《傳箋》據《周禮》説《詩》之誤，蓋十年於此。丁酉(1897)冬間，陳厚菴大令以所重刻《日本北宋鈔毛詩殘本》三卷索序，當時以《毛詩》出於謝（謝曼卿，九江〔今安徽壽縣〕人，《後漢書·儒林列傳》稱其善《毛詩》，爲衛宏之師）、衛（衛宏，見本書第79頁脚注），故久未報命。

　　近來淡①瀛州，論大統，大通《周禮》之説，乃知賦、比、興爲《國風》小名，即《樂記》之《商》、《齊》，如以賦、比、興爲僞，則《樂記》之歌《商》、歌《齊》，亦爲劉歆羼補（竄改增補）乎？蓋十五國統名爲風，別有四小名：周、召爲"南"，邶、鄘yōng、衛爲"賦"，王、鄭、齊爲"比"，豳bīn、

———————————
① "淡"，疑作"談"。

秦、魏爲"興"。九風分配三《頌》，邶、鄘、衛，殷之故都，《樂記》所謂商人。孔子殷人，自敍祖宗舊法，故爲賦。朱子所謂"賦者，敷陳其事，而直言之"也。《魯詩》以《王風》爲魯，《齊風》言"魯道有蕩"者至於數見。《樂記》所謂齊人，荀子以周公、孔子爲大儒，皆無天下而操制作之權（語出《荀子·儒效篇》）。孔子法周公，故以魯統比。朱子所謂"比者，以彼物比此物也"。豳、秦、魏應《周頌》，爲"興"，周實爲天子，與周、孔不同，故《莊子》云"在上則爲二帝三王，在下則爲元聖素王"，謂周爲"興"，朱子所謂"興者，先言他物，以引起所詠之辭也"。《樂記》子貢問歌，言歌風、歌頌、歌大雅、歌小雅、歌商、歌齊爲六，亦與《詩》六義之數巧合。是賦、比、興，爲《國風》分統之要義，不得此説，不惟無以解《樂記》之《商》、《齊》，而《國風》分應三《頌》，亦無以起例。是賦、比、興三字，於《詩》最爲有功，爲不可廢之説，特不可以三經、三緯解之耳。

又，《周禮》九畿，即鄒衍之大九州，所云"無思不服"，"思無邪"，"四海來格"，"海外有截"，"至於海邦"，皆爲帝道大統，是《詩》本義，當爲九畿。以《禹貢》之五服解之，反爲不合。傳、箋據九畿大九州以説《詩》，以今日論之，實爲正法。博士專據《禹貢》五服而言者，尚非《詩》之正解。以宗旨論，傳、箋固未誤也。

此本鈔於北宋，早在中國諸刻本之先，巴州馮蘭台廣文（"廣文先生"的簡稱。泛指儒學教官），精通雅訓，嘗就此本校勘，以爲其中異同。如"之乎也者"之類無關文義者，姑不悉論。若《中谷有蓷tuī》箋，"君子於已之恩薄"，"薄"字衍，《野有蔓草》序，"君子之潤澤"，今本作"君之澤"。《東方未明》箋，"故羣臣促遽顛倒之衣裳"，衍"之"字。

《盧伶①》"鬈"quán，當讀爲"權"。權，勇壯也。下"權"當爲"鬈"。《葛屨》序下"箋云儉嗇而無德"，今本無"箋云"二字。按序下皆箋，不應出"箋云"二字。《碩鼠》"野外曰郊"，今本作"郭"，爲是。《椒聊》傳"兩手曰掬"下有"箋云撮也，掬、匊、籟皆同上"十字，今本無，疑誤以釋文爲箋。如此之類，固爲此本鈔寫謬誤，與其中俗寫減筆(減省筆劃)。此刻仿阮本校勘，一仍其舊，以存舊本之真，取得傳疑(謂將自己認爲有疑義的問題如實告人，亦謂傳授有疑義的問題。《穀梁傳》莊公七年："《春秋》著以傳著，疑以傳疑。")之義。

　　《鷄鳴》箋"其君有之"，今本"君"作"若"，"誰之詠號"，今本作"永"。《楊之水》"沃疆盛"，今本作"强"，"波流湍疾"，今本"波"作"激"。《鴇bǎo羽》"鹽gǔ不攻致也"，今本"致"作"緻"，《無衣》序"美晉武公也"，今本作"刺"。凡此義可兩存，未便輕爲軒輊。

　　至於今本字誤，足以改正者，《楊之水》"蒲"下，今本"蒲，草名也"，此本作"蒲，木名也"，與"楚，木名也"同，"草"爲字誤。《葛藟lěi》"漘chún，水隒yǎn也"，今本作"溓liǎn，從水。"《廣雅》："溓，清也。"《釋山》云："重甗yǎn隒"，孫炎曰"山基有重岸也"，今本從水，誤。《大車》"萑huán之初"，今本作"蘆"，戴東垣②云"蘆，當爲萑"，與此本合。《出其東門》箋"如雲從風"，與岳本同，宋本"雲"誤作"雨"。《陟岵zhì hù》傳："山有草木曰岵，

---

① "伶"，《詩三家義集疏》作"令"。
② 戴東垣即戴震，清代思想家，漢學家，皖派主要代表，字東原，安徽休寧人。先後撰成《籌算》、《勾股割圓記》、《六書論》、《爾雅文字考》及《考工記圖注》、《原善》、《尚書今文古文考》、《春秋改元卽位考》、《詩經補注》、《聲類表》、《方言疏證》、《聲韻考》及《孟子字義疏證》等，其學實事求是，不主一家，不尚博覽，務爲專精。在文字、音韻、訓詁及地理、數學等方面，都以斷制精審著稱，取得了超越前人的成就。

山無草木曰屺qǐ"，"有"、"無"二字，今本互易，此本與《釋山》文合，知今本爲傳鈔之誤。《椒聊》傳"言馨之遠聞"，今本誤作"聲"。段懋mào堂①曲爲之説，當以此本爲正，《晨風》"鴥yù鴥"，今本誤爲"鴥鴥"。《楊之水》"皓皓"，今本誤從"白"，作"皓皓"，皆以此本爲長。

若今本脱文，此本尚存，足以補正者。《中谷有蓷》傳"猶雛雛②zhuī之生於陸，性自然"，今本無"性"字。《葛藟》箋云"王又無母恩"，今本脱"箋云"二字。《雞鳴》序"陳古士義"，較今本多"士"字，與《正義》説合。又"箋云夫人以蒼蠅聲爲遠雞鳴"，今本無"遠"字。按，蠅聲不似雞聲，故《傳》加"遠"字，則《箋》亦應有"遠"字。《南山》箋"卜於死者之廟"，今本無"之廟"二字。《甫田》"箋云：言無德而求諸侯"，脱"箋云"二字。《著》箋"揖已之時也"，今本無"已"字。"人君以玉爲之"，今本無"之"字。《東方之日》箋"日以興君，月以興臣"，今本脱"日以興君"四字。《陟岵》序"國小迫而數見侵削"，今本無"小"、"見"二字，文義不明，可據以補正。《緇衣》序"美武公之德也"，今本無"之德"二字。《將仲子》序"祭仲驟諫"，今本"驟"字脱。傳"無折，言無傷害也"，今本脱二"無"字。《狡童》傳"憂懼不遑息"，今本脱"懼"、"遑"二字，與上傳不同，當據此本補足。《東門之墠》傳"近則如在東門之墠，遠而難至，則茹藘lú在阪"，今本脱"近"、"則"、"至"、"如"四字。《溱洧zhēn wěi》傳"亂

---

① 段懋堂即段玉裁，清代漢學家。江蘇金壇人。字若膺，號茂堂。其學師法戴震，以經學爲根柢，諳熟歷代典籍，尤精於古文字的音韻、訓詁之學，主張"治經莫重於得義，得義莫切於得音"。其《説文解字注》三十卷，彰明《説文》體例，闡發六書原理，注意詞義變遷，訂正許慎誤説，影響深遠。
② 據《毛詩註疏》，衍一"雛"字。

者，士與女會合溱洧之上也”，今本無“女”字。《敝笱gǒu》“魴鰥fáng guān，大魚也”，今本脫“魴”字。《載馳[①]傳》“朱鞹kuò者，言有朱革之質”，今本脫“朱鞹者言”四字，凡此之類，一字千金云云。

馮君所述，悉有依據。近人説《詩》字，每據誤本，曲爲穿鑿，使非此本原文具在，無以鉗掣其口。惜其斷璧碎珠（比喻殘缺不全而又珍貴的物品），僅存三卷，使爲全書，其足以申明本義，破除晚説者，當不僅此，《毛詩》獨立學官者千餘年，三家早亡，講古者舍毛，別無全書可資誦習。海外古本，吉光片羽（神獸吉光身上的一片毛，比喻殘存的珍品），亦當寶貴。厚菴先生博物好古，所刻各書，皆爲士林所重，此書正經正傳，篇什雖少，要不得以殘缺少（輕視）之也。至得書刊刻源委（語本《禮記·學記》：“三王之祭川也，皆先河而後海，或源也，或委也，此之謂務本。”鄭玄注：“源，泉所出也；委，流所聚也。”指水的發源和歸宿。引申爲事情的本末和底細），已詳原叙，謹識（記述，記載）數語於後，以示景仰（語出《詩·小雅·車舝》：“高山仰止，景行行止。”仰慕，佩服尊敬）焉。

井研廖平敬跋，時己亥仲冬，作於射洪學署。

---

① 據《毛詩註疏》卷八，當作“載驅”。

《離騷》釋例

[題解]經學四變後，廖平將孔經分爲天學、人學，《楚辭》屬於天學，《離騷》亦屬於天學，他指出《詩》、《易》與《楚辭》中的名物，如以《莊子·齊物論》齊一等同萬物的觀點閱讀，則不復有美惡是非之見。以往視《離騷》爲憂愁疾憤之書，爲世間至不滿意之恨事，讀者皆愁苦悲憤，但如果以《詩》、《易》、道家的觀點考察，則其中所述，爲人生第一至樂世界，在此世界中可以從心所欲，無不如志。

《詩》采蕭艾(蕭艾，野蒿臭草，比喻品德不良者)與葛(多年生草本植物，莖蔓生，其纖維可以織布)並舉(見《詩·王風·采葛》)，舊皆不得其解。《楚辭》舊說以香草比君子，惡草、惡鳥比小人。蘭與椒本爲香品，王說以比楚王、子蘭、子椒。按，《楚辭》云："蘭芷(芷，香草名，即白芷)變而不芳兮，荃蕙(荃、蕙，皆香草名)化而爲茅。何昔日之芳草兮，今直爲此蕭艾也？即《詩》采蕭艾之師說。余以蘭爲可恃兮，羌無實而容長"；"椒專佞以慢諂兮，榝(shā，植物名，即茱萸)又欲充夫佩幃。固時俗之從流兮，又孰能無變化？覽椒蘭其若茲兮，又況揭車(香草名)與江蘺(lí，香草名)。芳菲菲而難虧兮，芬至今而未沫。"(語出《楚辭·離騷》)按，芳未虧，芬未沫，是蘭椒之香如故，本未嘗改變；而人之好尚不同，並非蘭椒之過，蘭不足恃與椒專佞，乃爲蘭、椒不平之辭，並非詬厲。又，前云："人好惡其不同兮，惟此黨人其獨異。户服艾以盈要兮，謂幽蘭其不可佩。蘇糞壤以充幃兮，謂申椒其不芳。"

　　按，大同之學，從宜從俗，既以周游六合，豈能復據一方一隅之嗜好以爲定評？蓋彼此方物，性質、美惡、香味既不相同，人之性情好尚又各有取舍，即所謂彼此是非，不能由一人而定。《詩》與《離騷》雜陳鳥獸草木之美惡，推論其好尚相反，即《莊子‧齊物篇》之説。大同者，化諸不同以爲同。《大學》：“堯、舜率天下以仁，而民從之。桀、紂率天下以暴，而民從之。”彼此好尚不同，仁暴雖異，而民皆從之。堯、舜、桀、紂，非實指其人，不過藉以爲政法相反之名號。如中國尊尊，以尊尊率爲堯舜；率之以親親，則反其性爲桀紂。泰西親親，以親親率之爲堯舜；反其所好以率之，則爲桀紂。《楚辭》言堯舜桀紂，即《莊子》所謂“與其譽堯而毀桀，何如是非之兩忘”(語出《莊子‧大宗師》：“與其譽堯而非桀，不如兩忘而化其道”)，又曰“桀犬吠堯”，即桀紂率天下以暴而從之之義也。《論語》“君子群而不黨”(語出《論語‧衞靈公》：“君子矜而不爭，群而不黨”)，又曰“君子和而不同，小人同而不和”(語出《論語‧子路》)，同黨皆一偏一隅之見。黨同伐異，《楚辭》所謂黨人、嫉妒、讒言，皆一隅之見，所謂小言小智，大同則專於言和，化不同以爲同。去舍相反，好尚各異，各從其性，交易而退，各得其所，故《詩》、《易》與《楚辭》名物，當以《莊子‧齊物論》讀之，不復有美惡是非之見。故鴞能“懷我好音”(語出《詩‧魯頌‧泮水》)，葛與蕭、艾混同一視也。姑發其例，後當推補之。

　　《楚辭‧離騷》六合以内用《山海經》例，由五嶽而《海内四經》、《海外四經》，四荒即《大荒四經》。六合以外上下，上如水星，居地球軌道内一層，下如火星，居地球軌道外一層。六合以内爲形遊，六合以外爲神遊。神遊始於天之四極，故《招魂》於四極招之。“反故鄉”下當以

《招魂》之文列於其下，因有招之者而思歸，以上皆爲近遊。自此以外，則昴星日軌月界，爲遠遊。因其太遠，不能遂行，故請靈氛、巫咸占卜之，欲遠行。下又以《大招》招之，則《離騷》未反故鄉下當書《大招》之文，招之不正，乃決意遠遊。當以《遠遊》列《離騷》下，以《招魂》、《大招》二篇坿之。又，所言《九歌》、《九辨》下，亦當以十八篇坿錄於下。《離騷》爲正篇，所坿五大篇，乃有始終，本末詳備。按，其行由小而大，由近而遠，乃每段均言世俗混濁，群小嫉妬，亦如西人《夢遊廿一紀》。至海內則以五州爲小，海外小海內，大荒小海外，上下小大荒，遠遊以近遊爲小也，亦如《秋水》篇。見大者，乃悟前所見者之爲小，自爲比例，亦如河伯之見海若。舊以《離騷》爲憂愁疾憤之書，爲世間至不滿意恨事，讀者皆愁苦悲憤。今以《詩》、《易》、道家說之，則爲人生第一至樂世界，從心所欲，無不如志。由王伯而皇帝，由聖人而化人、至人、神人、天人，包括萬有，上下四旁，古往今來，具詳宋玉《大言賦》及司馬長卿《大人賦》。天下至久至大至樂之事，無有過乎此者。聖、神、仙、佛皆在所包，敻哉，尚乎！實文學科之巨擘也。

附《楚辭》跋

《楚辭》全書專爲政治學皇帝法天之事，與道家宗旨全同。《周禮》有掌夢之官，《列子》夢游六合，即其師說。《詩》者志也，志爲思想，故託之夢寐。《詩經》全書皆爲夢境，《斯干》、《無羊》發其大例，爲《周禮》掌夢之事。《列》、《莊》爲道家，於夢之說綦詳。《楚辭》爲神游，招魂之職屬於掌夢，蓋神游即掌夢之思夢，夢之六候，即上下四旁。《周禮》掌夢言以日月星辰占夢之吉凶,夢何以在日月星辰?蓋日月星辰即上下四旁,三垣四宫,六虚六漠,《遠游》所謂天上之天,地下之地,故天地四旁爲夢境,升降往來爲神游。《楚辭》全書宗旨,由人以推天,法天以證人,即道家黄帝夢游華胥,穆王化人神游蕉鹿鳶魚之説也。《易》曰:"與天地参。"《中庸》:"天地位焉,萬物育焉。"《論語》:"譬如北辰,居其所而衆星拱之。""天何言哉?四時行焉,百物生焉。"(《論語·陽貨》)"上不怨天,下不尤人,下學上達。"(語出《論語·憲問》:子曰:"不怨天,不尤人,下學而上達,知我者其天乎!")蓋性、道皆出於天。緯書發太易者爲皇,發陰陽者爲帝,皇、帝德配天地,學貫天人。《楚辭》之由中國以推四荒,由六合以内推之六合以外,至於無聲無臭,仍返還故鄉。如《大招》末段之用賢修政,三公、九卿、諸侯以建三皇五帝之治功。《離騷》之神游六合以外,亦如今之遊歷海外諸國,不至有大小之分而已。統計全書,以地方言,則由中國以推之,極於無垠。以四宫言,則由王伯以推皇帝聖神天人而止。以子家言,則由縱橫、刑名、儒墨以至陰陽、道家、佛家。以六經言,則由《春秋》人學之始以推,至天學之終。《大學》:"物有本末,事有終始。"兹《離騷》者其小無内,其大無外,内聖外王之學,包舉無遺,爲聖門原始要終之絶業,斷非屈子一人一家之私言也。

《容經》凡例_{以《容經》爲主}

[題解]廖平重視《容經》，多次編撰有關《容經》的著作。據《廖季平年譜》，光緒二十四年(1898)，他撰寫《容經解》一卷；光緒二十五年(1899)，命門人劉鼎銘撰《容經韻言》二卷、《婦容韻言》二卷。廖平認爲《容經》切近行習，後世乃棄而不講，至於《論語》則微言大義，本非訓蒙之書，卻被當做村塾課本，對《容經》和《論語》的錯誤認識，導致不惟不得《容經》之效，而且因之貽害《論語》、《中庸》等書。他擬按《容經》十六門，分別經文、傳記，加以分類纂輯。

一、學堂修身教科書，苦無善本，厥有二端：一舍身本位(捨棄個人的主體位置)，泛及倫理社會，不能劃清界限。一牽涉理解，如《論語》、經傳高深玄微之論，使初學無從領受(領會接受)，視爲畏途。今以《容經》爲主，專就"身"字立說，以符其名實，舉切於耳目、手足、衣服、飲食之事，專主行蹟，不涉理論，教者故易於指授，學者亦易於領解，豈不兩得其益哉！

一、古昔以《爾疋》(《爾雅》)、《説文》爲小學，以其但解本字，不與他字連綴成文，取記憶之力爲多，故于幼稚腦力相宜。後人乃以《四書串講》等書代之，義理高深，非幼稚所能領解，則不得不以俗情俚論開導之，繆種流傳，積非成是，羣以孔孟爲村學究，其餘^①學問大有防礙。《禮

---

① 據文意，"餘"當作"於"。

經》如《四書》，《容經》如《爾疋》、《説文》，綴文字以成經，連六容以爲禮，習容（謂練習舉止，整飭儀表）爲習禮之初基（猶初始），亦如讀經之先治《爾疋》、《説文》也。

一、此科專就修身立教，《大學》言修身在正心（《大學》："欲脩其身者，先正其心。"），心學深隱，非初學所宜，俟入中學以後，再行補授。至於倫理屬家學，社會屬國學，另有專科，故亦不濫及焉。《大學》："天子、庶人，皆以修身爲本。"《孟子》亦以身爲天下國家之本（《孟子·離婁上》："天下之本在國，國之本在家，家之本在身。"），腳踏實地，易知易行，不似格致舊説之頭上安頭名目也，亦難解也。

一、《班志·儒林傳》（班固《漢書·儒林傳》）云："漢興，魯高堂生傳《士儀禮》[1]十七篇"，今之《儀禮》爲經者也。又云："魯徐生善爲《頌》，師古曰"頌"讀與"容"同。孝文時，以善爲《頌》，爲禮官大夫，傳子至孫延、襄，襄資性善爲頌，不能通經，延頗能，未善也。襄亦以頌爲大夫，至廣陵內史。延及徐氏弟子公户滿意、柏生[2]、單次，皆爲禮官大夫，而瑕丘蕭奮以《禮》至淮陽太守。諸言[3]爲《頌》者由徐氏。"蘇（指三國魏蘇林）注引《漢舊儀》（亦名《漢官舊儀》，典制文獻，東漢衛宏撰）："有二郎爲此頌貌盛儀事。有徐氏，徐氏後有張氏，不知經，但能盤辟（盤旋進退。古代行禮時的動作儀態）爲禮容。天下郡國有容史，皆謁魯學《頌》。"按，《頌》即賈子之《容經》，爲《禮經》之緯者也。

一、徐氏所傳之禮，與高堂生所傳，爲一經一緯，今其書存於《新書》，猶有經名，欲習儀者，當由容始。今以《容

---

[1] "士儀禮"，《漢書·儒林傳》原文作"士禮"。
[2] "柏生"，《漢書·儒林傳》作"桓生"。
[3] 據《漢書·儒林傳》，此處缺一"禮"字。

經》傳記，附於《儀禮》之後，同爲魯學。

一、《容經》共十六門，志色（志形中，色發外）、容、視、言爲四經，立、坐、行、趨、跰bàn旋（盤旋）、跪、拜、伏、坐車、立車、兵車，爲容之節目（條目）。四經又分四目，四目[①]曰朝廷，曰祭祀，曰軍旅，曰喪紀。（《容經》：“朝廷之容師，祭祀之容遂，軍旅之容湢〔bì，形容整肅〕，喪紀之容惔。”）立、坐又分四目，曰經立經作[②]，曰共立共作[③]，曰肅立肅坐，曰卑立卑坐，而末以“總禁”統之，皆經文，有韻，以便誦習，後八節皆總論此事，如《儀禮》之義也。

一、《容經》又名《曲禮》，所謂“《曲禮》三千”者也。經以志、容、視、言爲綱，以下詳於容，而略於三事，當是以容包三事，然佚容只四字，定有脫文。考之《戴記》、子傳，闕節尚多，今先就此十六門，刺取記傳，爲之傳記。凡有此經未備，而見於記傳者，依例補目，附於本經記之後，大約其旨亦數千也。

一、經首志色，志在中，色發外，實一事也。今在[④]朝廷、祭祀、喪紀、軍旅四目，分取傳記之志色，其有言志色，不入四門者，彙附於後。

一、《容經》既分四目，今作爲四巨冊以歸之，而下文言容之事，復有十一門，則爲“志容”一門子目，大約此條爲詳，然有出於四目十一門之外者，如飲食、饋kuì獻（獻熟食。古祭祀之禮）、洒掃之類，則仿其例，附於巨冊之後。

一、視經依例分四目，所有以下十一門之視，亦依例分收，其有不入此目者，彙附於後，言經仿此。

---

① 據文意，“四目”衍。
② 據文意，“作”作“坐”。
③ 據文意，“作”作“坐”。
④ “在”，疑作“分”。

一、立、坐分經、共、肅、卑四目，而以經坐爲綱。下三目皆由經而小變，經立、微磬qìng、微折，又爲下諸門之綱領，今依彙鈔，附傳記焉。坐以經立爲宗，餘亦同例。

一、行、趨、跸、旋、跪，皆以共立、微磬之容爲本，而小有參變者，各依彙附，同上例。

一、拜以肅立、磬折之容爲本，而小有參變。跪禮有脫文，然傳記之言跪者，亦依例分入。

一、末三門皆車事，坐、立依經禮，兵車則變之。今亦依例，分類纂輯附入。

一、總禁統説失禮者，凡傳記禁止、勉勵，及一切總論節目，皆附之。

一、容事所有五等不同之制，總爲一類，立表以明之。又一人之事，因人之尊卑而變者，別爲一類，亦立表以明之。前一例如"天子穆穆"（《詩·周頌·雝》）云云，下一例如"孔子於鄉黨"（語出《論語·鄉黨》："孔子於鄉黨，恂恂如也，似不能言者。其在宗廟朝廷，便便言，唯謹爾。"）云云是也。

一、孔子制禮，故弟子及時人問禮，多主新制而言，非舊有之文。問者不知翻撿，徒瀆煩取巧便也。今立此一門，凡問答之詞，皆入焉。此爲儀、容二經之凡例，非數舊典而已，此當以《禮運》三篇爲首。

一、孔子制禮，故《鄉黨》兼記容、儀二經之事，此孔子草定之佚文，與弟子法聖之身教。儀注猶多據舊典，至於《容經》，則尤多以意起也。

一、《傳記》所問答詞命之節，舊無所統，今以歸入言經，彙爲一冊，如《曲禮》、《少儀》應對諸條是也。

一、《新書》禮容語，皆《容經》之傳義也。取以附《容經》之後，所闕上篇，依例輯補，更廣輯舊事，以爲附篇。

一、別録有"通論"子目，今依其例。凡《戴記》所有説儀容專篇，取爲《通論》附後，外有散文、脱節，凡係説禮與儀容者，通輯之。

一、此經專以儀容爲主，所有制度之事，歸入《王制》，樂事別爲一經。至於婦女禮、少儀禮、胎教、保傅、學禮之類，統附《孝經》後，以示區別。

一、《鄉黨》、《曲禮》、《少儀》、《内則》、《弟子職》各篇，爲修身設教專篇，若按門分別，不免過於破碎，今於五篇，皆摘録原文，又不嫌破碎，乃爲合宜。

一、衣服、飲食，於修身最爲切要，今於《容經》外，立此二大門，凡古書原文，或依其次序，或以類相從，各從所宜。

一、婦女修身科條，與男子本屬相同，唯其中有特別之條，亦如醫書於“通治”以外，特立“女科”一門，附於各門之後。

一、修身一科，爲蒙小學之根本，所謂普通知識，國民之資格。《大學》言“自天子以至於庶人，壹是皆以修身爲本”，近之齊家治國，遠之參乎天地，皆不外乎身學，故經説有“中國一人”例。今以《素問・蘭台秘典》爲主，而推一身以比天下，及“位育天地”之説，亦略備其文，以爲修身之歸宿焉。

主要引用書目

李耀仙主編《廖平選集》，巴蜀書社一九九八年版。

舒大剛、楊世文主編《廖平全集》，上海古籍出版社二〇一五年版。

楊伯峻撰《列子集釋》，中華書局二〇一三年版。

〔清〕郭慶藩撰《莊子集釋》，中華書局二〇〇六年版。

王先謙撰，沈嘯寰、王星賢點校《荀子集解》，中華書局一九八八
　　年版。

劉寶楠撰，高流水點校《論語正義》，中華書局一九九〇年版。

〔宋〕朱熹撰《四書章句集注》，中華書局一九八八年版。

孫星衍撰，陳抗、盛冬鈴點校《尚書今古文注疏》，中華書局
　　一九八六年版。

孫希旦撰，沈嘯寰、王星賢點校《禮記集解》，中華書局一九八九
　　年版。

孫詒讓撰，王文錦、陳玉霞點校《周禮正義》，中華書局一九八七
　　年版。

何寧撰《淮南子集釋》，中華書局一九九八年版。

〔漢〕賈誼撰，閻振益、鍾夏校注《新書校注》，中華書局二〇〇〇
　　年版。

蘇輿撰，鍾哲點校《春秋繁露義證》，中華書局一九九二年版。

楊伯峻編著《春秋左傳注》，中華書局一九八一年版。

〔漢〕司馬遷撰《史記》，中華書局一九五九年版。

〔漢〕班固撰，〔唐〕顏師古注《漢書》，中華書局一九六二年版。

廖幼平編《廖季平年譜》，巴蜀書社一九八六年版。

图书在版编目(CIP)数据

四益馆杂著/廖平著；王夏刚校注. --上海：华东师范大学出版社，2019

ISBN 978-7-5675-9680-1

I.①四… II.①廖… ②王… III.①廖平(1852-1932)-经学-文集 IV.①Z126-53

中国版本图书馆CIP数据核字(2019)第186629号

华东师范大学出版社六点分社

企划人 倪为国

廖平集

四益馆杂著

著　　者	廖平
校 注 者	王夏刚
责任编辑	彭文曼
特约审读	饶品
责任校对	古冈
封面设计	吴元瑛

出版发行　华东师范大学出版社
社　　址　上海市中山北路3663号　邮编　200062
网　　址　www.ecnupress.com.cn
电　　话　021-60821666　　行政传真　021-62572105
客服电话　021-62865537　　门市(邮购)电话　021-62869887
地　　址　上海市中山北路3663号华东师范大学校内先锋路口
网　　店　http://hdsdcbs.tmall.com

印 刷 者	上海盛隆印务有限公司
开　　本	890×1240　1/32
插　　页	2
印　　张	8.5
字　　数	180千字
版　　次	2020年5月第1版
印　　次	2020年5月第1次
书　　号	ISBN 978-7-5675-9680-1
定　　价	49.80元

出 版 人　王焰